10/06

Husek-Goese
Astrologie

Tatjana Husek-Goese

Astrologie
Das Einsteigerbuch

KAILASH

Eine Buchreihe herausgegeben von Hajo Banzhaf

Die Deutsche Bibliothek – CIP-Einheitsaufnahme
Husek-Goese, Tatjana:
Astrologie : das Einsteigerbuch / Tatjana Husek-Goese. – Kreuzlingen ;
München : Hugendubel, 1999
(Kailash)
ISBN 3-89631-343-6

© Heinrich Hugendubel Verlag, Kreuzlingen/München 1999
Alle Rechte vorbehalten
Umschlaggestaltung: Zembsch' Werkstatt, München
Produktion: Tillmann Roeder, München
Satz und Repro: SatzTeam Berger, Ellenberg
Druck und Bindung: Franz Spiegel Buch, Ulm
Printed in Germany

ISBN 3-89631-343-6

Inhalt

Vorwort 11

1. Astrologisches Denken 13

Der Kosmos 13
Analoges Denken 15
Synchronizität 17
Subjektive Wahrnehmung 19
Ist unser Horoskop gut oder schlecht? 20
Kein »Sternzeichen« 21

2. Unser Sonnensystem und das Horoskop 22

Das Sonnensystem 22
Himmelskugel und Tierkreis 25
Die Planeten 25
Das Horoskop 28
Aszendent 30
Medium Coeli, die Himmelsmitte 31
Ein paar psychologische Begriffe 32
Orientierung im Raum – Die Horoskophälften 35
Astrologische Symbolik – Die Tierkreiszeichen 38
Astrologische Symbolik – Die Planeten und Punkte 39
Wie orientiere ich mich beim Lesen eines Horoskopbildes? 40

3. Die vier Elemente 44

Feuer – Wille 45
Luft – Denken 47
Erde – Materie 49
Wasser – Gefühle 51
Charaktermerkmale bei zwei überwiegenden Elementen 54
  Luft und Feuer 55
  Wasser und Erde 55

Luft und Wasser	56
Luft und Erde	57
Feuer und Erde	58
Feuer und Wasser	59
Das »mangelnde« oder »fehlende« Element	60

4. Von den Elementen zu den Tierkreiszeichen — 62

Das große Trigon	62
Die Wirkungsform, das Kreuz	64
Die Polarität	68
Die Hintergrunddeutung	70
Die Hintergrunddeutung eines Horoskops	73

5. Die Welt der Planetenkräfte — 75

Die Kräfte im Menschen	75
Sonne	77
Mond	82
Merkur	89
Venus	95
Mars	101
Jupiter	107
Saturn	113
Uranus	120
Neptun	128
Pluto	134
Chiron	142

6. Der Tierkreis — 145

Die Tierkreiszeichen	145

7. Die Planetenkräfte in den Tierkreiszeichen — 160

Wie sind die Kombinationen zu deuten?	161
Tabellen der persönlichen Planeten in den Zeichen	168

8. Aspekte 173

Zyklische Entwicklung und Aspekte 173
Art der Aspekte 176
Die Konjunktion 177
Analytische Aspekte 177
Synthetische Aspekte 181
Andere Aspekte 183
Der Orbis 184
Aspekte im Überblick 184
Kräftebeziehung: Wer beeinflußt, wer wird beeinflußt? 187
Bestimmung der Qualität der Planetenverbindung 188
Beziehung zwischen Sonne und Mond 191
Persönliche Planeten in Aspekten miteinander
und ihre Aspekte mit Jupiter 197
Saturn und die kollektiven Planeten im Aspekt
mit persönlichen Planeten und Jupiter 213
Aspekte der kollektiven Planeten 248

9. Astrologische Häuser 251

Vom Himmelsraum zu den Häusern 251
Wie die Häuser entstehen 253
Die Häusersysteme 254
Die Häuser in Beziehung zu den Zeichen 256
Die Häuser und ihre Herrscher 256
Gliederung der Häuser nach ihrer Wirkungsform 257
Gliederung der Häuser analog zu den Elementen 258
Die Beschreibung der einzelnen Häuser 262

10. Planetenkräfte in den Häusern 279

Kombinationsanregung 279
Die Häuser im individuellen Horoskop 282
Tabelle: Persönliche Planeten in den Häusern 285
Tabelle: Gesellschaftliche und kollektive Planeten
in den Häusern 287

11. Mondknoten — 290

Was sind Mondknoten? — 290
Die Bedeutung der Mondknoten im Horoskop — 292
Vorgehen bei der Beschreibung der Mondknoten — 294

12. Horoskopberechnung — 299

Die Hilfsmittel — 299
Die Berechnung — 301
    Die Berechnung des Raumes: AC und MC — 301
    Die Berechnung der Planetenpositionen — 303

13. Horoskopdeutung — 306

Möglichkeiten — 306
Verfahrenswege — 307
Nach der Deutung ... — 309
Beispiel 1 – Evita Perón — 310
Beispiel 2 – George Gershwin — 326

Literatur — 339
Register — 341

*Sorge dich nicht um das,
was die Zukunft dir bringen mag,
sondern strebe innerlich fest und klar zu werden.
Denn nicht wie dein Schicksal sich gestaltet,
sondern wie du dich mit ihm abfindest,
bedingt dein Lebensglück.*

G. W. F. Hegel

Vorwort

Die Astrologie fordert heraus, die Frage nach Schicksal und Freiheit zu stellen. Ist der Mensch determiniert oder hat er eine Wahl? Aus unserem Alltag wissen wir, daß absolut freie Entscheidungen nicht möglich sind und daß unsere Freiheit immer bedingt bleibt. Denn jeder Mensch ist sowohl ein Mitglied der Gesellschaft als auch ein Individuum und trägt folglich am kollektiven Schicksal mit. Wir erlangen die größtmögliche Unabhängigkeit dann, wenn wir unsere Bedingtheiten kennen und akzeptieren. Je mehr Einsicht wir in uns selbst gewinnen, je klarer wir unser persönliches Potential erkennen, desto besser ist der Raum ausgeleuchtet, innerhalb dessen wir entscheiden können. Die Astrologie kann uns auf diesem Weg als ein nützliches Instrument dienen.

In meinen astrologischen Kursen habe ich verschiedene Methoden angewendet und Lernwege ausprobiert, um herauszufinden, wie ich die komplexe Materie der Astrologie einfach und verständlich vermitteln und besser auf die Fragen und Bedürfnisse der Teilnehmenden eingehen kann. Aus diesen Erfahrungen und aus den Unterlagen, die sich im Laufe der Zeit angesammelt haben, ist dieses Buch entstanden.

Beim Schreiben beschäftigten mich vor allem zwei Fragen: Wie bringe ich diesen komplexen Stoff, wo alles mit allem zusammenhängt und einander beeinflußt, in eine optimale Reihenfolge? Und: Wie kann ich die Lesenden auf den Weg bringen, daß sie selbst in logischen Gedankenfolgen zu Aussagen über ihr Horoskop kommen können? Im ganzen Buch habe ich versucht, aufgrund eines systematischen Aufbaus zu astrologischen Interpretationen zu führen, d.h. oft eher auf das Wie als auf das Was Gewicht zu legen. Dies gilt besonders für die Kapitel 6 (Tierkreiszeichen), 7, 10 (Planetenkräfte in den Zeichen und Häusern) und 11 (Mondknoten). Bei den Planeten in den Zeichen und Häusern habe ich an einigen Beispielen den Weg zu möglichen Deutungen aufgezeigt, ansonsten sind nur einige wesentliche Stichwörter in den Tabellen zu finden, da die Fülle von Möglichkeiten in diesem Buch keinen Platz fand.

Die Übungen am Ende der Kapitel sollen dazu anregen, über das Gelesene nachzudenken, um das neue Wissen zu integrieren und in eigene Bilder zu fassen, denn die Astrologie bedient sich einer Sprache der Metaphern und Symbole. Außerdem geht es darum, sich Fragen zur eigenen Person zu stellen, um einiges über sich selbst zu erfahren – sich selbst zu entdecken. Diese Fragen sprechen sicherlich nicht alles an, was im jeweiligen Zusammenhang überlegt und ergründet werden kann. Ich empfehle jedoch, sich mit ihnen auseinanderzusetzen, wenigstens mit denjenigen, die für Sie wichtig sind. Schreiben Sie die Antworten auf, denn oft ist es hilfreich, sie nach einiger Zeit nochmal zu lesen, um festzustellen, was man noch ähnlich erlebt oder was sich verändert hat.

Um die Theorie zu beleben, sind da und dort Erzählungen, Beispiele oder Texte aus der Literatur eingefügt. Sie sollen dazu beitragen, die astrologische Symbolik mit dem Alltag zu verknüpfen.

Bevor Sie mit der Lektüre dieses Buches beginnen, empfehle ich Ihnen, sich Ihr Geburtshoroskop berechnen zu lassen, damit Sie immer wieder auf Ihr Horoskop schauen können, während Sie die Texte lesen, um so möglichst bald zu Erkenntnissen über sich selbst gelangen zu können.

Mein herzlicher Dank gehört allen, die zur Entstehung dieses Buches beigetragen haben: den Teilnehmerinnen und den Teilnehmern meiner Kurse, den Kolleginnen aus der Erwachsenenbildung und allen Freundinnen und Freunden, die in der Entstehungsphase meine Texte gelesen und mir mit konstruktiver Kritik oder auf eine andere Art geholfen haben; vor allem Rosmarie Wyss für ihren einfühlsamen Beistand in fachlichen Belangen; Veronika Hauser, die meine Texte sprachlich überarbeitete und mich dabei auf Ungereimtheiten aus Sicht einer Leserin aufmerksam machte; und »last but not least« meinem Mann Duane für seine Geduld und für seine moralische Unterstützung.

Büren an der Aare, im Juli 1999   *Tatjana Husek-Goese*

1. Astrologisches Denken

Der Kosmos

In unserer abendländischen Kultur sind wir gewohnt, kausal zu denken. Kausal bedeutet, daß ein Geschehen ein anderes verursacht, daß jeder Ursache notwendigerweise eine Wirkung folgt. *Wenn* wir im Regen laufen, *dann* werden wir naß; *wenn* wir nichts essen, *dann* werden wir hungrig; *wenn* wir eine Ausbildung abschließen, *dann* haben wir eine bessere Chance auf dem Arbeitsmarkt usw. Ursachen und Folgen können sich zu einer Kette verbinden: *Wenn* ich eine Ausbildung abschließe, *dann* bekomme ich eine bessere Stelle, *dann* bekomme ich mehr Lohn, *dann* kaufe ich ein Haus, ... Wir nennen das »logisch«.
Diese Art zu denken läuft in eine Richtung, vergleichbar mit einer Linie: Es ist das »lineare Denken«. Am Schluß erwarten wir ein »logisches« Resultat. Tatsächlich geschieht jedoch oft etwas anderes, als wir am Anfang überlegt und erwartet haben, denn lineares Denken folgt zwar streng einer kausalen Logik, läßt jedoch weitere mögliche Einflüsse außer acht.

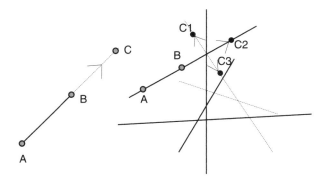

Lineares Denken setzt voraus, daß wir so, wie wir von Punkt A zu Punkt B gekommen sind, auch zu Punkt C kommen (links). Es gibt jedoch Einflüsse, die wir auf diese Weise nicht mit berücksichtigen und die zu einem anderen Endpunkt führen, als wir erwarten (rechts.)

So kann es passieren, daß mich das Resultat überrascht. Vielleicht habe ich nicht berücksichtigt, daß viele andere eine ähnliche Ausbildung abgeschlossen haben, und ich finde trotz meines guten Abschlusses keine Arbeit. Oder die Gesellschaft braucht das, was ich gelernt habe, nach einiger Zeit nicht mehr. Oder ich habe während des Studiums etwas Unerwartetes erfahren, bin auf neue Ideen gekommen und möchte jetzt meine Lebensweise ändern.

Eine andere Art zu denken verlangt von uns die Vorstellung, daß das Gebiet, mit dem wir uns beschäftigen, ein System bildet, eine organische Ganzheit.

Die Bestandteile eines solchen Systems haben je eigene Merkmale und stehen untereinander in unterschiedlichen Beziehungen, doch das System als Ganzes weist eine ihm eigene Qualität auf, die sich von der bloßen Summe der Qualität aller Teile unterscheidet.

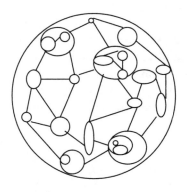

Beim ganzheitlichen Denken setzen wir voraus, daß alle Teile des Systems miteinander verbunden sind und von jeder Änderung mit betroffen werden. Somit hat jeder Einflußfaktor Auswirkungen sowohl auf die Einzelheiten als auch auf das Ganze.

Eines von vielen Systemen ist die Familie. Die Eigenschaften einer Familie beruhen auf den Eigenschaften der einzelnen Mitglieder, doch kann die Familie als Ganzheit anders charakterisiert werden, als jedes Mitglied für sich.

Die Systeme sind lebendig – sie verändern sich ständig. Wenn sich irgendwo etwas verändert – ein Merkmal eines Elementes oder eine Beziehung zwischen zwei von ihnen –, dann wird auch die Qualität der Ganzheit anders. Andererseits ruft die ganzheitliche Umgestaltung Veränderungen aller in ihm enthaltenen Elemente hervor. Kein System steht alleine, sondern ist Teil von größeren Systemen, genauso wie seine Bestandteile wiederum kleinere Systeme beinhalten.

> Am besten können wir dieses Denken am Beispiel der Medizin erklären. Die klassische Schulmedizin beschäftigt sich mit einem erkrankten Teil des Körpers. Dieser wird speziell behandelt, unter Umständen entfernt. Damit, kausal gedacht, soll der Körper geheilt werden. Sehr oft geschieht das jedoch nicht wie geplant. Wenn wir, in der ganzheitlich orientierten Medizin, den ganzen Körper behandeln, wirkt sich die Behandlung auf das Ganze aus. Mit der Genesung des ganzen Körpers wird auch die kranke Stelle geheilt.

Auf diese systemische Art »denkt« die Astrologie. Der Kosmos ist das größte System, das wir kennen, und es beinhaltet andere, kleinere. Wir gehören mit hinein. Jede Veränderung im Kosmos bedeutet eine weitere in all seinen Systemen, das heißt auch auf der Erde und in uns. Umgekehrt beeinflußt unsere eigene Entwicklung und unseres Tun das Ganze: die Erde, den Kosmos. Folglich *kann jede unserer Taten die Welt verändern.*

Analoges Denken

Die Beziehungen zwischen unserem seelisch-geistigen Leben und dem Kosmos können wir nicht mit logischen Methoden erfassen, denn scheinbar haben sie keinen Zusammenhang. Um diese zu veranschaulichen, müssen wir uns anders ausdrücken, als wir gewohnt sind: Wir gebrauchen eine Sprache mit Symbolen und Analogien.
  Der Schweizer Psychologe C.G. Jung[*] beschreibt das Symbol folgendermaßen: »Das, was wir Symbol nennen, ist ein Aus-

---

[*] Carl Gustav Jung (26.7.1875–6.6.1961), Schweizer Psychoanalytiker und Professor an der Züricher Universität.

druck, ein Name oder auch ein Bild, das uns im täglichen Leben vertraut sein kann, das aber zusätzlich zu seinem konventionellen Sinn noch besondere Nebenbedeutungen hat. Es enthält etwas Unbestimmtes, Unbekanntes oder für uns Unsichtbares. ... Ein Wort oder ein Bild ist symbolisch, wenn es mehr enthält, als man auf den ersten Blick erkennen kann. Es hat einen ›unbewußten‹ Aspekt, den man wohl nie ganz genau definieren kann.«

Wir können den Kreis als Symbol für die Ewigkeit betrachten, denn er hat keinen Anfang und kein Ende; analog dazu symbolisiert ein Ring die Ehe, die für »ewig« geschlossen wird.

Sonne und Mond in bezug auf psychische Eigenschaften des Menschen können als weiteres Beispiel dienen: Durch ihre Strahlung spendet die Sonne Licht und Wärme im Sonnensystem, was beides für das Leben auf der Erde notwendig ist. Entsprechend symbolisiert die Sonne in der Astrologie menschliche Qualitäten wie Lebensfreude, Ausstrahlung, Lebensenergie und Individualität. Sie ist ein Symbol für Lebenskraft. Sie steht im Zentrum des Sonnensystems. Dementsprechend symbolisiert sie auch das Ego des Menschen.

Der Mond beleuchtet die Nacht, wirkt in den Träumen, beeinflußt den Wasserhaushalt der Lebewesen und damit die Fruchtbarkeit. Deswegen wird er als Symbol für Unbewußtes, Traumhaftes, Phantasie und Fruchtbarkeit betrachtet.

Wenn wir uns mit dem menschlichen Charakter beschäftigen, interessiert uns primär der Urgrund seiner Wesensart, die immer gleich bleibt. Seit Menschengedenken gibt es typische Charaktermerkmale für z.B. Mutter und Vater, Liebhaber und Geliebte, Herrscher, Priester, Kind oder Greis, die alle Zeiten hindurch immer gleichgeblieben sind. Ihre typischen Repräsentanten finden wir in alten Sagen, vor allem in der Mythologie oder in Märchen. Diese Gestalten helfen uns Menschen zu verstehen, denn sie handeln genau so, wie wir seit Urzeiten gehandelt haben, und sie spiegeln unsere typischen Eigenschaften wider. Als Teile unserer Persönlichkeit leben sie in unserer Seele. C.G. Jung nennt sie Archetypen.

Eine symbolische Gestalt, die Individualität darstellt, ist z.B. der König. Wenn wir die Geschichte und auch die Märchen anschauen, sehen wir, daß ein König immer eine Persönlichkeit ist, denn er unterscheidet sich deutlich von den Bürgern. Er beherrscht und repräsentiert den Staat, und er ist allen bekannt. Der Sonnengott weist dieselben Merkmale auf und stellt zudem die Lebenskraft dar. König und Sonnengott symbolisieren also die individuelle, vitale Kraft des Menschen. Sie sind auch Symbole für den Vater, der als Verursacher unseres Lebens gilt.

Dem archetypischen Mutterbild begegnen wir in vielen Formen. Im weltlichen Sinn ist es die Königin als »Mutter der Nation«. Die Mythologie bietet uns mehrere Gestalten an, die Symbole für weibliche und mütterliche Eigenschaften sind, wie Hera, Demeter, Artemis oder die Schicksalsgöttinnen; in ihrem dunklen Aspekt z.B. Hekate. (Vgl. Mythologie in Kapitel 5.)

Um die Symbole verstehen und deuten zu können, müssen wir der Phantasie, den Gefühlen und unserer Vorstellungskraft freien Lauf lassen. Merken wir uns also: **In der Astrologie sollen wir uns nicht nur auf das intellektuelle Denken, sondern auch auf unser Gefühl, Gespür und auf unsere Intuition verlassen.**

Synchronizität

Im Vergleich zum kausalen Denken gehen wir in der Astrologie davon aus, daß zwei in Beziehung stehende Ereignisse gleichzeitig oder nacheinander geschehen können, ohne dem Prinzip von Ursache und Wirkung zu entsprechen. Denn wenn mit einem Teil des Systems etwas geschieht, kann auch etwas mit dem anderen geschehen, auch wenn dies rational nicht nachvollziehbar ist. C.G. Jung nennt dieses Geschehen **Synchronizität.**

Ein Beispiel: Ich soll die Stadt X besuchen. Kurz vor der Abreise treffe ich auf eine Bekannte, die in dieser Stadt geboren ist. Dann ruft mich ein Kollege an, und ich erfahre unter anderem, daß er dort Freunde hat. Er ist gerade dabei, einen Brief an sie zu schreiben. Am Abend schalte ich den Fernseher ein – und es wird eine Sendung über diese Stadt ausgestrahlt.

Ein Beispiel für eine andere Art von Synchronizität: In Ivan Olbrachts Roman »Die ungewöhnliche Freundschaft des Schauspielers Jesenius« will die Hauptfigur ihr Leben beenden. Doch bevor der Mann den tödlichen Trank einnehmen kann, fällt eine schwere Wanduhr zu Boden und zerschellt mit betäubendem Lärm. Jesenius kann sein Vorhaben nicht ausführen. Später erfährt er, daß in derselben Minute sein Freund Jan im Krieg ums Leben gekommen ist. Diese Ereignisse, sein Selbstmordversuch, der Tod Jans und der Fall der Uhr geschehen gleichzeitig, d.h. synchron.

In der kausalen Logik haben diese Geschehnisse keine Begründung und werden meistens als Zufälle bezeichnet. Doch diese »Zufälle« haben etwas Gemeinsames: den Sinn. Keines der obigen Beispiele ist ein Fall von rationaler Ursache und Wirkung; es sind akausale Fälle, die aber inhaltlich miteinander verbunden sind. Sie unterliegen der systemischen Logik, welche Geschehnisse wie die oben beschriebenen aus tieferen Zusammenhängen heraus begreift. C.G. Jung gibt an, daß synchrone Ereignisse meistens in emotional aufgeladenen Situationen vorkommen. Wir begegnen der Synchronizität öfter, als wir bewußt wahrnehmen.

Das synchrone Geschehen ist eine der möglichen Erklärungen, warum Astrologie funktioniert. Daß beispielsweise ein Aspekt (siehe Kapitel 8) zwischen Saturn und Mond ein entsprechendes Ereignis hervorruft, ist nur synchron zu verstehen.

Fassen wir zusammen: **Die Astrologie betrachtet die Welt als Einheit, in der alle Dinge in einem sinnvollen Zusammenhang stehen.**

Fragen und Anregungen

- *Erinnern Sie sich an »Zufälle«, die Ihnen begegnet sind, und denken Sie darüber nach!*
- *Haben Sie schon einmal die Erfahrung gemacht, daß Sie eine Aufgabe bekommen haben, eine entsprechende Fachquelle oder Beratung suchten und in dem Moment an die richtige Literatur geraten oder den richtigen Leuten begegnet sind?*
- *Ist Ihnen schon passiert, daß Sie intensiv an einen Menschen dachten und er gerade dann anrief oder Sie ihn »zufällig« trafen?*

Subjektive Wahrnehmung

Das Wort »Wahrnehmung« erklärt sich selbst: Ich nehme wahr, ich nehme als Wahrheit an. Alle Empfindungen aus meiner Umwelt, alles was ich sehe, rieche, höre, betaste, schmecke, ist für mich Wahrheit.

Wir leben in einer bestimmten Umgebung, die wir mit anderen Menschen teilen. Ist »meine Welt« für meine Mitmenschen dieselbe? Was nennen wir »meine Welt«?

Jeder hat seine eigene Art der Wahrnehmung: die einen mehr übers Ohr, die anderen eher übers Auge, wieder andere erleben ihre Welt stärker über Geschmack, Geruch oder Berührung. Die Sinneseindrücke verbinden sich je nach Individuum mit unterschiedlichen Erfahrungen, Emotionen und Wissen. Es ist auch nicht das Gleiche, was beim Einzelnen die Aufmerksamkeit erregt und wie das geschieht. Lassen Sie zwanzig Leute eine Stadt beschreiben und Sie bekommen 20 verschiedene Schilderungen.

In der Astrologie gilt: **Meine Welt, das Sonnensystem und der Kosmos, existieren so, wie ich sie wahrnehme.** Die individuelle Wahrnehmung spielt in der Astrologie eine wichtigere Rolle als die astronomischen Tatsachen. Ich, als Mensch auf dieser Erde, sehe morgens die Sonne, wie sie aufgeht, und abends wie sie untergeht, ich erlebe Tag und Nacht und Jahreszeiten. Von der Drehung der Erde spüre ich nichts, und ohne wissenschaftliche Information darüber würde ich nie etwas davon erfahren.

Das Weltbild jedes Menschen ist individuell: »Meine Welt« ist so, wie ich sie mit meinen Augen betrachte. Und ich selbst bin sowohl Bedingung für die Existenz dieses Weltbilds als auch sein Zentrum. Diese *meine Welt* folgt mir überallhin.

Daraus folgt: **Ich bin der Mittelpunkt meiner Welt an dem Ort, wo ich mich gerade befinde.** Alle Wahrnehmungen muß *ich selbst* verarbeiten. Sogar der Mensch, der mir am nächsten steht, kann die Eindrücke aus der Außenwelt nicht auf die gleiche Weise wahrnehmen und verarbeiten wie ich. Denn seine Welt hat ein anderes Zentrum als die meine: Sie ist anders.

Esoterische Disziplinen erkennen die subjektive Wahrnehmung als Wahrheit an. Diese Art der Wahrheit lehnt die akademische Wissenschaft ab. Doch möglicherweise werden die neuen Forschungen in der Physik neue Einsichten hervorbringen. Der Physiker Fritjof Capra beschreibt in seinem Buch »Wendezeit«, daß das Verhalten von kleinsten Stoffteilchen vom Bewußtsein und der Einstellung der am Versuch beteiligten Personen abhängig ist. Die Grundstrukturen der Materie werden durch die Art, wie wir unsere Welt sehen, bestimmt.

Ist unser Horoskop gut oder schlecht?

In der Esoterik lernen wir, die Dinge zu beobachten ohne sie gleichzeitig zu bewerten. **Der Kosmos ist weder gut noch schlecht, er ist einfach da.** Auch auf unserer Erde lebt und entwickelt sich die Natur nach ihrer eigenen Ordnung, die **wertneutral** ist. Die Natur bevorzugt kein Lebewesen, keine Pflanze und keine anorganische Substanz; alles auf der Welt entsteht, lebt und vergeht entsprechend dem Prinzip des Lebens.

Die Werte schuf der Mensch selbst, als er anfing, die Dinge nach eigenem Maßstab zu beurteilen. Das, was ihm als Vorteil erscheint, bezeichnet er als *gut*, das, was ihm Schwierigkeiten bereitet, betrachtet er als *schlecht*.

Unkraut, das in unseren Gärten wächst, Insekten, die uns plagen, Staub, der sich niedersetzt, sind nur von unserem Standpunkt aus schlecht, weil sie nicht in unser Lebensprogramm hineinpassen. Dies alles lebt jedoch sein eigenes Leben im Einklang mit den Naturgesetzen. Wenn wir erkranken, betrachten wir die Krankheit als schlecht, denn sie stört unseren Tagesablauf und unsere Tätigkeiten. Doch die Krankheiten machen uns darauf aufmerksam, daß wir aus dem Gleichgewicht geraten sind.

So ist auch unser Horoskop weder gut noch schlecht. Schwierigkeiten tauchen erst auf, wenn wir andere Vorstellungen von unserem Leben haben und uns anderes wünschen als das, was verwirklicht werden kann. Diese Wünsche und Pläne entstehen in unserem Gehirn mit Hilfe der Muster, die wir uns aufgrund unserer Umwelt, Erziehung, Moral, Religion und unseren Gewohnheiten aneignen.

Stellen wir uns eine Tulpe und eine Rose vor. Beide haben gewisse Lebensaufgaben vom Samen mitbekommen. Die Tulpe ist jedoch nicht zufrieden mit sich, ihre spezifischen Eigenschaften sind ihr nicht gut genug. Geblendet vom Duft, von der Schönheit und Anmut der Rose, versucht sie verzweifelt so zu werden wie ihr Vorbild. Aber das kann sie nie erreichen. Sie kann nicht glücklich werden, solange sie ihr Ich verleugnet und als Tulpe nicht im Einklang mit ihren Gaben lebt.

Kein »Sternzeichen«

Aus dem, was bis jetzt beschrieben worden ist, wird allmählich klar, daß Astrologie mehr ist als das, was in verschiedenen Unterhaltungsheften zu lesen ist. So ist schon der Begriff »Sternzeichen« astrologisch falsch. Das, was unter dieser Bezeichnung zu verstehen ist, bedeutet die Stellung der Sonne im jeweiligen Tierkreiszeichen, je nach dem Geburtsdatum. Andere, ebenso bestimmende Faktoren des Horoskops wie beispielsweise die Planeten werden dabei vernachlässigt.

Eine Charakteristik nach der Sonnenposition zusammenzustellen ist allerdings möglich. Es handelt sich um eine Typologie, die im Umriß über den Menschen etwas aussagen kann: Wir bekommen zwölf Beschreibungen für Männer und genauso viele für Frauen. Doch es leuchtet ein, daß nicht jede zwölfte Frau und jeder zwölfte Mann gleich sein können. Die Sonnenposition allein genügt nicht für eine individuelle Charakterisierung.

Wenn wir den Menschen als ein vielschichtiges Individuum beschreiben wollen, müssen wir ganzheitlich denken: In der Astrologie heißt dies, daß wir das ganze Horoskop kennenlernen sollten.

Vergessen Sie also die Frage: »Was sind Sie für ein Sternzeichen?« und bleiben Sie für weitere Erkenntnisse offen!

2. Unser Sonnensystem und das Horoskop

Das Sonnensystem*

Unsere Erde, auf der wir leben, die Sonne, der Mond und alle Sterne, die wir in wolkenlosen Nächten beobachten können, sind Teile des Weltalls. Die Mehrzahl der Sterne sind Fixsterne: Sie scheinen sich nicht zu bewegen und stehen immer in denselben Positionen zueinander und wir merken nur, wie sie sich mit dem ganzen Himmel zusammen um die Erde drehen. Es gibt aber ein paar Sterne, die ihre Positionen verändern. Das sind die Planeten. Sie laufen auf kreisförmigen Bahnen um die Sonne. Da diese im Zentrum der Planetenbahnen steht, bezeichnet man dieses funktionelle Ganze als **heliozentrisches System** (griech. *helios* = Sonne). Unser Sonnensystem ist eines von unendlich vielen Systemen im Weltall.

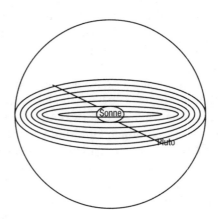

Unser Sonnensystem bildet im Weltall eine kreisförmige Ebene, in deren Zentrum sich die Sonne befindet.

---

* Die verwendeten Begriffe entsprechen dem Weltbild der Astrologie und sind nicht immer deckungsgleich mit der astronomischen Terminologie.

Der Sonne am nächsten kreist Merkur, dann folgt die Venus, ihr die Erde und danach der Mars. Ihm folgen nach einem größeren Abstand Jupiter und Saturn. Zwischen den Bahnen von Mars und Jupiter kreisen viele kleine Planeten, Planetoiden genannt. Saturn ist der letzte Planet, den wir mit bloßem Auge sehen können. Erst die technische Entwicklung der letzten Jahrhunderte ermöglichte den Astronomen, nach dem Saturn noch weitere Planeten zu entdecken.

Diese »neuen« Planeten, Uranus, Neptun und Pluto, kreisen in großen Entfernungen um die Sonne, so daß es uns erscheint, als ob sie sehr langsam vorwärts schreiten. Im Jahre 1977 wurde ein weiterer Planet entdeckt und Chiron genannt. Seine Bahn liegt zwischen der von Saturn und Uranus. Es ist anzunehmen, daß

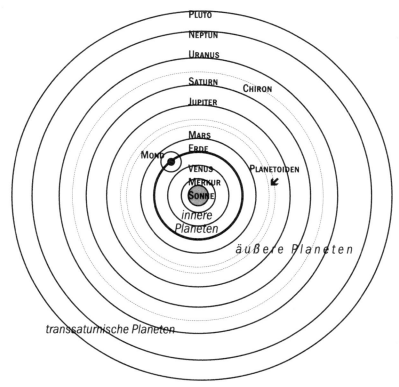

Schema der Planetenanordnung in unserem Sonnensystem

unser Sonnensystem nicht endgültig erforscht ist und daß noch weitere Himmelskörper entdeckt werden.

Merkur und Venus, die ihre Bahnen zwischen der Sonne und der Erde ziehen, werden **innere Planeten** genannt; diejenigen nach ihr **äußere,** die letzten drei von diesen schließlich **transsaturnische Planeten**. Die meisten Planeten werden ihrerseits von Körpern (Trabanten) umkreist. Diese haben in der Astrologie keine Bedeutung. Doch der Erdtrabant Mond, der erdnächste Himmelskörper, spielt dort eine ebenso große Rolle wie die Sonne.

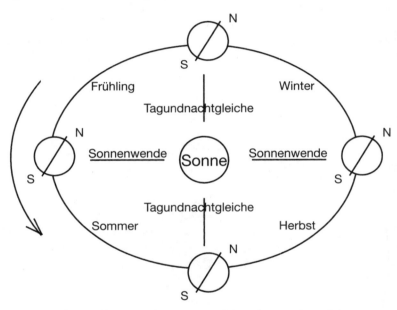

Bahn der Erde um die Sonne und die Jahreszeiten auf der Nordhalbkugel

Die Erde bewegt sich auf zweierlei Arten. Zum einen dreht sie sich um die eigene Achse, daraus entstehen die Tageszeiten. Zum andern läuft sie um die Sonne, daraus ergibt sich das Jahr. Weil die Erdachse schief zur Erdbahn steht, erleben wir die unterschiedlichen Jahreszeiten.

Himmelskugel und Tierkreis

Wie wir im ersten Kapitel erfahren haben, denkt die Astrologie **geozentrisch**. Wir empfinden uns auf der Erde als Mittelpunkt des Weltalls. Um uns dreht sich die scheinbare **Himmelskugel**. Ihre imaginären Pole entsprechen den Erdpolen, so wie ihre Längen- und Breitengrade denjenigen der Erde entsprechen.

Wir sehen, wie sich die Sonne, der Mond und die Planeten auf bestimmten Bahnen um die Erde bewegen. Für die Astrologie gilt als Realität, was wir mit unseren Sinnen von hier aus wahrnehmen: Wenn also von »Bewegungen« die Rede ist, ist es immer aus dieser geozentrischen Sichtweise gemeint. Aus demselben Grund werden in der Astrologie Sonne und Mond auch »Planeten« genannt.

Von der Erde aus beobachtet scheinen die Planetenbahnen nah nebeneinander zu liegen, so daß wir sie uns als einen kreisförmigen Weg oder als einen Gürtel vorstellen können. Dieser wird **Tierkreis** oder **Zodiak** genannt. Die Bahn der Sonne inmitten des Tierkreises heißt **Ekliptik**.

Die Astronomen haben den Tierkreis in zwölf Abschnitte, die Tierkreiszeichen, unterteilt. Diese weisen jeweils bestimmte Eigenschaften auf und dienen zur Orientierung bei der Beobachtung des Himmels. Dort, wo mit dem Zeichen Widder der Tierkreis beginnt, befindet sich der Frühlings- oder Widderpunkt. Am 20. oder 21. März, dem ersten Frühlingstag, steht die Sonne genau an diesem Punkt.

Die Planeten

Wir werden uns mit zehn Planeten befassen. Sieben von ihnen gelten als »klassische«: Sonne, Mond, Merkur, Venus, Mars, Jupiter, Saturn, und drei als »neue«: Uranus, Neptun und Pluto. Entsprechend der scheinbaren Geschwindigkeit des Planetenlaufes um die Erde unterscheidet die Astrologie
- **persönliche (schnelle) Planeten**: Sonne, Mond, Merkur, Venus, Mars
- **gesellschaftliche Planeten**: Jupiter und Saturn

- **kollektive (langsame) Planeten**: die transsaturnischen Planeten Uranus, Neptun und Pluto die sich auf sehr weiten Umlaufbahnen und in großer Entfernung von der Sonne bewegen.

Einige Astrologieschulen beziehen noch weitere Himmelskörper mit ein, wie die Planetoiden oder die hypothetischen Planeten. In letzter Zeit beschäftigen sich viele auch mit dem neu entdeckten Chiron. Da dieser jedoch astrologisch noch nicht genug erforscht ist, werden wir ihn in diesem Buch nur in der Gesamtdeutung berücksichtigen.

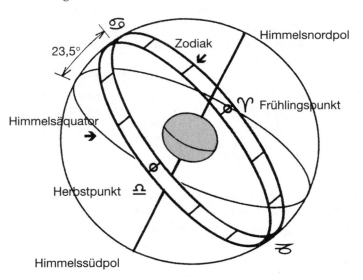

Die Erde als Mitte der Himmelskugel. Die Planetenbahnen befinden sich im Tierkreis.

Die zwei Arten der Erdbewegung lassen uns zwei Arten der Planetenbewegung beobachten. Die eine ist die tägliche Drehung des ganzen Tierkreises einschließlich aller Planeten, in der Richtung des Uhrzeigersinns. Gleich wie die Sonne täglich auf- und untergeht, steigt jeder Planet während des 24-Stunden-Tages einmal am Osthorizont auf und verschwindet am Westhorizont.

Die andere Bewegung ist das Fortschreiten der Planeten auf dem Tierkreis, und zwar gegen den Uhrzeigersinn. Um dies zu

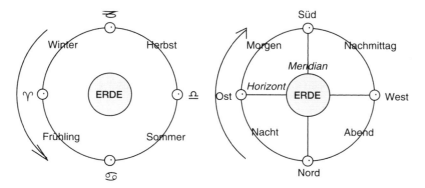

Die Jahresbewegung der Sonne auf der Ekliptik.

Die Tagesbewegung der Sonne mit der Ekliptik, dem Tierkreis und den Planeten.

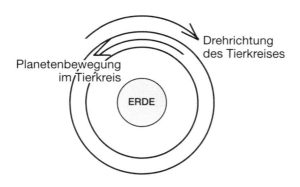

Zwei Arten der Planetenbewegung um die Erde

veranschaulichen, können wir uns den Tierkreis als ein Karussell vorstellen, das sich im Uhrzeigersinn dreht, jedoch die Personen darauf – die Planeten – schreiten in die entgegengesetzte Richtung.

Obwohl sich im geozentrischen System die Erde im Mittelpunkt befindet, steht sie nicht fest, sondern kreist selbst um die Sonne. Deshalb sehen wir von hier aus alle Planeten, außer Sonne und Mond, zeitweise auch in die Gegenrichtung laufen. In der Astrologie bezeichnen wir diese Erscheinung als **rückläufige Bewegung**.

Die **Rückläufigkeit** entsteht dann, wenn die Erde einen langsamen äußeren Planeten überholt oder wenn sie von einem schnellen inneren überholt wird. Im Augenblick der scheinbaren Richtungsänderung des Planeten haben wir den Eindruck, er stehe still. Diese Position wird als **stationär** bezeichnet.

Das Horoskop

Da der Mensch den Mittelpunkt seiner Welt darstellt, ist sein **Geburtsort** wichtig für die Erstellung seines Horoskops.

Jeder Ort auf der Erde hat seinen eigenen **Horizont**. So nennen wir normalerweise die Linie zwischen Himmel und Erde, über Hausdächern, Hügeln, Bergen, Wäldern oder dem Meer. Dort gehen für uns die Sonne, der Mond und die Sterne auf. Am besten sichtbar ist er von einem Schiff mitten auf dem Ozean: Dann erblicken wir rundherum eine an das Himmelszelt rührende Kreislinie – den sogenannten »**scheinbaren**« Horizont. Der **wahre Horizont**, der uns in der Astrologie interessiert, ist der äußere Rand einer Schnittfläche durch die Erdmitte parallel zum scheinbaren.

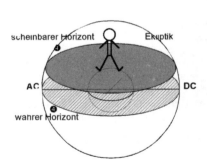

Der scheinbare und der wahre Horizont.

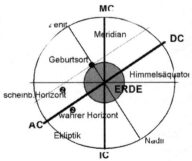

Beziehung zwischen Horizont, Meridian, Ekliptik und Himmelsäquator. Der Zenit ist der höchste Punkt über, der Nadir der tiefste unter dem Horizont des Geburtsortes.

Wenn wir in unserer Vorstellung den Tierkreis aus dem Raum auf eine Fläche übertragen, können wir ihn vereinfacht als einen Kreis darstellen. Den wahren Horizont reduzieren wir auf eine Gerade; diese wird zur horizontalen Achse des Kreises. Die vertikale Achse entsteht aus einem Himmelsmeridian, und zwar aus demjenigen, den die Sonne am Mittag überquert.

An der Stelle, wo sich im Osten der (wahre) Horizont mit der Sonnenbahn (Ekliptik) schneidet, entsteht ein wichtiger Punkt im Horoskop, der **Aszendent, AC** oder **AS**, (lat. *ascendere* = aufgehen). In der Natur können wir ihn ungefähr dort beobachten, wo täglich die Sonne aufgeht.

Ihm gegenüber liegt der **Deszendent, DC** oder **DS**. Wir können ihn ungefähr dort beobachten, wo die Sonne untergeht.

Der obere Schnittpunkt der Ekliptik und des Meridians heißt **Medium Coeli**, die Himmelsmitte oder der **Kulminationspunkt, MC**. Hier sehen wir die Sonne am Mittag in ihrer höchsten Position über dem Horizont. Wir sagen, daß die Sonne hier kulminiert.

Da die Ekliptik und damit der ganze Tierkreis in bezug auf den Himmelsäquator geneigt ist, steht auch die Meridianachse nicht immer senkrecht zum Horizont, wie wir es einfachheitshalber auf den schematischen Bildern darstellen. Ihre Neigung ist von der geographischen Breite und von der jeweiligen Zeit abhängig.

Dem MC gegenüber liegt der tiefste Punkt des Tierkreises: das **Imum Coeli, IC**, der untere Kulminationspunkt.

Die Grundskizze der Himmelskugel zu einem bestimmten Zeitpunkt an einem bestimmten Ort wird also vom Tierkreis und zwei Achsen, der Horizont- und der Meridianachse, gebildet. Von ihnen sind die wichtigen Punkte AC und DC, MC und IC abhängig. Wenn wir dieses Grundbild mit den Planetenpositionen des festgelegten Zeitpunktes vervollständigen, sprechen wir vom **Horoskop** (griech. *hora* = die Stunde und *skopein* = beobachten, aufzeichnen).

Das Horoskop ist also eine Himmelsskizze zu einem bestimmten Zeitpunkt an einem bestimmten Ort.

Eine solche Himmelsskizze für den Moment der Geburt des Menschen heißt **Geburtshoroskop, Geburtsbild** oder **Radix** (lat. *radix* = Wurzel).

Was symbolisiert das Horoskop? Mit dem ersten Einatmen im Moment der Geburt tritt der Mensch als ein selbständig existie-

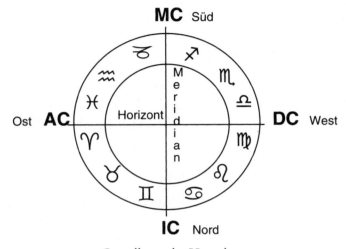

Grundlagen des Horoskops

rendes Wesen in ein energetisches kosmisches Feld ein. Das Geburtsbild zeichnet diese kosmische Energie auf. Es symbolisiert die Grundlinien der möglichen Entwicklung des Menschen sowie sein Lebensthema, und es stellt somit symbolisch die Grundlage für seinen Schicksalsweg dar. Doch es legt den Menschen nicht fest, denn es kommt auf ihn an, wie er die vom Horoskop aufgezeigten Charakteranlagen lebt und in welchem Maße er bereit ist, sie zu entwickeln. Das Horoskop ist wie eine Landkarte, anhand der wir uns orientieren können. Wir müssen uns nach ihr richten; welchen Weg wir einschlagen, steht uns frei.

Aszendent

Innerhalb von 24 Stunden ziehen alle Tierkreiszeichen einmal am Osthorizont vorbei. Das heißt, daß alle 4 Minuten 1 Grad des Tierkreises am Horizont aufsteigt. (24 Stunden = 1440 Minuten; 1440 Minuten : 360 Grad = 4 Minuten/Grad)

Der Aszendent (AC) ist der Grad des Tierkreiszeichens, der sich zu einem bestimmten Zeitpunkt am östlichen Horizont befindet. So wie die Sonne jeden Morgen im Osten erscheint, **repräsentiert der Aszendent das Bild der Persönlichkeit, die Person, wie sie nach außen in Erscheinung tritt.** Er zeigt den Menschen in seiner physischen Gestalt, in seiner körperlichen Haltung und in seinen Reaktionen auf die Umwelt. Im antiken Theater bedeutete *persona* die »Maske« oder die »Rolle« des Schauspielers. Der Aszendent spiegelt vor allem wider, wie der Mensch dem Leben begegnet, wie er sich als Persönlichkeit zeigt – jedoch weniger wie er wirklich ist. Wir können uns den Aszendenten als ein Tor zur Psyche des Menschen vorstellen. Dem Aszendenten gegenüber liegt der **Deszendent** (DC). Dieser Punkt ist mit den Vorstellungen über unser »Gegenüber« verbunden, wir können sagen, es ist die Brille, durch die wir unsere Mitmenschen betrachten.

Medium Coeli, die Himmelsmitte

Wenn die Sonne am Mittag ihren höchsten Stand erreicht, bewegt sie sich durch den Punkt des **Medium Coeli** (MC). Entsprechend repräsentiert dieser Punkt unser Lebensziel, unseren höchstmöglichen Entwicklungsgrad, den wir im Leben erreichen können, wenn wir gezielt darauf hinarbeiten. Hier sind unsere persönlichen Fähigkeiten und Qualitäten angezeigt, hier können wir erfahren, was unsere Berufung sein könnte.

Wer auf einem Gipfel steht, wird von allen Seiten gesehen. Dieser Punkt gibt uns Informationen darüber, was wir in der Gesellschaft bedeuten, was wir in ihrem Rahmen erreicht haben, wie weit wir es gebracht haben. Damit hängt auch zusammen, wie selbstbewußt wir geworden sind. Eine Bergspitze zu erreichen, heißt aber auch einsam zu sein: Dies ist der Preis, den wir für die höchste Entwicklung unserer Individualität bezahlen.

Gegenüber dem MC liegt der tiefste Punkt des Tierkreises, das **Imum Coeli**, die Himmelstiefe oder das IC. Wir verbinden ihn mit unserem Ursprung, unserem Heim und unseren Wurzeln.

Ein paar psychologische Begriffe

Bewußtsein – Unbewußtes

Die Psychologie unterscheidet zwei Hauptschichten der Seele: das **Bewußtsein** und das **Unbewußte**. Ein Teil unserer Wahrnehmungen und Äußerungen geschieht bewußt, ein anderer unbewußt. Das Unbewußte ist der Teil unserer Seele, zu dem Vernunft und Denken keinen Zutritt haben. Wie ein Baum Wurzeln braucht, die von der Oberfläche aus nicht zu sehen sind, benötigt auch unsere Seele einen verborgenen Bestandteil. Dieser entlastet das Bewußtsein. Wären uns all unsere Kenntnisse und Wahrnehmungen ständig bewußt, wären wir so überlastet, daß wir den Verstand verlieren würden.

Die Seele beinhaltet also mehr, als wir bewußt verarbeiten können. Doch wie erfahren wir etwas über diese versteckten Teile unseres Charakters? Die Informationen können wir nur indirekt bekommen. Eine Möglichkeit sind unsere unmittelbaren, »automatischen« Reaktionen auf die Umwelt, die ohne Überlegung geschehen. Weiter meldet sich das Unbewußte mittels Träumen, deren Deutung neue Erkenntnisse über uns selbst bringen kann.

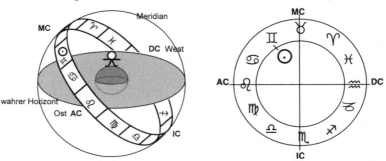

Aszendent, Medium Coeli, Horizont, Tierkreis und Meridian bezogen auf einen bestimmten Ort auf der Erde.
Links: Jährlich um den 15. Juni, 10.30 Uhr in Paris (49° nördliche Breite, 2°20` östliche Länge). Am östlichen Horizont sehen wir als Aszendent das aufsteigende Zeichen Löwe, die Sonne läuft durch die Zwillinge. Rechts: Dieselben Verhältnisse in der schematischen Form des Horoskops dargestellt.

Auch Phantasie und Tagträume spiegeln Teile dieser unbekannten Welt wider. Eine weitere Äußerung des Unbewußten ist die »Brille«, durch die wir unsere Nächsten anschauen, denn wir betrachten sie großenteils in bezug auf uns selbst. Die Psychologie sagt, daß wir unbewußte Teile unserer Seele auf sie »projizieren«. Je besser wir uns kennen, desto objektiver können wir andere Personen beurteilen.

Zur Erklärung der Projektion zwei Beispiele:

1. Ein junger Mann hat Angst vor Autoritäten. Diese liegt in seinem Unbewußten. Gegenüber jeder Person, die einen höheren gesellschaftlichen Status besitzt, benimmt er sich übertrieben dienstlich, bei jedem Vorgesetzten erwartet er, daß dieser über ihn Macht ausüben wird. Wenn er einen neuen Chef bekommt, ist seine Einstellung zu ihm sofort durch diese innere Angst gezeichnet. Andere Kollegen finden den Chef sympathisch, dieser junge Mann meint jedoch, daß er sehr autoritär sei, immer recht haben wolle, kein Verständnis für seine Mitarbeiter habe und überhaupt, er sei ein unangenehmer Typ. Die Meinung und die Autoritätsangst dieses jungen Mannes rühren daher, daß er selbst gerne Autorität haben möchte und selbst Machtgelüste hat. Diese Eigenschaft seines Charakters ist ihm aber nicht bewußt, und er hat bisher keine Gelegenheit gehabt, sie auszuleben und damit möglicherweise auch zu erkennen.

2. Wir projizieren oft unsere Ängste. Ein Mensch, der Angst hat, daß ihn jemand bestiehlt, kann andere Personen verdächtigen, daß sie ihm etwas stehlen könnten oder gestohlen haben. Er kann auch Angst haben, daß andere von ihm denken, er selbst könnte den anderen etwas entwenden.

Nicht selten verdrängen wir unerledigte Angelegenheiten ins Unbewußte. Oft handelt es sich dabei um Erlebnisse aus der frühen Kindheit, die wir vergessen möchten. Wir lagern sie im Unbewußten wie in einem Keller, wenn wir die Wohnräume sauber und übersichtlich behalten wollen. Aber damit haben wir diese Dinge nicht aus der Welt geschafft, denn sie leben und wirken »dort unten«, und eines Tages melden sie sich. Zu solchen Äußerungen können physische und psychische Erkrankungen gehören. Durch den Selbsterkenntnisprozeß versuchen wir, bestimmte versteckte Teile unserer Seele zu enthüllen und ins Bewußtsein zu bringen.

Das Ich und das Selbst

Die psychologischen Begriffe »Ich« und »Selbst« haben mit dem Bewußtsein und dem Unbewußten zu tun. Das Ichbewußtsein erwirbt der Mensch während der ersten drei Lebensjahre. Er unterscheidet damit seine eigene Individualität von der anderer Menschen. Mit Ich-Aussagen wie »ich will«, »ich habe« usw. äußert er klar, daß er um seine Existenz weiß.
Jedoch: WER BIN ICH? Was steckt hinter diesem Ich? Es ist die ganze Psyche, das **Selbst**. Das ganze Selbst zu erkennen ist nicht möglich. Für gewöhnlich können wir nur einen Blick auf seinen unbewußten Teil werfen.

»Das Bewußtsein sagt von sich selber »Ich«. Das Selbst ist kein Ich. Das Selbst ist das Ganze, denn die Persönlichkeit – Sie als Ganzes – besteht aus Bewußtsein und Unbewußtem. Das ist das Ganze oder das Selbst. Ich kenne aber nur das Bewußtsein. Das Unbewußte bleibt mir unbekannt.«
C.G. Jung, Ein großer Psychologe im Gespräch

Extraversion – Introversion

In der psychologischen Beschreibung des menschlichen Charakters setzen wir uns mit zwei Grundtypen auseinander, so wie sie C.G. Jung beschreibt. Der eine Typ ist extravertiert, der andere introvertiert.
Der extravertierte Typ fühlt sich zur äußeren Welt hingezogen. Er ist offen, aktiv und kontaktfreudig, und die Lösung seiner Probleme sucht er in seiner Umwelt. Seine Wirklichkeit besteht vor allem aus dem, was er konkret sieht und hört.
Der introvertierte Typ hingegen lebt in seiner inneren Welt. Er beschäftigt sich mit seinen seelischen Zuständen, ist verschlossen, unsicher und mißtrauisch. Mehr als Fakten gelten für ihn Grundsätze.

Die meisten Menschen sind beides, mit einer Neigung zum einen oder zum anderen Typ.

Orientierung im Raum – Die Horoskophälften

In der Natur orientieren wir uns an den Himmelsrichtungen: Wir schauen, wo Osten, Westen, Süden und Norden ist. Ähnlich orientieren wir uns in einer Horoskopskizze.

Im Unterschied zu geographischen Karten zeichnen wir beim Horoskop den Osten links und den Süden oben. Das hat mit unserer Himmelsbeobachtung zu tun. Wir sehen die Sonne oben am Himmel ziehen, also stellen wir den Süden oben dar.

Da der Mensch den Kosmos im kleinen widerspiegelt, gibt es auch im Horoskop »Himmelsrichtungen«. Das Horoskop stellt den Menschen – sein Selbst – als Zentrum seiner Welt dar. Auf der Seite des Ostens ist die **ICH-Seite**, auf der Seite des Westens stellt sich das Du dem Ich gegenüber. Dort befindet sich die **DU-Seite**. Die obere Hälfte, die die Sonne während des Tages durchläuft, heißt **Tag-,** die untere Hälfte dementsprechend **Nachthälfte**.

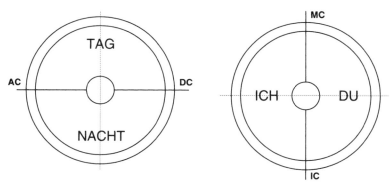

Der Horoskopraum wird horizontal und vertikal in je zwei Horoskophälften geteilt.

Horizontal und vertikal teilen wir den Horoskopraum in je zwei Hälften – vier Quadranten – auf. Wenn wir die Planeten ins Horoskop eintragen, sehen wir, daß sie unregelmäßig verteilt sind. Je nachdem, in welcher Hälfte sich die meisten befinden, unterscheiden wir vier verschiedene Charaktertypen.

1. Stellen wir uns einen Menschen vor, der in einem Raum »wohnt«, der vorwiegend dunkel ist, wo die Sonne nicht scheint. Die **untere Hälfte** versinnbildlicht die Mutter Erde und die Nacht. Analog würden bei diesem Menschen auch seine nicht bewußten, ihm unverständlichen Eigenschaften überwiegen, wie Instinkte und Triebe. Seine »Wurzeln«, die in der Erde haften, d.h. sein Heim, seine Heimat, Ahnen und sein Familienursprung, sind ihm wichtig und dementsprechend auch die Vergangenheit. Vieles, was er tut, tut er instinktiv, aufgrund seiner angeborenen Eigenschaften. Erst in den Resultaten seines Handelns erkennt er sich bewußt. Für die Erhaltung der Gattung sorgt er über seine Kinder.

2. Stellen wir uns jetzt einen Menschen vor, der in einem hellen Raum »wohnt«, wo vorwiegend die Sonne scheint. Die **obere Hälfte** versinnbildlicht den Himmel, die Ideen. Die Helligkeit symbolisiert den Tag. Damit ist das bewußte Handeln und das Denken gemeint, die äußere Welt und das, was der Mensch in ihr darstellt: geistige Auseinandersetzung mit Ideen, Ideologien und Theorien, Streben nach Wissen und Erfahrungen. Er erkennt sich bewußt durch das Denken. Seine geistigen »Kinder« sind ihm persönlich wichtiger als die Erhaltung der Gattung.

3. Ein anderer Mensch »wohnt« auf der **ICH-Seite** des Raumes. Für ihn heißt die Welt »ICH«. Er anerkennt keine andere Ansicht über sich selbst, seine eigene Vorstellung genügt ihm. Er »sieht« sich so, wie sich ein Mensch ohne Spiegel betrachten kann: Die Subjektivität überwiegt. Er kommt auch mit seiner eigenen Motivation gut aus; sein Motto heißt, selbstgenügsam und unabhängig zu sein. Aus diesem Grund ist er fähig, sich ohne Hilfe anderer durchzusetzen. Das ist nicht mit Einsamkeit zu verwechseln. Er spürt, daß es für ihn am besten ist, sich nur auf sich selbst zu verlassen und nur für sich Verantwortung zu tragen.

4. Ein Mensch »wohnt« im Raum der **Du-Seite**. Statt sich selbst zu betrachten, achtet dieser Mensch darauf, wie die anderen ihn beurteilen. Er sucht sich selbst in ihren Handlungen, in Vergleichen oder mittels Feedback. Die Reaktionen der Mitmen-

schen erinnern ihn an sein Abbild im Spiegel: Sie reflektieren ihn. Im Vergleich zum Ich-Menschen besitzt er mehr soziales Gefühl und trägt mehr Verantwortung für die anderen. Sich durchsetzen kann er jedoch eher indirekt, durch andere oder mit Hilfe anderer. Er ist also in diesem Sinne abhängiger von seinen Mitmenschen als der Ich-Seite-Typ.

Es gibt natürlich niemanden, der nur einen der vier Typen repräsentiert. Jede Planetenposition betrifft zwei Horoskophälften. Der Mensch entspricht also mindestens zwei Charakteren, die wir bei der Deutung eines Horoskops zusammen beschreiben.

Fragen und Anregungen

– *Lassen Sie sich Zeit, um die Natur zu beobachten.*
  Welche Gefühle werden bei Ihnen beim Sonnenaufgang und Sonnenuntergang geweckt?
  Wie sieht die Sonne aus, wenn sie aufgeht? Wie, wenn sie untergeht?
– *Wenn der Aszendent das »Tor« unseres Selbst zur Umwelt darstellt, wie stellen Sie sich einen Mann oder eine Frau vor, der/die bei Sonnenaufgang geboren ist, d.h. wenn die Sonne gerade in diesem »Tor« stand?*
  Wie könnte ein Mensch beschrieben werden, der zur Mittagszeit geboren wurde, d.h. wenn die Sonne am höchsten stand?
– *Dem kosmischen Raum entsprechend haben wir vier Charaktertypen beschrieben. Welcher davon spricht Sie am direktesten an?*
– *Sind Ihnen die Schattenseiten Ihres Charakters bekannt?*
  Machen Sie die folgende Probe:
  Schreiben Sie eine Liste mit allen Leuten, die Ihnen »auf die Nerven gehen«, d.h. an denen Sie etwas aufregt.
  Schreiben Sie zu jedem Namen die Charakterzüge, die Sie an den Personen stören.
  Denken Sie über das Notierte nach! Welche Beziehung haben Sie zu diesen Eigenschaften (bzw. zu deren Gegenpolen)? Die Tatsache, daß Sie sie wahrnehmen, zeigt, daß Ihr Unbewußtes auf sie reagiert. Anders ausgedrückt: Diese Eigenschaften stellen mit größter Wahrscheinlichkeit die Schattenseiten Ihres Charakters dar.

Astrologische Symbolik – Die Tierkreiszeichen

Zeichen	Symbol	lateinisch	Element	Wirkform	Charakter	Polarität
Widder	♈	aries	Feuer	kardinal	ich bin	+
Stier	♉	taurus	Erde	fix	ich habe	–
Zwillinge	♊	gemini	Luft	beweglich	ich denke	+
Krebs	♋	cancer	Wasser	kardinal	ich fühle	–
Löwe	♌	leo	Feuer	fix	ich will	+
Jungfrau	♍	virgo	Erde	beweglich	ich prüfe	–
Waage	♎	libra	Luft	kardinal	ich gleiche aus	+
Skorpion	♏	scorpio	Wasser	fix	ich begehre	–
Schütze	♐	sagittarius	Feuer	beweglich	ich sehe	+
Steinbock	♑	capricornus	Erde	kardinal	ich gebrauche	–
Wassermann	♒	aquarius	Luft	fix	ich weiß	+
Fische	♓	pisces	Wasser	beweglich	ich glaube	–

Astrologische Symbolik – Die Planeten und Punkte

Planet/Punkt	Symbol	Abkürz.	Element	Herrscher	Prinzip
Sonne	☉	SO	Feuer	Löwe	Lebenskraft
Mond	☾	MO	Wasser	Krebs	Gefühl, Instinkt
Merkur	☿	ME	Luft	Zwillinge/ Jungfrau	Verstand
Venus	♀	VE	Erde/ Luft	Stier/ Waage	Sinnlichkeit, Harmonie
Mars	♂	MA	Feuer	Widder (Skorpion)	Behauptungswille
Jupiter	♃	JU	Feuer	Schütze	Wachstum
Saturn	♄	SA	Erde	Steinbock	Beschränkung
Chiron	⚷	CH	Erde	Jungfrau/ Schütze	Bewährung
Uranus	⛢♅	UR	Luft	Wassermann	Befreiung
Neptun	♆	NE	Wasser	Fische	Grenzüberschreitung
Pluto	♇♇	PL	Wasser	Skorpion	Umwandlung
Mondknoten	☊	MK	–	–	Verknüpfung / Karma
Aszendent	–	AC	–	–	äußere Erscheinung
Medium Coeli	–	MC	–	–	Lebensziel

Wie orientiere ich mich beim Lesen eines Horoskopbildes?

Was wird in einem Horoskopbild dargestellt? Je nach Schule oder Person gibt es verschiedene Darstellungsarten des Horoskops. Die Grundprinzipien sind jedoch überall gleich. Unser Horoskopbeispiel (Seite 41) zeigt eine der üblichsten Versionen.

Tierkreis

Bei der Betrachtung des Horoskops sehen wir einen Doppelkreis, aufgeteilt in 12 Segmente, die Tierkreiszeichen. Sie folgen einander entgegen dem Uhrzeigersinn, so wie sich die Planeten auf dem Tierkreis bewegen (vgl. die Jahresbewegung der Sonne). In den üblichen farbigen Darstellungen entsprechen ihre Farben den vier Farben der Elemente: Feuer – rot, Luft – gelb, Erde – grün und Wasser – blau.

Achsen, Quadranten und Häuser

Die Geraden AC – DC und MC – IC sind die beiden Hauptachsen des Horoskops: die **Horizontachse** und die **Meridianachse**. Auf dem Aszendenten (AC) sehen wir das Tierkreiszeichen Fische (♓). Das Medium Coeli (MC) befindet sich im Schützen (♐). Wir sehen, daß die Meridianachse abhängig vom Breitengrad und von der Geburtszeit ein wenig geneigt ist. Durch diese zwei Achsen wird der Horoskopraum in **vier Quadranten** geteilt.

Jeder Quadrant ist in drei Abschnitte geteilt: die Häuser. Insgesamt gibt es also **12 Horoskophäuser**. Ihre Numerierung beginnt am Aszendenten, siehe die Nummer auf dem äußeren Kreis. In manchen Horoskopdarstellungen erfolgt die Numerierung im inneren Kreis.

Da es für die Art der Aufteilung der Quadranten mehrere Methoden gibt, muß in jedem Horoskop notiert werden, welches Häusersystem benutzt wird. Rechts unten auf unserem Bild steht die Bezeichnung »Häusersystem Placidus« mit Angaben der Grade, wo das 2., 3., 11. und 12. Haus beginnt. Das 1. Haus beginnt am AC, das 10. am MC, die restlichen den angegebenen Häusern gegenüber.

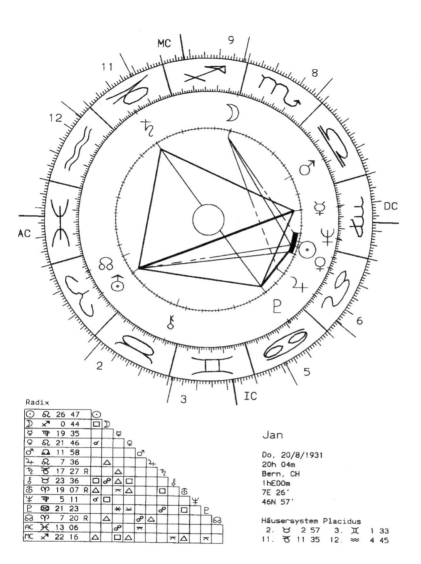

Jan

Do, 20/8/1931
20h 04m
Bern, CH
1hE00m
7E 26'
46N 57'

Häusersystem Placidus
2. ♉ 2 57   3. ♊ 1 33
11. ♉ 11 35 12. ♒ 4 45

Die Planeten

Zwischen dem äußeren Doppel- und dem mittleren Kreis sehen wir die Symbole der jeweiligen Planeten. Die Kreise sind in Grade aufgeteilt, damit die genauen Planetenpositionen eingetragen werden können. Jedes Tierkreiszeichen umfaßt 30 Grad und beginnt an seinem ersten Punkt entgegen dem Uhrzeigersinn. Außer den Planetensymbolen befindet sich dort auch das Zeichen ☊ für den Mondknoten. Dieser ist kein Planet, sondern ein Punkt. Seine spezielle Bedeutung wird in Kapitel 11 beschrieben.

Der Horoskopeigner unseres Beispiels heißt Jan. Er wurde zu einer Zeit geboren, als der Mond (im Zeichen Schütze ♐), Saturn, Mars und Merkur über dem Horizont, die Sonne und andere Planeten jedoch darunter standen. Wir sehen, daß die Sonne, die sich im Zeichen des Löwen (♌) befindet, gerade untergegangen ist, wie es der Geburtszeit entspricht, denn wie bereits erklärt wurde, bewegt sich der Tierkreis im Uhrzeigersinn.

Die Planeten bewegen sich gegen den Uhrzeigersinn durch den Tierkreis. Die Positionen der Sonne (im Löwen) und des Mondes (im Schützen) lassen uns erkennen, daß sich der schnellere Mond von der langsameren Sonne entfernt. Somit ist er zunehmend (siehe Anfang von Kapitel 8). Da sich Merkur relativ weit von der Sonne entfernt befindet (siehe Kapitel 5 unter Merkur), hätte man ihn zum Zeitpunkt der Geburt am Westhimmel als kleinen Stern beobachten können.

Die Geburtsangaben

Unten rechts finden wir:

- den Namen
- das Geburtsdatum
- die Geburtszeit
- den Geburtsort und das Geburtsland
- die Differenz der Zeitzone des Geburtsortes von der Weltzeit (= GMT, Greenwich Mean Time), was für die Mitteleuropäische Zeit eine Stunde, bei Sommerzeit zwei Stunden ausmacht. Oft steht an dieser Stelle direkt die GMT. Die GMT ist die Ausgangsgröße für die Horoskopberechnung.

In unserem Fall wäre GMT 19h 04m.
- die geographische Länge (E = Ost, W = West)
- die geographische Breite (N = Nord, S = Süd)

Planetenpositionen und Aspekte

Lenken wir nun unsere Aufmerksamkeit auf die Tabelle unten links. Der Begriff »Radix« informiert uns, daß es sich um ein Geburtshoroskop handelt.

Der rechte Teil der Tabelle, der sich unter dem Wort »Radix« befindet, gibt die exakten Positionen der Planeten, Mondknoten, von AC und MC an. Neben jedem Planetensymbol können wir Grade und Minuten des jeweiligen Tierkreiszeichens, in dem sie sich befinden, in der entsprechenden Elementfarbe ablesen. Das »R« hinter einer Zahl bedeutet, daß sich der betreffende Planet **rückläufig** bewegt.

Gegenseitige Beziehungen der Planeten, sogenannte Aspekte (siehe Kapitel 8), ersehen wir im dreieckigen Teil der Tabelle. Wenn zwei Planeten miteinander einen Aspekt bilden, finden wir auf der Schnittstelle der Planeten ein Aspektsymbol. In den meisten farbigen Darstellungen werden Trigone und Sextile **blau**, Konjunktionen, Quadrate und Oppositionen **rot**, Halbsextile und Quincunxe **grün** gezeichnet. Die entsprechenden Planeten sind im Horoskopbild miteinander durch eine Linie verbunden. Im Falle eines größeren Aspekt-Orbis (siehe Kapitel 8) wird manchmal diese Linie gestrichelt, wie auf unserem Beispielhoroskop. Aspekte des Chiron kommen zwar in der Tabelle vor, werden aber in diesem Buch nicht behandelt.

Viele astrologische Schulen tragen in das Horoskopbild auch die Aspekte der Planeten mit AC und MC ein. Sie sind hier aus folgendem Grund weggelassen: Das Gesamtbild der Planetenaspekte stellt das Verhältnis der Planetenkräfte zueinander dar. Es ist das Bild der inneren Energien (Kräfte), die dem Menschen zur Verfügung stehen. Aszendent, Medium Coeli und die Mondknoten sind persönliche Punkte im Horoskop, aber sie sind keine »Energiequellen«. Durch die Darstellung der Aspekte mit diesen Punkten wäre das »Energie-Bild« optisch verzerrt. Dies hindert jedoch nicht, eventuelle Aspekte mit diesen Punkten auszuwerten.

3. Die vier Elemente

Die Astrologie stellt unsere Welt als Einheit dar, die aus vier Elementen besteht: aus Feuer, Luft, Erde und Wasser. Wir können uns die Elemente als vier Grundprinzipien vorstellen, als Urenergien von allem, was sich in uns und um uns befindet. Diese Energien sind für das Leben auf unserer Erde unentbehrlich.

Wir gebrauchen das Wort »Energie«. Es ist hier nicht die Energie im physikalischen, sondern im übertragenen Sinne gemeint, als Potential der Kräfte in den geistigen, seelischen und physischen Sphären. So verstanden entspricht das Feuer der Energie des Willens, die Luft der Energie des Denkens, die Erde der Energie des Stofflichen und das Wasser der Energie des Gefühls.

Diese vier Grundformen sind mit den Temperamenten nach dem altgriechischen Arzt Hippokrates vergleichbar, jedoch nicht völlig gleich*. Mit dem Begriff »Temperament« bezeichnet er die psychische Eigenart des Individuums: cholerisch – hitzig, sanguinisch – fröhlich, melancholisch – traurig, phlegmatisch – ruhig. Analog dazu hat der deutsche Kosmobiologe Reinhold Ebertin (1901–1988) Temperamente beschrieben, wie die folgende Tabelle sie darstellt.

Da die Elemente überall in der Natur vorkommen, sind ihre Energien in allen Lebewesen vorhanden, denn die äußere Welt spiegelt sich in ihnen wider. Mit dem ersten Atemzug nach seiner Geburt tritt der Mensch in ein Energiefeld ein, dessen Wirkung ihn sein ganzes Leben lang beeinflußt. Das Horoskop ist ein Gradmesser dieser Energien.

---

* Das Erdelement beispielsweise ist nicht nur melancholisch und das Wasserelement nicht nur phlegmatisch. Das wässrige Zeichen Skorpion ist eher dem melancholischen Temperament zuzuordnen.

Charakteristika der Elemente

Feuer	Luft	Erde	Wasser
schnell	schnell	langsam	langsam
leicht	leicht	schwer	schwer
aktiv	aktiv	passiv	passiv
warm	kalt	warm	kalt
Yang	Yang	Yin	Yin
subjektiv	objektiv	objektiv	subjektiv

Charakteristik:

willensstark	Zusammenhänge erkennen	Realitätssinn	starke Gefühlsbetonung

nach C.G. Jung:

Intuition	Denken	Empfinden	Fühlen

Temperament nach Hippokrates:

cholerisch	sanguinisch	melancholisch	phlegmatisch

Temperament nach Reinhold Ebertin:

gespannter Außenmensch	gelöster Außenmensch	gespannter Innenmensch	gelöster Innenmensch

Feuer – Wille

Die Eigenschaften des Feuers entsprechen den Sonnenstrahlen, den Quellen der Wärme und des Lichtes. Versuchen wir unsere Beobachtungen und Wahrnehmungen zu beschreiben, wenn wir das Feuer beobachten.

Man sagt, man könne unendlich lange ins Feuer schauen. Wir fühlen uns zu ihm hingezogen. Das Feuer ist heiß, es gibt uns Wärme. Es ist in ständiger Bewegung, schnell, leuchtend, immer nach oben gerichtet, als wären seine Flammen Hände, die etwas zu greifen versuchen.

Die Flammen brennen einmal gelblich und klar, sie lodern schnell auf und erlöschen dann. Die Glut des Feuers ist rot, heiß

und intensiv. Dann wieder sind sie ruhig, klein und regelmäßig, und ihre bläuliche Farbe wirkt beinahe vergeistigt.
Der Volksmund sagt: »Das Feuer ist ein guter Diener, aber ein böser Herr«. Wenn seine Flammen uns nicht hilfreich sind und uns wärmen, wenn wir sie nicht unter Kontrolle halten, können sie mit Brand und Vernichtung über uns herrschen.
Ähnlich spendet uns die Sonne, dieser Feuerball, Leben. Sie wärmt, gibt Licht und Farben, kann uns aber andererseits durch eine übergroße Hitze Leid, Dürre und Tod bringen.
Was einmal durch das Feuer gegangen ist, bekommt eine neue Gestalt. Diese Umwandlung ist unwiderruflich, es gibt keinen Weg zurück.

Ein Mensch, der viel von diesem Element in die Wiege bekommen hat, erinnert uns in seiner Erscheinung und seinem Handeln ans Feuer und an die Sonne. So wie das eine unseren Blick anzieht und das andere im Zentrum unseres Sonnensystems steht, fühlt sich dieser Mensch als Mittelpunkt des Geschehens: Er ist egozentrisch, stolz, heiter, enthusiastisch und direkt.
Sein Tun ist aus seiner Sicht »klar«, denn er ist sicher, daß er genau so handelt, wie er handeln soll. Seine Urteile sind schnell und endgültig. Er weiß, was er will, und einen Weg zurück gibt es für ihn nicht. Für ihn zählt die Zukunft; die Vergangenheit entschwindet wie vom Feuer verzehrt.
Der Feuermensch muß »nach oben zielen«, also braucht sein Leben einen Sinn, ein Ziel, sei es materiell oder ideell. Um dieses zu erreichen, ist er fähig, jederzeit die notwendigen Entscheidungen zu treffen. Daher hat er wenig Platz für die Interessen anderer und kaum Verständnis für sie. Trotzdem hat er ein weites Herz; seine Direktheit und Offenheit, die etwas Kindliches und Naives an sich haben, verbreiten Wärme, Optimismus und Begeisterung wie die Sonne und das Feuer.
Doch kann seine innere Wärme zu heiß und zu stark werden. Dann ist dieser Mensch aggressiv, rücksichtslos, oft auch primitiv, ein Krieger, der um sich schlägt, nur um des Kämpfens willen. Ein Zielverlust kann tiefgreifende Schwierigkeiten auslösen, das Innere ausbrennen.

Das Temperament dieses Menschentyps können wir uns als eine Kraft vorstellen, die geradlinig vorwärts einem Ziel entgegenstrebt.

Fragen und Anregungen
- Versuchen Sie sich diese Energie bildhaft vorzustellen! Stellen Sie sich alle Arten von Feuer vor; wenn Sie die Möglichkeit haben, beobachten Sie sie. Spüren Sie die beschriebenen Eigenschaften?
Können Sie noch weitere feststellen?
Mit welchen Sinnen nehmen Sie das Feuer wahr?
- Kennen Sie in Ihrem Bekanntenkreis Menschen, die dem Feuertypus entsprechen?
- Versuchen Sie, Ihre eigene Feuerenergie zu spüren!

Luft – Denken

Welches sind die Eigenschaften der Luft? Auf der Erde befindet sie sich sozusagen überall. Sie ist leicht und sehr beweglich, will sich ausdehnen. Ihre Ausbreitung geschieht mühelos, ohne Gewalt. Die Luft können wir nicht einfangen und in die Hand nehmen. Sie ist farblos, wir sehen sie nicht, wir spüren sie nur, wenn sie sich bewegt. Wir brauchen sie zum Atmen. Wenn der Mensch geboren wird, bedeutet sein erster Atemzug den Anfang seines selbständigen Lebens und somit die physische Trennung von der Mutter.

Wenn wir einatmen, gelangt mit der Luft der Sauerstoff in den Körper, der für dessen Funktionieren notwendig ist. Der Kopf arbeitet nicht ohne Sauerstoff. Es gibt Menschen, die einen Luftmangel zwar überlebt haben, deren Hirnzellen jedoch zum Teil abgestorben sind und deren Intelligenz sich dadurch vermindert hat. Luft, Denken und Intelligenz hängen also zusammen. Zur Luft gehört auch deren Strömung, der Wind. Je nach Intensität kann eine leichte Brise »frischen Wind« bringen oder ein Orkan Existenzen vernichten.

Jeder kennt die eigenartige Stimmung vor einem Gewitter, wenn die Luft stillsteht. Unbeweglichkeit ist für ihren Urzustand etwas Ungewöhnliches und man hat den Eindruck, als wäre sie in diesem Moment »schwanger« mit etwas, das dann im entfesselten Sturm geboren wird. Die oft gebrauchte Aussage »es liegt etwas in der Luft« entspricht dieser Situation.

Wenn im Horoskop das Luftelement überwiegt, ist der Mensch geistig und körperlich sehr beweglich bis zerstreut, mit lebendiger Intelligenz und mit vielen Interessen. Er will alles wissen und immer dabei sein, er hat eine gute Vorstellungskraft und eine rasche Auffassungsgabe. Da er möglichst rationell zum Ziel zu gelangen versucht, ist er daran interessiert, sich Neues auszudenken und zu erfinden. Die Frage ist, ob er überhaupt irgendein Ziel über längere Zeit verfolgt. Im Vergleich zum Feuermenschen hat der Luftmensch viele Ziele, die er je nach momentanem Interesse wechselt.

Dieser Mensch ist sehr neugierig, diskutiert und redet gerne, und keine Neuigkeit läßt ihn gleichgültig. Ähnlich wie die Luft nur leichte Dinge fangen kann, ist für ihn der Gedanke wichtiger als die Form. Idee und Inspiration interessieren ihn mehr als deren Verwirklichung, die Theorie hat Vortritt vor der Praxis.

Der Luftmensch beschäftigt sich ungern mit schwerwiegenden Themen oder mit tiefen Gefühlen. Neuen Problemen steht er mit Interesse gegenüber, jedoch nur bis seine Neugierde gestillt ist; gefühlsmäßig bleibt er teilnahmslos. Wichtig ist der Gedanke, die Idee, die Inspiration, die im Kopf geboren wird. (Inspiration stammt von *inspirare* = einatmen). Und ähnlich der Luft, die vor dem Sturm energiegeladen auf Ausbruch wartet, befinden sich in den Köpfen vieler luftbetonter Menschen Ideen, die nach Ausdruck suchen, und wenn es dazu kommt, werden bahnbrechende Ideen geboren. (Thomas A. Edison und Jules Verne sind Beispiele.)

Die geistige Welt ist grenzenlos, wie die Luft, die sich überall ausdehnt. Der Geist, der göttliche Funke, erhöht den Menschen über die Materie und über die Pflanzen- und Tierwelt. Das biblische »Am Anfang war das Wort« bedeutet, daß die Idee, die vom Luftelement repräsentiert wird, Lebensspenderin ist und nicht die Materie.

Diesen Menschentypus und sein Temperament können wir uns als eine große, luftige Fläche vorstellen mit Kräften, die sich in alle Richtungen bewegen.

Fragen und Anregungen

- *Versuchen Sie sich von dieser Energie ein Bild zu machen! Atmen Sie dabei tief ein! Spüren Sie eine Veränderung? Wann können Sie sprechen? Beim Einatmen? Beim Ausatmen? Können Sie das symbolische »Geben und Nehmen« verstehen im Sinne von »Ich atme die Luft, die du ausatmest?« oder »Ich atme die Luft, in der sich deine ausgesprochenen Worte befinden?«*
Beobachten Sie, wie Ihre Denkfähigkeit durch frische oder schlechte Luft erhöht oder vermindert wird!
- *Wen empfinden Sie in Ihrer Umgebung als Lufttypus?*
- *Wie spüren Sie Ihre eigene Luftenergie? Wie äußert sie sich?*

Erde – Materie

Während Feuer und Luft die Bewegung darstellen, ist die Erde ein stabiles und unbewegliches Element. Wenn wir bewußt daran denken, können wir die Allgegenwart der Erde feststellen, eine Eigenschaft, die der Luft entspricht.

Die Erde ist hart, unbeweglich und »ewig«. Sie ist der Boden, in den wir die Getreidesamen und Keimlinge für unsere Ernährung säen oder pflanzen. Sie ist der Boden, in den wir unsere Wege austreten. Die menschliche Hand kann die Materie formen und verändern. Es braucht jedoch Arbeit, Fleiß und Ausdauer. Aus dem Material »Erde« bauen wir Gegenstände für unseren täglichen Gebrauch, nicht zuletzt unsere Häuser, in denen wir wohnen und die uns Schutz geben.

Was aus Erde gebaut ist, bleibt lange Zeit erhalten. Wenn wir es verlassen, können wir zurückkehren oder mindestens zurückschauen, es bleiben Spuren, und es dauert lange, bis diese verwischt sind.

Die Erde kann fruchtbar sein und uns ernähren, sie kann aber auch hart, steinig und unfruchtbar sein, und sie ist imstande, uns ohne Nahrung verhungern zu lassen.

Das Element Erde stabilisiert den Menschen, es verlangsamt, festigt und bindet ihn. Alles, was stofflich und tastbar ist, ist für ihn wichtig. Auch der Erwerb materieller Güter und damit unsere gesellschaftliche Position, unser Beruf und unsere Arbeit gehören dazu. Der Erdemensch steht ständig vor irgendeiner konkreten Aufgabe, die er erfüllen soll, als ob er den Druck der Masse spürte – der Masse, die er verarbeiten, anhäufen oder tragen muß. So zählt er nur auf praktische Vernunft und konkrete Dinge; die Begeisterung des Feuers und die Inspiration der Luft sind für ihn zu unsichere Qualitäten.

Die Gesetze der materiellen Welt hat er tief verinnerlicht. Er fühlt sich dort zu Hause, wo Realität und »gesunder Menschenverstand« herrschen. Selbstdisziplin, Fleiß, Geduld, Ordnung und verantwortungsvolle Sorge um tägliche Angelegenheiten sind für ihn Selbstverständlichkeiten. Er sucht nach Schutz und Sicherheit. So wie das Anlegen eines neuen Weges oder das Bauen eines Hauses viel Zeit benötigen, so dauert es lange, bis sich der Erdemensch an etwas Neues gewöhnt. Wenn dies jedoch passiert, verweilt er gerne im neuerworbenen Zustand und braucht dann wiederum Zeit, um diesen zu verändern.

Der Erdetyp ist meistens ruhig, schweigsam und geduldig, wie Materie in ihrem Urzustand. Dinge, die er einmal erbaut hat, Ereignisse, die einmal passiert sind, Personen, die er einmal gekannt hat, kurz alles, was mit der Vergangenheit zu tun hat, ist wie in einem Register abgelegt, das er jederzeit konsultieren kann. Geschichte, Tradition, Bräuche und seine Ahnen sind ihm stets präsent. Sie sind einerseits eine Last, die seine Bewegungsfreiheit beeinträchtigt, andererseits kann er sehr viel aus der Vergangenheit lernen.

Durch ausdauerndes, entschlossenes Bemühen ist es möglich, auch Materie zu bewegen. Durch die Anziehungskraft der Erde rollt sie dann wie eine unaufhaltsame Lawine, denn ihre Haupteigenschaft, das Beharrungsvermögen, behält sie bei. Analog dazu kann der Erdemensch »in Bewegung« gebracht werden. Ist er motiviert, ist er mit großem Einsatz fähig, sich der Materie zu bemächtigen. Schlägt seine Energie in Zorn um, hat er Mühe, sich mit seiner Umgebung zu versöhnen und ist nachtragend.

Doch es ist angenehm, das Materielle zu besitzen, zu gebrauchen und zu genießen. Der menschliche Körper mit seinen Sinnen gehört auch zum Bereich der Erde, alles, was Körperbedürfnisse befriedigt, ist materieller Art: Nahrung, Hygiene, Wärme, Nähe anderer Personen und das Geschlechtsleben. Die Bioenergetik lehrt uns, daß Erfahrung, Erleben und Empfinden sich im Körper manifestieren. Der Körper ist die Bedingung unserer Existenz, kein Lebewesen kann ohne Körper sein. Durch den Körper drückt der Mensch den Lebensgeist, das Denken und die Seele aus und durch ihn tritt er in Beziehung zu seiner Umwelt.

Das Temperament dieses Menschen können wir uns wie fruchtbare, steinige oder sandige Erde mit ihren langsamen, schwerfälligen und beständigen Veränderungen vorstellen.

Fragen und Anregungen

– *Überall, wo wir uns bewegen, laufen oder stehen, wo sich unser Leben abwickelt, befinden wir uns auf dem Erdboden: Das heißt, die Erde ist allgegenwärtig.*
Doch ist sie keine »Unterlage« für unser Handeln, wie es oft scheinen mag, sondern ein lebendiges, fruchtbares Element, das für unser Leben unbedingt notwendig ist. Sind wir uns dieser Tatsache bewußt?
– *Was bedeutet es für Sie, die Erde zu berühren, z.B. bei der Gartenarbeit?*
Was bedeutet der Begriff »Bodenständigkeit« für Sie?
– *Welche Menschen aus Ihrer Umgebung nehmen Sie als Erdetypen wahr? Welche Berufe sind Ihrer Meinung nach »erdig«?*
– *Wie spüren Sie das Erdige in sich selbst?*

Wasser – Gefühle

Wasser bleibt – ähnlich wie die Erde – ohne äußere Einwirkung im Ruhezustand. Doch im Vergleich zur Erde reagiert es auf den geringsten Einfluß. Die Skala der Reaktionen ist umfangreich, vom sanften Kräuseln bis hin zum Brausen und Toben.

Wasser ist schwer, seine Bewegung, von der Anziehungskraft der Erde verursacht, kennt nur eine Richtung: von oben nach unten. Die Tiefen ziehen es an. Wasser dringt überall hin, mit Beständigkeit, mit Gleichmaß, langsam, unermüdlich. Kann es nicht weiterfließen, bleibt es ruhig, wartet ab und beginnt dann langsam zu verdunsten, bildet Wolken, die über die Erde ziehen und füllt als Regen wieder die Flüsse. Dieser ewige Kreislauf des Wassers ist ein Abbild des fortwährenden Zyklus des Lebens. Ohne Wasser gibt es keine Fruchtbarkeit, kein Wachstum und keine Entwicklung.

Wenn wir einen Gegenstand ins Wasser tauchen, verändert er scheinbar seine Form. Wir sehen ihn anders, verzerrt. Nicht nur das, auch sein Gewicht ist plötzlich anders. Wie leicht ist es, im Fluß eine Person zu tragen! Im Wasser spüren wir den eigenen Körper in einem leichten Schwebezustand, schnelle Bewegungen werden gebremst. Wer taucht, weiß, daß er sich unter Wasser im Land der Stille befindet. Die äußeren Geräusche werden nicht übertragen, wir hören nur das Wasser selbst. Je tiefer man taucht, um so stärker ist der Wasserdruck.

Das Wasser ist fähig, seinen Zustand zu verändern. Als Eis ist es hart und der Erde ähnlich, als Dampf oder Nebel erschwert es die Sicht und – ähnlich der Luft – breitet sich überall aus. Seine Wandlungsfähigkeit in verschiedene Aggregatzustände symbolisiert die Notwendigkeit der Transformation eines jeden von uns während seines Lebens.

Die Körper aller Lebewesen bestehen größtenteils aus Wasser; je jünger sie sind, desto mehr Wasser enthalten sie. Alle Körperfunktionen brauchen Feuchtigkeit, die Befruchtung ist ohne Wasser unmöglich. Trockenheit des Körpers ist ein Zeichen des Absterbens, des Todes.

Welche Analogien kommen uns in den Sinn bei einem Menschentyp, der unter dem Einfluß des Wasserelementes steht?

Wasser repräsentiert tiefe Emotionen: Leidenschaft, Begehren, Lust, Sucht, begleitet von Freuden und Ängsten. Die ganze Skala von Gefühlen kommt vor: vom Leiden und Sich-Opfern bis hin zum grenzenlosen Glück. Da erheben sich die höchsten Freudengipfel, da fällt man in die tiefsten Abgründe des Leides. Und wie das Wasser überall hindringt, ist auch der Wassermensch fähig, in die Seele des Mitmenschen einzudringen, ihn zu verstehen oder mit ihm zu leiden und mitzufühlen (»er leidet wie ich«). Im Meer der Gefühle finden wir die tiefe und leidenschaftliche Hingabe zwischen Geliebten, Freunden, Eltern und Kindern, die Liebe zum Menschen. Doch das Eindringen in die Seele des anderen wird nicht immer positiv erlebt. Wasser kann schwer und aufdringlich sein. Nasse Kleider kleben kalt am Körper, auch wenn das Wasser anfänglich schön warm war. So kann der Wassermensch mit seinen Gefühlen auch zu stark an jemand »kleben«, von ihm abhängig sein oder ihn abhängig machen, was nichts anderes heißt als Freiheitsberaubung. Und wenn wir an das Tosen des entfesselten Meeres denken, können wir uns vorstellen, wie stark die leidende und verletzte Seele klagen, weinen und verzweifeln kann. Somit finden auch Haß und der Wunsch nach Rache im Wasserelement ihren Platz.

Zu den Eigenschaften des Wassers gehört auch die Sehnsucht nach Unbekanntem, das Suchen und Tasten in entfernten Sphären, gleich der Fähigkeit des Wassers zu verdunsten und Dampf und Nebel zu bilden. Im Nebel verlieren die Gegenstände ihre Konturen. Unsere Phantasie hat in diesem Element freien Lauf. Der Mensch befindet sich wie im Rausch, wie in einem Schwebezustand, in einer Welt mit eigenen Gesetzen und Formen, in der kein Geräusch von außen Zutritt hat. Dieser Zustand verbindet den Menschen mit den unendlichen Sphären, aus denen er viele unbekannte Eindrücke und Inspirationen schöpfen kann. Aus diesem Grund gehören zum Wasserelement künstlerische Tätigkeiten, die Phantasie, Träume und Sehnsüchte.

Hier begegnen wir auch der Flucht vor der Realität, der Unfähigkeit zum praktischen Leben, Träumereien, Alkohol-, Drogen- und anderen Süchten.

Das Temperament dieses Menschentyps kann als Meer dargestellt werden mit seiner Tiefe und seinen ewig langsamen, gewaltigen Bewegungen, mit Ruhe, Sturm und allen Zuständen dazwischen samt Dampf, Nebel und Eis.

Fragen und Anregungen

- Wenn Sie am Fluß stehen oder am Meer sind, beobachten Sie, was das Wasser kann, und versuchen Sie weitere Verbindungen zwischen dem menschlichen Charakter und diesem Element herzustellen.
Tun Sie das auch, wenn Sie sich im Wasser befinden.
Wie spüren Sie Ihren Körper?
Versuchen Sie, die Eigenschaften des Wassers in Verbindung mit den Gefühlen zu setzen!
Welche Analogien kommen Ihnen in den Sinn, wenn Sie sich im Nebel befinden oder wenn Sie vom Eis umringt sind?
- Wie stellen Sie sich einen Wassertypus vor? Wen von Ihren Bekannten nehmen Sie als solchen wahr?
- Versuchen Sie, Ihr inneres Wasserelement zu spüren! Wie äußert es sich bei Ihnen?

Charaktermerkmale bei zwei überwiegenden Elementen

Die vier Elemente unterteilen wir in zwei Gruppen. Feuer und Luft sind **aktiv**, ausdrucksstark und nach außen wirkend; Wasser und Erde sind **passiv**, ausdrucksschwach, nach innen wirkend. In vielen Quellen finden wir die Bezeichnung »aktiv« und »männlich« für Feuer und Luft, »passiv« und »weiblich« für Wasser und Erde. Es sei jedoch betont, daß sich diese Aktivität und Passivität eher auf die Richtung der Kräfte bezieht als daß sie aktive oder passive Menschen bezeichnet.

Bei der Deutung eines Horoskops erkennen wir, in welchen Elementen sich einzelne Planeten befinden und wie die einzelnen Elemente »besetzt« sind. Meistens sind sie unterschiedlich stark besetzt. Es kann sogar vorkommen, daß ein oder zwei Elemente »fehlen«. Es hängt davon ab, in welchen Tierkreiszeichen sich die Gestirne im untersuchten Horoskop befinden. Wenn ein oder zwei Elemente überwiegen, prägen sie den Horoskopeigner wesentlich, genau wie ein fehlendes Element. Auf Seite 64 finden Sie eine Übung dazu.

Luft und Feuer

Feuer kann ohne Luft nicht brennen. Das Feuer und die Sonne sind Lichtquellen; das Licht kann jedoch nur von der Luft übertragen werden. Auf den Bildern der interplanetaren Weltraumsonden ist die Sonne als eine helle Kugel vor einem dunklen Hintergrund zu sehen; ihre Strahlen können sich ohne Atmosphäre nicht ausbreiten. Die Luft hat keine eigene Wärme. Diese nimmt sie von den Sonnenstrahlen, vom Feuer oder von einer anderen Wärmequelle auf und erst dann ist sie für das organische Leben verwertbar. Wir sehen, daß das Zusammenspiel der beiden Elemente notwendig für unser Leben ist. Das Feuer brennt und leuchtet nur mit Hilfe von Luft – und wir können nur in der Luft leben, die vom Feuer erwärmt ist.

Charaktermerkmale dieser Kombination:
– Idealismus, positives Denken
– Streben nach höheren Idealen
– Fähigkeit, Ideen umzusetzen
– Sinn für Humor, Optimismus
– Blick nach vorne
– schnelles Handeln, viele Tätigkeiten
– verbale Fähigkeiten
– Hoffnungen, Pläne, Ideale
– keine Bodenständigkeit, wenig Realitätssinn
– Vernachlässigung der Gefühle und körperlichen Bedürfnisse
– wenig Sinn für beharrliches Arbeiten
– wenig Ruhe zur Regeneration

Wasser und Erde

Wasser besitzt keine eigene Form und keine eigene Bewegung. Die Erde jedoch ist gerade durch ihre festen Formen gekennzeichnet. In ihnen kann sich das Wasser halten oder fließen. Die Tiefen, die es sucht, kann es nur in der Erde finden. Also kann nur die Erde den Bewegungsdrang des Wassers ermöglichen. Andererseits ist es das Wasser, das die Erde mitnimmt, die Ufer unterspült und die Steine abschleift.

Im schwierigen Fall bildet ihre Verbindung einen unangenehmen, schweren, klebrigen Morast oder Sumpf.

Hauptmerkmale dieses Zusammenwirkens:
- Tiefe, Ernsthaftigkeit
- innere Stärke
- Familiensinn
- Gefühl von Nestwärme
- Vertrauen erwecken
- Standhaftigkeit
- Durchhaltevermögen, starker Überlebenswille
- Sicherheitsbedürfnis, Anhaften an Traditionen
- sich von unbewußten Faktoren (Gefühle, Ängste, Gewohnheiten, Zwänge, Sicherheitsbedürfnis) leiten lassen
- Manipulation anderer, um die eigenen Sicherheitsbedürfnisse zu befriedigen
- Bindung an die Vergangenheit
- Mangel an Idealen, Glauben, positivem Denken, Humor, intellektuellen und kommunikativen Fähigkeiten
- phlegmatischer und melancholischer Charakter

Luft und Wasser

Wie stehen diese zwei Elemente zueinander? Luft kann Wasser in Bewegung versetzen: Als Dampf wird das Wasser von der Luft getragen, also mit ihrer Hilfe bewegt. Seine einzige Bewegung geschieht nach oben. Im anderen Fall verursacht der Wind als Luftströmung den Wellenschlag. Wenn die Luft zu trocken ist, befeuchten wir sie. Zu große Luftfeuchtigkeit hingegen erschwert das Atmen, wir schwitzen und ermüden schnell.

Luft und Wasser verbinden das Denken mit dem Gefühl. Es ist eine der empfindsamsten Kombinationen. Hier gilt: »Fühle so stark, daß du noch denken kannst – denke nur so, daß du noch fühlen kannst!«

Wenn Denken und Fühlen im Gleichgewicht stehen, gewinnen die Ideen an Tiefe und die Gefühle an Distanz. Der Intellekt ist nicht »zu trocken«, wenn das Gefühl mitspielt, die Gefühlswelt ist nicht zu schwer, wenn sie mit Humor »durchlüftet« wird.

Weitere Eigenschaften:
- Fähigkeit zu Imagination
- Zugang zum Unterbewußten
- Sinn oder Begabung für alle Kunstformen
- Begabung für die Wissensgebiete, die Intuition brauchen, und diese in Worten ausdrücken können (z.b. Psychologie, Esoterik)
- Begabung für Beratungs- und Heilkünste
- Tendenz zu Träumereien, Weltfremdheit und Phantasien
- Mangel an Realitätssinn
- Konflikt zwischen der intellektuellen und gefühlsbetonten Seite des Lebens
- Beeinflußbarkeit

Luft und Erde

Auf den ersten Blick sehen wir, daß diese beiden Elemente auf unserem Planeten überall zu finden sind. Die Erde mit ihrer Atmosphäre. Luft und Erde existieren nebeneinander, denn unter allen Elementepaaren können sich diese beiden am wenigsten miteinander verbinden. Die Luft kann nur über lange Zeit Erde abtragen, es sei denn, die Erde ist sandig, dann kann sie vom Wind aufgewirbelt werden. Die Luft kann die Erde austrocknen, dann bekommt sie Risse. Was die beiden verbindet, ist ihre Allgegenwart, die den »objektiven Standpunkt« des Menschen symbolisiert.

Eigenschaften:
- intellektuelle Verarbeitung von Begriffen
- Objektivität
- praktisches Herangehen an konkrete Ziele
- Ideen verwirklichen
- Weitblick
- Distanz zu anderen Menschen
- praktische Intelligenz, Erfindungen
- trockene Logik
- Eignung für logische und fleißige Denkarbeit (Büroberufe)
- Mangel an Impulsivität und Emotionalität, Mißtrauen diesen Qualitäten gegenüber

- Schwierigkeiten, sich einzufühlen
- Schwierigkeiten beim Zugang zu eigenen Gefühlen
- Schwierigkeiten, Zuneigung zu zeigen
- Furcht vor emotionalen Verletzungen
- Angst vor Freiheitsverlust kann zu Einsamkeit führen
- mangelnder Enthusiasmus
- mangelndes (Selbst-)Vertrauen

Feuer und Erde

Je tiefer wir uns unter die Erdoberfläche begeben, desto mehr Wärme und Hitze spüren wir. Im Inneren unserer Erde befindet sich Magma, geschmolzene Erdmasse, flüssig und heiß. Diese Masse ist die Verbindung zwischen Erde und Feuer. Mit enormer Kraft bricht das Magma aus den Vulkanen an die Erdoberfläche. Die Vulkantätigkeit verändert und verformt die Landschaft. Die erkaltete Lava reichert die Erde mit neuen chemischen Elementen an und macht den Boden fruchtbar.

Diese Kombination ist sehr schöpferisch und produktiv, denn hier verbinden sich Initiative und Kreativität mit einem Sinn für das Machbare und Konkrete. Ein passender Vergleich ist die Schwerindustrie. Das Beharrungsvermögen der Erde kombiniert mit der Hitze des Feuers bedeutet Ausdauer und Arbeit; da es jedoch die Leichtigkeit der Luft und die Sensibilität des Wassers vermißt, ist es andererseits fähig, alles um sich rücksichtslos niederzuwalzen.

Weitere Eigenschaften:
- Drang nach Selbstverwirklichung und Beharrlichkeit
- vitale Begeisterung
- praktische Veranlagung
- Geduld und Glaube
- Disziplin
- Optimismus
- Befriedigung in der Arbeit
- Ausgleich zwischen Egoismus und Bescheidenheit
- Großzügigkeit verbunden mit Planmäßigkeit und/oder Sparsamkeit

- Selbständigkeit
- in der realen Welt etwas bewirken
- Grobheit
- Unsensibilität
- Vernachlässigen des Seelenlebens
- Raubbau am Körper
- belehrender Dogmatismus
- Aggression

Feuer und Wasser

Wenn wir ein heißes Stück Eisen ins Wasser tauchen, zischt und dampft es. Feuer bringt Wasser zum Kochen und verändert damit dessen Zustand. Wenn das Wasser jedoch nicht in einem Gefäß ist, würde es das Feuer löschen. Deswegen ist diese Mischung ohne Hilfe eines weiteren Elementes schwierig; bei unmittelbarem Kontakt wandeln sich die Elemente sofort um: das Wasser wird zu Dampf, das Brennende zur Asche. In vielen Religionen begegnen wir der Taufe durch Wasser oder Feuer. Denn die beiden Elemente reinigen: Das Alte wird abgewaschen oder verbrannt, das Neue kann zu wachsen beginnen.

Eigenschaften der beiden Elemente:
- Subjektivität
- Impulsivität
- emotionale und aufgeregte Art der Äußerung
- intensive und extreme Emotionalität
- Empfindlichkeit
- Beziehung/Konflikt zwischen Zukunftserwartungen und Sicherheitsbedürfnissen
- Beziehung/Konflikt zwischen Egoismus und Altruismus
- Beziehung/Konflikt zwischen Freiheit und Abhängigkeit
- Fähigkeit, Gefühle zum Ausdruck zu bringen
- Beschützerinstinkte
- unbeherrschtes Auftreten
- Mangel an Disziplin und Selbstkontrolle
- Stimmungsschwankungen
- Leidenschaftlichkeit

- leidenschaftliche Treue zu eigenen Ideen und zu Menschen, Loyalität
- Fähigkeit, unerwartet zu »explodieren«, Jähzorn
- Regenerierungs- und Wandlungsfähigkeit

Das »mangelnde« oder »fehlende« Element

Selten werden wir mit Horoskopen konfrontiert, in denen alle Elemente gleich stark vertreten sind. Meistens fehlt ein Element oder es ist unterrepräsentiert. Das heißt, daß in den Tierkreiszeichen, die zu diesem Element gehören (siehe Kapitel 4), weder Aszendent noch Medium Coeli und kein Planet zu finden ist, es sei denn einer der langsam laufenden Planeten.

Zum fehlenden Element hat die betroffene Person oft eine problematische oder gleichgültige Beziehung. Hier kann sich auch die Schattenseite ihres Charakters verbergen. Dieser Mensch macht das fehlende Element verantwortlich für Eigenschaften, die ihm Schwierigkeiten bereiten und die deshalb für ihn Feinde »von außen« bedeuten. Es ist aber auch möglich, daß ihn gerade dieses »unbekannte« Gebiet besonders anzieht.

Doch in Wirklichkeit fehlt kein Element. Es ist nur versteckt, denn in jedem Horoskop sind alle Tierkreiszeichen vorhanden, auch wenn nicht alle besetzt sind. So sollten wir nicht denken, daß ein Mensch mit mangelnder Luft nicht intelligent oder einer, dem es an Wasser fehlt, notwendigerweise gefühllos ist. Auch einer mit einem Mangel an Erde muß nicht desinteressiert an materiellen Dingen sein, und der ohne Feuer kann durchaus auch Hoffnung und eigenen Willen haben. Vielmehr geht es um ein anderes *Verständnis* des mangelnden Elements.

Um das »fehlende« Element zu verstehen, muß sich der Betreffende damit verstärkt auseinandersetzen. Wenn beispielsweise die Luft fehlt, ist möglicherweise die geistige Beweglichkeit geringer, dieser Mensch arbeitet intellektuell langsamer und er braucht Zeit, um sich zu orientieren. Viele Leute kompensieren das fehlende oder mangelnde Element, indem sie sich gerade auf diesem Gebiet stark engagieren und Aufgaben übernehmen, die sie unter Umständen nur mit Anstrengung bewältigen können.

Wenn ein Element »fehlt« oder sehr wenig besetzt ist, ist es wichtig zu betrachten, welche Position im Horoskop derjenige Planet einnimmt, der dieses am typischsten vertritt (siehe »Herrscher« in Kapitel 5). Bei einem Menschen, dem es an Erde »mangelt«, der jedoch einen stark positionierten – z.B. am Aszendenten – oder stark aspektierten (Aspekte siehe Kapitel 8) Saturn hat, tritt dieser Mangel nicht so offensichtlich in Erscheinung. Ähnlich wirkt ein starker Mond bei Wasser-, Merkur oder Uranus bei Luft-, Mars oder Sonne bei Feuermangel. Doch die Auseinandersetzung mit dem schwach vertretenen Element bleibt uns nicht erspart.

Ein paar Beispiele:

Im Horoskop eines Mannes »fehlt« das Element Erde. Da in seinem Horoskop Feuer und Wasser überwiegen, handelt er oft realitätsfremd und leidenschaftlich. Als er jedoch ein Grundstück erbt, ist er gezwungen, sich mit dem fehlenden Element Erde auseinanderzusetzen.

Einem anderen Mann »fehlt« die Luft. Ihn zieht gerade das Denken wie eine Herausforderung an. An seinem Arbeitsplatz leitet er Kurse und ist vielseitig mit Schreiben konfrontiert. Je mehr Schwierigkeiten ihm dort begegnen, desto stärker fasziniert es ihn. Da sonst in seinem Horoskop die Erde überwiegt, läßt seine Ausdauer nicht nach.

Eine Frau, bei der das Element Feuer mangelhaft besetzt ist, in deren Horoskop sich aber viel Wasser befindet, wählt als Partner einen Mann, dessen Elemente gerade umgekehrt besetzt sind. Die Aufgabe ihres Ehelebens mag darin liegen, daß sie in der Begegnung mit ihren »mangelnden« Elementen lernen, mit diesen umzugehen.

4. Von den Elementen zu den Tierkreiszeichen

Das große Trigon

Die Charakteristik der Elemente hilft uns die Natur der Tierkreiszeichen zu verstehen. Auf dem Tierkreis befinden sich zwölf Zeichen. Jedem Element werden drei Zeichen zugeordnet, und diese stehen jeweils in einem gleichseitigen Dreieck zueinander, wie die folgenden Darstellungen zeigen:

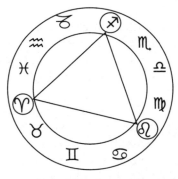

Feuer: Widder, Löwe, Schütze

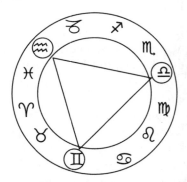

Luft: Waage, Wassermann, Zwillinge

Erde: Steinbock, Stier, Jungfrau

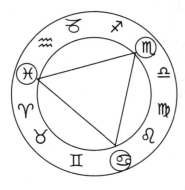

Wasser: Krebs, Skorpion, Fische

Gleichseitige Dreiecke stellen eine harmonische Kräfteverbindung dar. Die Harmonie im Tierkreis resultiert aus der Tatsache, daß zwischen den Tierkreiszeichen des gleichen Elementes eine ähnliche Energie strömt. In Kapitel 8 über die Aspekte wird erklärt, daß es sich in einem solchen Fall um eine trigonale Verbindung handelt. Jedes der abgebildeten Dreiecke stellt ein **großes Trigon** dar.

Normalerweise nehmen wir das Element des Tierkreiszeichens, in dem die Sonne steht, am stärksten wahr. Steht beispielsweise die Sonne in der Waage, entspricht in der Regel der Charakter der betreffenden Person deutlich den Merkmalen des Luftelementes – dies wird verstärkt, wenn sich auch die sonnennahen Planeten Merkur und Venus hier befinden. Ebenfalls verstärkt wird die Wirkung der Elemente, in denen Mond, Aszendent und Mars stehen.

Da die langsamen Planeten und die Mondknoten mehr Zeit brauchen, bis sie ein Tierkreiszeichen durchwandert haben, sind sie weniger ausschlaggebend für die Bestimmung des individuellen Temperamentes. Die Eigenschaften, die sich aus ihrer Position in einem bestimmten Zeichen beziehungsweise in dem entsprechenden Element ergeben, beziehen sich eher auf eine ganze Generation.

Auf einfache Art können wir die unterschiedliche Gewichtung der Elemente im Horoskop bestimmen. Die Höhe der Punktzahl entspricht der Bedeutung der Planeten und Radixpunkte für das Horoskop.

Punktzahl der Planeten für die Elementengewichtung:

SO, MO, AC, MC	je 3 Punkte
ME, VE, MA	je 2 Punkte
JU, SA, CH, UR, NE, PL, MK	je 1 Punkt

Als Beispiel bestimmen wir, welches Element/welche Elemente im Horoskop von Jan (Seite 41) überwiegt/überwiegen und welchem Typ der Horoskopeigner zuzuordnen ist.

Wir stellen fest, in welchen Tierkreiszeichen sich die Planeten befinden, und notieren das Ergebnis folgendermaßen:

♈ : MK + UR = 1 + 1	= 2 P	♎ : MA	= 2 P
♌ : SO + VE + JU = 3 + 2 +1	= 6 P	♒ :	-
♐ : MO + MC = 3 + 3	= 6 P	♊ :	-
Feuer	**= 14 Punkte**	**Luft**	**= 2 Punkte**
♑ : SA	= 1 P	♋ : PL	= 1 P
♉ : CH	= 1 P	♏ :	-
♍ : ME + NE = 2 + 1	= 3 P	♓ : AC	= 3 P
Erde	**= 5 Punkte**	**Wasser**	**= 4 Punkte**

In einer ersten, groben Beschreibung des Horoskops können wir Jan als Feuertyp (14 Punkte) mit dem mangelnden Element Luft (2 Punkte) charakterisieren.

Fragen und Anregungen

Berechnen Sie in Ihrem eigenen Horoskop, welches Element/ welche Elemente überwiegt/überwiegen.
- *Ist es ein Element oder sind es zwei Elemente?*
- *Fehlt eines oder sind in Ihrem Horoskop alle Elemente gleich stark vertreten?*
- *Zu welchem Typus gehören Sie? Stimmt die gegebene Charakteristik in groben Umrissen mit Ihrer Einschätzung überein?*

Die Wirkungsform, das Kreuz

In welcher Verbindung stehen die Elemente zu den Tierkreiszeichen? Was unterscheidet die Tierkreiszeichen, die zum gleichen Element gehören, voneinander?

Wir betrachten die Welt als ein in ewiger Wandlung und Entwicklung begriffenes Ganzes. Nichts ist ohne Bewegung, keine Form bleibt ewig gleich. Der griechische Philosoph Heraklit drückte es treffend aus: »Du kannst nicht zweimal in denselben Fluß steigen«, denn »alles fließt, nichts ist von Dauer«. Ununterbrochen entstehen neue Werte und Formen, andere gehen unter, um neuen Platz zu machen. Die Existenz jedes Wesens, jeder Gegenstand und jedes Erzeugnis, organisch wie anorganisch, hat ihre eigene bemessene Zeit.

Veranschaulichen wir uns diese Gesetzmäßigkeit anhand der »Lebensetappen« eines Hauses.

Phase 1: **Das Haus wird gebaut.** Zuerst kommt die Idee, etwas wird initiiert: Ich baue ein Haus.
Phase 2: **Das Haus ist da.** Ich lebe darin, ich bin dort zu Hause. Die Zeit läuft ...
Phase 3: **Das Haus entspricht meinen Bedürfnissen nicht mehr.** Die Zeiten haben sich geändert. Ich muß etwas verändern, mein Wohnen den neuen Verhältnissen anpassen. Ich verkaufe das Haus und ziehe in eine Wohnung. (Oder: Ich renoviere das Haus, ich verändere seine Form. Oder: Das Haus wird abgerissen.)

Es gibt Kräfte, die Anstoß und Motivation geben, damit eine neue Situation entstehen kann (Phase 1). Dann wirken andere Kräfte, die versuchen, das Entstandene über lange Zeit zu bewahren (Phase 2). Doch nichts dauert ewig, und so wird eine dritte Art von Kräften frei, die den bestehenden, veralteten Zustand beenden und der neuen Situation anpassen, damit das Neue, das jetzt nötig ist, den erforderlichen Raum bekommt (Phase 3). Wir sprechen also von drei Arten von Kräften: von der kardinalen, der fixen und der veränderlichen. Diese drei Arten nennen wir **Wirkungsformen** oder auch **Modalitäten**.

Drei Wirkungsformen (Modalitäten) der Kräfte:

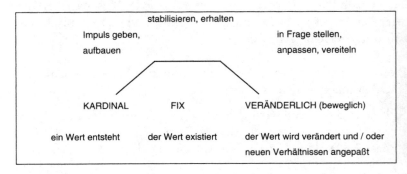

Die kardinale (grundlegende) Kraft beeinflußt die Umwelt, sie gibt Impulse und baut Neues auf.
Die fixe (feste) Kraft befindet sich im Gleichgewicht mit der Umwelt, sie bewahrt einen gegebenen Zustand.
Die veränderliche (bewegliche) Kraft paßt den gegebenen Zustand an eine neue Situation an, sie wird von der Umwelt beeinflußt.

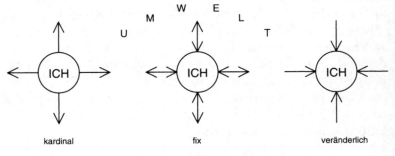

Richtung der Kräfte

In jedem Element kann sich die Energie auf die drei beschriebenen Arten äußern. Folglich gehört zu jedem Element ein kardinales, ein fixes und ein veränderliches Tierkreiszeichen.
Wenn wir alle vier Zeichen einer Modalität verbinden, ergeben sich drei **Kreuze**, auch **große Quadrate** genannt, von denen das erste Aufbau, das zweite Bestehen und das dritte Abbau bedeutet.

Wir sprechen von einem kardinalen, einem fixen und einem veränderlichen Kreuz.

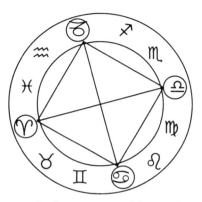

Kardinales Kreuz: Widder, Krebs, Waage, Steinbock

Fixes Kreuz: Stier, Löwe, Skorpion, Wassermann

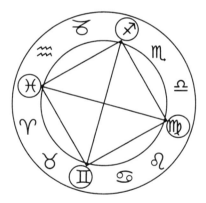

Veränderliches Kreuz:
Zwillinge, Jungfrau, Schütze, Fische

Ein quadratisches Bild drückt disharmonische Verbindungen aus. Die Disharmonie entsteht aus der Tatsache, daß alle vier Elemente gleichzeitig, aber auf unterschiedliche Art etwas aufbauen (kardinal), beibehalten (fix) oder anpassen (veränderlich) wollen. Dieses Bild beinhaltet viel Energie und Reibung, deswegen bezeichnet man diese Verbindung auch als dynamisch.

Ist der Mensch, dessen Horoskop wir anschauen, einer, der Ausschlag gebend wirkt, der gerne die Initiative ergreift, oft Neues startet und Dinge in Bewegung setzt? Dann überwiegen bei ihm die **kardinalen** Zeichen. Ist er ein Typ, der gerne das, was begonnen wurde, beibehält, festigt oder ausbaut, beim Bestehenden bleibt und dem es schwerfällt, etwas zu verändern? Ist er derjenige, dem eine unangenehme Gewißheit lieber ist als eine ungewisse Verbesserung? Dann hat er möglicherweise ein Übergewicht in **fixen** Formen. Oder ist er ein **veränderlicher** Typ, der seiner Umwelt wenig Widerstand entgegensetzt und sich ständig in Verhältnissen befindet, die Anpassungsfähigkeit und Vielseitigkeit beim Lernen und bei der Arbeit erfordern?

Wie wir das Verhältnis der Wirkungsformen berechnen, ist auf Seite 71 ersichtlich. Die Punkte, die wir bei der Berechnung von Elementen erhalten haben, werden in die kleine Tabelle übertragen und in beiden Richtungen addiert.

Anregungen

- *Überlegen Sie, wie sich einzelne Elemente in den drei Wirkungsformen äußern können!*
- *Berechnen Sie in Ihrem eigenen Horoskop, welche Wirkungsform überwiegt!*

Die Polarität

Wie in Kapitel 3 angeführt, werden die Elemente und deren zugehörige Tierkreiszeichen in aktive oder Yang- und passive oder Yin-Zeichen unterteilt werden. Wenn wir uns im Tierkreis jeweils die gegenüberliegenden Zeichen anschauen, stellen wir fest, daß immer zwei aktive oder zwei passive miteinander verbunden sind. Hier geht es um die **Polarität**: Feuer und Luft stehen sich polar gegenüber, ebenso wie Erde und Wasser.

Die Polarität stellt Gegensätze einer Einheit dar. Obwohl jeder Pol das Gegenteil des anderen ist, kann keiner der beiden Teile ohne den anderen existieren. Tag und Nacht, Licht und Schatten, Hell und Dunkel, Gut und Böse sind Gegensätze, die sich gegenseitig bedingen. Wenn wir uns vorwiegend einem der Pole widmen und den anderen vernachlässigen, entsteht ein Ungleichgewicht. Die Auswirkung davon erleben wir als »negativ« oder »böse« – z.B. eine Schneeblindheit nach einem strahlenden Skitag. Es ist unsere Betrachtungsweise, unsere Wertung, die »negativ«, »böse« sagt. In Wirklichkeit werden wir auf die Tatsache aufmerksam gemacht, daß etwas nicht in Ordnung ist, daß etwas aus dem Gleichgewicht geraten ist.

Es wird uns nie gelingen, die Balance überall und auf Dauer zu halten. *(Probieren Sie es – z.B. auf einer Schaukelbank!)* Aber wir können die Zeichen der Disharmonie erkennen und uns immer neu um eine Ausgeglichenheit bemühen.

Vom Standpunkt des Geschlechts aus sind Mann und Frau Gegensätze. Wenn wir an sie als »Mann« und »Frau« denken, nehmen wir sie als unterschiedlich wahr. Die zwei Pole können verglichen und gewertet werden und sie können sich gegenseitig bekämpfen. Wir können sie jedoch ebensogut als eine Einheit betrachten, als zwei einander bedingende, notwendige Teile der Menschheit (als Partner oder als Eltern), die sich in ihren Eigenschaften ergänzen. In dem Moment überwinden wir die Polarität und spüren die Ganzheit.

Tierkreiszeichen, die Gegensätze bilden, ergänzen sich. Wir bezeichnen sie als **komplementär** (d.h. sich ergänzend). In Kapitel 6 werden sie in ihrer gegenseitigen Entsprechung dargestellt.

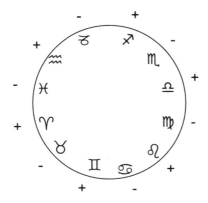

Polarität

| + männlich | aktiv | elektrisch | wirkt | außen | Yang |
| - weiblich | passiv | magnetisch | nimmt auf | innen | Yin |

Die zwölf Tierkreiszeichen mit ihren Elementen, ihren Wirkungsformen und ihren Polaritäten

	Feuer	Luft	Erde	Wasser
Kardinal	Widder ♈	Waage ♎	Steinbock ♑	Krebs ♋
Fix	Löwe ♌	Wassermann ♒	Stier ♉	Skorpion ♏
Veränderlich	Schütze ♐	Zwillinge ♊	Jungfrau ♍	Fische ♓
Polarität	+	+	−	−

Die Hintergrunddeutung

Zusammen mit der Deutung der Horoskophälften, die in Kapitel 2 beschrieben ist, stellt diejenige der Elemente und Wirkungsformen eine »Hintergrunddeutung« dar. Sie hilft uns, einen Gesamteindruck über den Horoskopeigner zu gewinnen.

Auf den folgenden Seiten finden Sie die Deutung des Horoskops von Jan (siehe Seite 41). Das Blatt auf Seite 72, das Sie kopieren dürfen, steht Ihnen für Ihr eigenes Beispiel zur Verfügung. Die Deutung, die hier kurz in Stichwörtern ausgedrückt ist, können Sie selbst nach dem Text aus den vorhergehenden Kapiteln vervollständigen.

A) Horoskophälften

Analog der Bestimmung des überwiegenden Elementes (siehe Seite 63) berechnen wir die Anzahl der Punkte für jeden Quadranten und tragen diese in das untere Schema ein. Da AC und MC auf den Achsen liegen, werden sie im Berechnungsteil A nicht mitgezählt. Als Beispiel Berechnung des 3. Quadranten: ME + MA + MO = 2 + 2 + 3 = 7 Punkte.

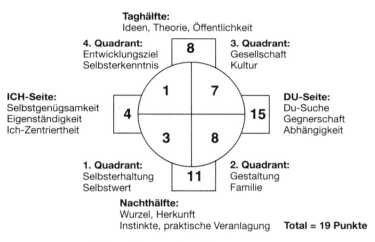

B) Art der Kräfte, Temperament

Hintergrunddeutung Name ....

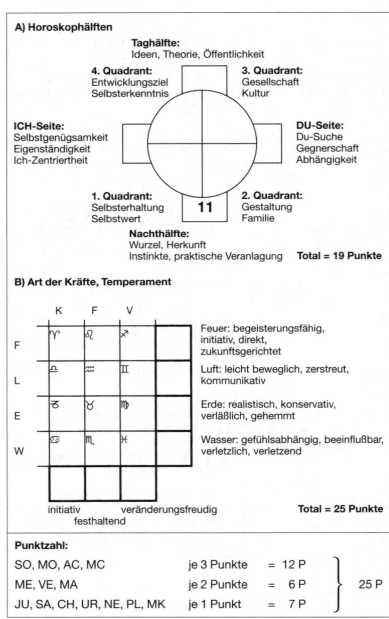

A) Horoskophälften

Taghälfte: Ideen, Theorie, Öffentlichkeit

4. Quadrant: Entwicklungsziel, Selbsterkenntnis

3. Quadrant: Gesellschaft, Kultur

ICH-Seite: Selbstgenügsamkeit, Eigenständigkeit, Ich-Zentriertheit

DU-Seite: Du-Suche, Gegnerschaft, Abhängigkeit

1. Quadrant: Selbsterhaltung, Selbstwert — **11**

2. Quadrant: Gestaltung, Familie

Nachthälfte: Wurzel, Herkunft, Instinkte, praktische Veranlagung   **Total = 19 Punkte**

B) Art der Kräfte, Temperament

Feuer: begeisterungsfähig, initiativ, direkt, zukunftsgerichtet

Luft: leicht beweglich, zerstreut, kommunikativ

Erde: realistisch, konservativ, verläßlich, gehemmt

Wasser: gefühlsabhängig, beeinflußbar, verletzlich, verletzend

initiativ   veränderungsfreudig   **Total = 25 Punkte**
festhaltend

Punktzahl:

SO, MO, AC, MC	je 3 Punkte	= 12 P	
ME, VE, MA	je 2 Punkte	= 6 P	25 P
JU, SA, CH, UR, NE, PL, MK	je 1 Punkt	= 7 P	

Hintergrunddeutung eines Horoskops

Feststellungen

A) In Jans Horoskop ist die westliche Horoskophälfte, die Du-Seite, am stärksten besetzt, der untere Horoskopteil, die Nachthälfte, am zweitstärksten.
B) In der Tabelle der Elemente sehen wir die stärkste Besetzung beim Feuer, danach kommt die Erde. Luft und Wasser sind wenig vertreten. Als Wirkungsform überwiegt die Veränderliche.

Eine stichwortartige Deutung können Sie bereits auf dem gedruckten Formular ablesen. Sie läßt sich mit den Texten aus vorherigen Kapiteln erweitern und durch Ihr Gefühl ergänzen. Wenn Sie sich gerne Ihrer Intuition bedienen, sollten Sie dennoch den Bezug zur Realität nicht verlieren. Die Aussagen gelten als Hintergrund der Person, als grobe Deutung. Für ein detailliertes Charakterbild müssen noch einige Faktoren überprüft, präzisiert oder korrigiert werden.

Analyse

zu A) Jan dürfte ein Mensch sein, bei dem die praktischen Veranlagungen etwas stärker ausgeprägt sind als die Neigung, sich Theorien zu bedienen. Die Herkunft, das Heim und die Familie dürften mehr Platz einnehmen als das Interesse für die Öffentlichkeit.

Der Zugang zum Unbewußten ist vorhanden und er kann seiner Intuition vertrauen. Es ist vorstellbar, daß Jan von den Mitmenschen abhängig ist insofern als er ihre Meinung über sich selbst braucht und das Urteil anderer für ihn wichtig ist. Möglicherweise erkennt er die eigenen Charakterzüge besser bei anderen als bei sich selbst – eventuell Eigenschaften, die ihm an sich selbst nicht gefallen und die er lieber auf andere projiziert. Doch dürfte er sozial engagiert und bereit sein für andere Verantwortung zu tragen.

zu B) Wir können uns Jan als einen offenen und begeisterungsfähigen Menschen vorstellen. Er ist warmherzig, wahrscheinlich großzügig und steht gerne im Mittelpunkt der Aufmerksamkeit. Vermutlich belastet er sich nicht viel mit der Vergangenheit, die Vision der Zukunft und ein optimistischer Zug dürften ihn prägen.

Dennoch ist ihm die Realität nicht fremd, er ist praktisch veranlagt und er arbeitet ausdauernd und mit »Power«. Möglicherweise wägt er seine Entscheidungen ab, aber wenn sie einmal getroffen sind, ändert er sie nicht mehr. Es kann sein, daß er dann nicht mehr zurückschaut und sich nur noch mit zukünftigen Perspektiven beschäftigt.

Aufgrund des Mangels an Wasser können wir annehmen, daß er Schwierigkeiten haben könnte, seine Gefühle auszudrücken oder sich in die Lage anderer zu versetzen – was jedoch nicht heißt, daß er gefühllos ist. Doch könnten seine Herzlichkeit und Offenheit stärker sein als das Mitgefühl.

Da die Luft nur schwach vertreten ist, könnte bei diesem Feuertypus das Denken vor allem im Rahmen der eigenen Überzeugung ablaufen. Möglicherweise ändert er seine Ansichten nur ungern, und er kann sie ziemlich direkt kundtun.

Sein Leben dürfte durch eine gute Anpassungsfähigkeit gekennzeichnet sein, vor allem weil er fähig ist, aus den gegebenen Umständen zu lernen.

5. Die Welt der Planetenkräfte

Die Kräfte im Menschen

Bestimmt haben auch Sie schon einmal von einem Haus geträumt! Das Haus im Traum wird als Symbol für den Menschen gedeutet. Wir können uns also den Menschen als ein Haus – einen Raum – vorstellen, in dem verschiedene Persönlichkeiten leben. Jede von ihnen ist für einen bestimmten Bereich zuständig, jede hat ihr eigenes Tätigkeitsgebiet. Und wie alle Wesen verhalten sie sich untereinander verschieden: Bald leben sie friedlich zusammen, bald gibt es Spannungen und Streit. Doch in jedem Fall müssen sie miteinander auskommen, denn wegziehen können sie nicht.

Diese Persönlichkeiten sind unsere **inneren Kräfte**. In der Astrologie nennt man sie üblicherweise **Wesenskräfte**, weil sie dem menschlichen Wesen Kraft verleihen. **Jede Kraft ist durch einen Planeten vertreten.** Wir finden in allen Horoskopen dieselben Planeten und dieselben Tierkreiszeichen. Das heißt, daß die Grundbedürfnisse aller Menschen gleich sind. Es gibt jedoch keine identischen Horoskope, wie es auch keine identischen Menschen gibt. Es sind die Positionen der Planeten in den Tierkreiszeichen und Horoskophäusern (siehe Kapitel 9), die sich von Person zu Person unterscheiden, und ihre verschiedenen Verbindungen, die Aspekte (siehe Kapitel 8).

Die Planeten repräsentieren bestimmte Prinzipien, vergleichbar mit den Komponenten des menschlichen Charakters. Wie sich ein Charakter je nach der Umgebung, in der die Persönlichkeiten leben, unterschiedlich zeigt, so wirkt jeder Planet in jedem Tierkreiszeichen anders. In der Astrologie ist jeder Planet in dem Tierkreiszeichen »**Herrscher**«, in dem sich sein Prinzip am besten entfalten kann. Befindet er sich dort, steht er »**im eigenen Zeichen**« – »**im Domizil**«. Im gegenüberliegenden Zeichen steht der Planet »**im Exil**«. Dort drückt er seine Kraft eher auf Umwegen aus. So kann sich z.B. die Durchsetzungskraft des Mars im

Widder kämpferisch äußern; im gegenüberliegenden Zeichen Waage hingegen wählt er lieber den Weg der Diplomatie.

Je nach ihrer Position zeigen die Planetenkräfte im Horoskop unterschiedliche Wirkungen. Ein Planet gilt als **stark,** wenn er in seinem eigenen Tierkreiszeichen steht, wenn er mehrfach aspektiert ist oder wenn sich im Zeichen, in dem er herrscht, viele Planeten befinden. Seine Position am AC oder MC verstärkt seine Wirkung sehr. Wenn wir von nun an beispielsweise von »Uranus- oder Plutomenschen« sprechen, meinen wir damit Leute, die unter starkem Einfluß der genannten Planeten stehen.

Ein Planet gilt als **schwach,** wenn er im Exil steht und/oder wenig bis gar nicht aspektiert ist.

Im ersten Kapitel wurde über die **Wertneutralität** des Kosmos gesprochen. So sind auch die Prinzipien, vertreten durch die Planeten, weder gut noch schlecht. Ihre positive oder negative Wirkung auf uns rührt daher, daß wir in einer konkreten, materiellen Welt leben und mit den gegebenen Umständen zurechtkommen müssen. Sie wirken nur von unserem persönlichen, subjektiven Standpunkt aus »positiv« oder »negativ«. Auch dieser kann sich ändern, je nachdem, wie wir uns entwickeln und wie wir unser Horoskop leben.

Die Planeten und die Zeichen ihrer Herrschaft und ihres Exils:

Planet	Herrschaft/Domizil		Exil	
Sonne	Löwe		Wassermann	
Mond	Krebs		Steinbock	
Merkur	Zwillinge	Jungfrau	Schütze	Fische
Venus	Stier	Waage	Skorpion	Widder
Mars	Widder	(Skorpion)	Waage	(Stier)
Jupiter	Schütze	(Fische)	Zwillinge	(Jungfrau)
Saturn	Steinbock	(Wassermann)	Krebs	(Löwe)
Uranus	Wassermann		Löwe	
Neptun	Fische		Jungfrau	
Pluto	Skorpion		Stier	
Chiron	Jungfrau		Fische	

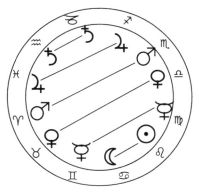 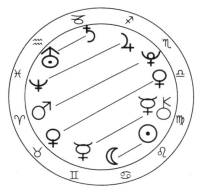

Herrscher in den Zeichen

Bild links: Klassische Herrscher (vor der Entdeckung der transsaturnischen Planeten war jeder Planet, außer Sonne und Mond, Herrscher in zwei Zeichen).

Bild rechts: Die neu entdeckten Planeten herrschen im Wassermann (Uranus), in den Fischen (Neptun), im Skorpion (Pluto) und möglicherweise in der Jungfrau (Chiron). Die alten Herrscher wirken als Mitherrscher.

SONNE

Prinzip: Lebenskraft

Sie ist das Zentrum unseres Sonnensystems, sein größter Körper und die einzige Lichtquelle. Die Planeten leuchten nur durch die Spiegelung ihres Lichtes. Deswegen sind sie nur nachts sichtbar; am Tag werden sie vom Sonnenlicht überstrahlt.

Von der Erde aus können wir den Lauf der Sonne auf zwei Arten wahrnehmen. Täglich sehen wir das Tagesgestirn morgens aufgehen, mittags oben am Himmel und abends untergehen. Wir erleben Tag und Nacht, Licht und Dunkel, und diese Tatsachen bestimmen den Rhythmus unseres täglichen Tuns.

Außer dem Tag-und-Nacht-Wechsel haben wir teil an einem weiteren größeren Rhythmus: das Jahr mit den vier Jahreszeiten. Die Sonne durchwandert während eines Jahres alle Tierkreiszeichen, jeden Monat eines, jede Jahreszeit drei. Alle Religionen verbinden damit verschiedene Bräuche, die sie in den Jahreszeitenfesten wiederholen. Auch in unserem eigenen Leben wiederholen wir täglich oder jährlich der Zeit entsprechende Handlungen. Den Sonnenrhythmen kann sich niemand ganz entziehen ohne seine Gesundheit physisch und psychisch ernsthaft zu gefährden.

Wie wichtig die Sonne für das Leben ist, spüren wir alle. Im Frühling, wenn sie intensiver strahlt, wird alles grün und lebendig. Im Herbst, wenn die Sonne früher untergeht und die Tage kürzer werden, befällt uns ein Gefühl von Sterben und Stagnation der Natur. Lichtmangel schwächt die Gewächse, läßt sie erblassen und sich in ihrer Suche nach Licht in die Höhe recken, wogegen Pflanzen bei ausreichender Sonnenbestrahlung üppig und kräftig wachsen und in ihren Farben strahlen.

Das Licht wirkt auf unser Gemüt. An einem sonnigen Tag spüren wir mehr Optimismus, Lebensfreude und Lust etwas zu unternehmen oder zu gestalten, als wenn der Himmel trüb und bedeckt ist. In den Monaten mit kurzen Tagen, wenn es oft grau und neblig ist, treten bei vielen Menschen Lustlosigkeit und sogar Depressionen auf.

Doch kann die Sonne auch lebensgefährlich sein. Die Weisheit »alles mit Maß« gilt auch für das lebenspendende Prinzip. Sonne allein, ohne Wasser, ohne Wechselwirkung mit der Kälte, bringt Trockenheit, Unfruchtbarkeit, Dürre und Tod. Und niemand kann ohne Schutz direkt in die Sonne schauen.

Mythologie und Märchen

Die Mythologie kennt mehrere Gestalten, deren Eigenschaften durch den Bezug zur Sonne gekennzeichnet sind. Wir begegnen **Apollon**, Sohn des höchsten Gottes Zeus und seiner Geliebten Leto. Verfolgt von Zeus' Gemahlin, der rachsüchtigen Hera, gebiert Leto auf der Insel Delos Zwillinge: Apollon und Artemis, den Sonnengott und die Mondgöttin.

Apollon ist der Gott der lebendigen, klaren Schönheit, Gott der Sonne und des Lichtes. Wann immer er in Begleitung der Musen, den Göttinnen der schönen Künste, auf dem Olymp erscheint, bringt er Freude, Frische und gute Laune mit. Gewöhnlich wohnt er jedoch in Delphi. Dort verbringt er den Sommer. Zu Beginn des Winters fährt er immer in das Land der Hyperboreer, das

Land des ewigen Lichtes und der Wärme, und im Frühling kehrt er wieder nach Delphi zurück. Menschen und Götter lieben und verehren ihn, denn wer braucht zum Leben nicht Licht und Wärme! Apollon beherrscht die Kunst der Voraussage. Er schützt die Menschen vor Gefahren und im Krieg, er heilt ihre Krankheiten, belohnt das Gute und bestraft unbeirrbar das Böse. Zu seinen Kindern, die er mit mehreren Geliebten zeugt, gehört auch Asklepios (Aeskulap), der Gott der Heilkunde.

Ein anderer Gott, der die Sonne darstellt, ist **Helios**. Jeden Morgen fährt er auf dem goldenen Wagen mit vier goldenen, geflügelten Pferden über den Himmel. Während der Reise verbreitet er Wärme und Licht auf der Erde. Am Abend steigt er im Westen aus seinem Wagen und fährt auf einem goldenen Schiff zurück in seinen Palast. Er gibt allen Wesen das Leben, deswegen ist er überall beliebt. Sein Sohn Phaethon, der dem Sonnengott gleichen will, unternimmt aus Stolz und trotz Helios' Warnung mit dessen Pferden selbst die Himmelsreise. Er stürzt jedoch und verursacht Brand und Katastrophen auf der Erde. Dafür trifft ihn Zeus mit seinem strafenden Pfeil.

Nicht zuletzt ist auch **Dionysos** (Bacchus), Gott der Freude und Beschützer der Frucht- und Weinernte, schön und sonnenhaft. Er bringt den Menschen Lebensfreude und mit seinen Gaben erfrischt er Körper und Geist.

In den **Märchen** begegnen wir dem Sonnenprinzip in Gestalt von Königen und Herrschern. Damit wird die zentrale Wichtigkeit dieses Prinzips ausgedrückt.

Die solaren Eigenschaften

Wie die Sonne in unserem Sonnensystem das lebenspendende Zentrum darstellt, drückt sie in unserem Horoskop die Mitte unserer Existenz aus: das, was die Philosophen als »lebendigen Urgrund allen Seins« (Fichte), »Lebenswille« (Schopenhauer) oder »élan vital« (Bergson) bezeichnen. Zusammen mit dem Mond, beide von klassischen Astrologen »Lichter« genannt, versinnbildlicht sie den Kern unseres Seins.

Das Symbol der Sonne ist durch einen Kreis mit einem Punkt im Zentrum dargestellt. Der Kreis, als die vollendetste geometrische Form, stellt die Einheit und Unendlichkeit des Lebens als solches dar. Der Punkt in der Mitte symbolisiert das Bewußtsein des Ich und seinen Impuls zur Selbstverwirklichung.

Die Sonne symbolisiert den Kern unserer Identität, das »Ich«-Bewußtsein. Während des Lebens wachsen und verändern wir uns ständig, körperlich wie auch geistig. Doch der innere Wesenskern geht nicht verloren: Mit drei wie mit achtzig Jahren sagt der Mensch: »Das bin ich«, obwohl die zwei Gestalten physisch sehr verschieden sind.

Die Sonne symbolisiert unseren Willen zum Leben, den Selbsterhaltungswillen und unsere einmalige, unwiederholbare Individualität. Die Sonne – im Tierkreiszeichen, im Haus und zusammen mit den Aspekten – gibt den Grundton, das Grundmotiv unserer Existenz an.

Der sonnenhafte Ausdruck des Seins ist dem Menschen wesensimmanent. So wie die Sonne das Zentrum des Sonnensystems ist, wie ihre Strahlen die natürliche Bedingung für das Leben auf der Erde sind, so erlebt sich der Mensch als Mittelpunkt seiner Welt. Er erlebt sich so, wie er ist, hier und jetzt, unbeeinflußt von der sozialen, moralischen oder kulturellen Wirkung der Umgebung.

Wenn die Sonne im Horoskop stark gestellt ist, strahlt der Mensch eine natürliche Autorität aus und, ähnlich wie Apollon oder Dionysos, wird er als gesunder, lichter, natürlich schöner und lebendiger Mensch zum Vorbild für andere.

Doch es gibt kein Licht ohne Schatten. Die negative Seite dieser zentralen und bedeutsamen Kraft sind Machtansprüche, unzuverlässiges Handeln, Angeberei, Hochmut, Kräfteverschwendung und Verantwortungslosigkeit. In der Mythologie haben wir dies am Beispiel von Phaethon erfahren. Hier bietet sich die Kraft Saturns als Ausgleich an. Saturn bremst die sonnenhafte Unbekümmertheit, indem er zur Verantwortung mahnt und den heiteren Zukunftsblick auf die aus der Vergangenheit gewonnene Erfahrung lenkt.

Die Sonne als astrologisches Symbol wird als männlich bezeichnet. Ebenso wie Mars steht sie im Horoskop beider Geschlechter für die maskuline Seite. Wille, Entscheidung, Egozentriertheit, Expansion und Fortpflanzungsinstinkt sind Charaktereigenschaften, die für dieses männliche Prinzip stehen. Der Vater oder eine andere männliche Person, die unseren ersten Kontakt zum männlichen Geschlecht darstellt, wirkt in uns als prägendes Beispiel für diese Thematik.

C.G. Jung, aus den Erinnerungen an Afrika:
»Der Sonnenaufgang in diesen Breiten war ein Ereignis, das mich jeden Tag aufs neue überwältigte. Es war weniger das an sich großartige Heraufschießen der ersten Strahlen, als das, was nachher geschah. Unmittelbar nach Sonnenaufgang pflegte ich mich auf meinen Feldstuhl unter eine Schirmakazie zu setzen. Vor mir in der Tiefe des kleinen Tals lag ein dunkler, fast schwarzgrüner Urwaldstreifen, darüber ragte der jenseitige Plateaurand. Zunächst herrschten scharfe Kontraste zwischen Hell und Dunkel; dann trat alles plastisch in das Licht, das mit einer geradezu kompakten Helligkeit das Tal ausfüllte. Der Horizont darüber strahlte weiß. Allmählich drang das steigende Licht sozusagen in die Körper ein, die wie von innen sich erhellten und schließlich durchsichtig wie farbige Gläser glänzten. Alles wurde zu flimmerndem Kristall. Der Ruf des Glockenvogels umläutete den Horizont. In diesen Augenblicken befand ich mich wie in einem Tempel. Es war die allerheiligste Stunde des Tages. Ich betrachtete diese Herrlichkeit mit nimmersattem Entzücken oder besser, in zeitloser Verzückung.«

Symbolische Entsprechungen der Sonne

Allgemein: Existenz, Selbst, Lebenskraft, Lebenswille, schöpferischer Geist, das Zentrum, Gesundheit, Ichbewußtsein, Charisma, Persönlichkeit, Autorität, männliches Prinzip, Stolz, Verschwendung, Übertreibung, Egoismus
Soziologisch: Mann, Vater, Herrscher, König, Patriarchat
Körperlich: Herz, Kreislauf, Rückgrad
Steine und Metall: Diamant, Bergkristall, Gold

Fragen und Anregungen

– *Vergegenwärtigen Sie sich nochmals die Himmels- und Naturbeobachtungen in bezug auf die Sonne. Welche Assoziationen tauchen auf? Überdenken Sie die Analogie zwischen der Sonne als Zentrum des Sonnensystems und der Sonne als zentrale Kraft im Horoskop.*
– *Wo erleben Sie im täglichen Leben die solaren Kräfte? In welchen Situationen kommen Sie mit ihnen in Kontakt?*

Kennen Sie Menschen, die Sonnentypen sind? Wenn ja, was spüren Sie in ihrer Nähe? Autorität, Bewunderung, lebendige Schönheit oder Arroganz?
- *Versuchen Sie, Fragen zu beantworten wie: »Was ist meine Grundmotivation im Leben? Was will ich erreichen?« Überprüfen Sie Ihre Antwort: Ist es wirklich Ihr eigenes Motiv und Ihr Wille – oder sind diese vermischt mit der Vorstellung Ihrer Umgebung, Ihrer Eltern, der Erziehung, der allgemeingültigen Moral, die Ihnen durch die Sozialisation eingeprägt worden sind?*
- *Wann spüren Sie Lebensfreude? Unter welchen Umständen haben Sie Lust, etwas zu unternehmen oder sich kreativ zu betätigen, nur Ihnen selbst zur Freude? Beschreiben Sie solche Situationen!*
- *Was sagt Ihnen der Begriff »natürliche Autorität«?*
- *Wie fühlen Sie sich, wenn Sie im Zentrum des Geschehens oder der Aufmerksamkeit stehen?*
- *Wie fühlen Sie sich, wenn Sie im Schatten anderer Persönlichkeiten stehen?*

MOND

Prinzip: Instinktive Grundstimmung, Gefühl

Während wir die Sonne als eine immer gleich große Kugel sehen, verändert sich das Bild des Mondes fortwährend. Nach der Dunkelheit des Neumondes dauert es kaum zwei Nächte und wir können bereits eine schmale Sichel beobachten. Diese wächst Nacht für Nacht, bis sie nach zwei Wochen zum Vollmond wird, der uns oft größer erscheint als am Tag die Sonne. Dann verkleinert sich der Mond wieder und verschwindet. Sein Zyklus dauert ungefähr 28 Tage, fast einen Monat. Die Wörter »Monat« und »Mond« haben den gleichen Ursprung (englisch *moon, month*). In manchen Sprachen gibt es für beide Begriffe nur ein Wort, und selbst die deutsche Literatur spricht dann und wann von Monden statt Monaten.

Am hellen Tag beschäftigen wir uns meistens mit konkreten Dingen, sei es bei der Arbeit, im Hause oder anderswo. Wenn zudem noch die Sonne scheint, verspüren wir Freude, Optimismus und den Willen, etwas zu unternehmen. In einer Mondnacht, wenn das Licht silbrig scheint und große Schatten fallen, ist die Stimmung anders. Unsere Gefühle werden berührt. Wir empfinden etwas Geheimnisvolles – geheimnisvoll, weil »es« für unsere Augen kaum sichtbar ist. Unser Gemüt wird angeregt zu phantasieren und zu träumen. In dem Bereich, der symbolisch dem Mond angehört, regiert das Unbewußte und Unsichtbare: das, was wir einfach hinnehmen müssen, da wir es mit unserem Willen nicht zu verändern vermögen. Es ist der Instinktbereich, der uns mit der Natur verbindet. Wir können sogar sagen, es ist die Natur in uns.

Mythologie und Märchen

Eine der vielen Mondgöttinnen ist **Selene**, Schwester des Sonnengottes Helios. Analog zu seiner Tagesreise, reist sie jede Nacht im silbernen Wagen über das Firmament. Sie ist schön und ihre silbernen Strahlen beleuchten die Nacht und lassen die Sterne erblassen.
Der Mond in seinem ersten Viertel, die neue, schmale Sichel, wird durch die jungfräuliche, mädchenhafte Göttin **Artemis** (römisch Diana) mit ihren Begleiterinnen, den Nymphen, symbolisiert. Artemis ist die Beschützerin der Natur, vor allem der wilden Tiere. Selbst jungfräulich geblieben, kennt sie sich in der Geburtshilfe aus. Als zuerst geborene Zwillingsschwester des Apollon hilft sie ihrer Mutter bereits bei dessen Geburt.
Das zweite Viertel, bis zum Vollmond, entspricht der Göttin **Hera**, der Frau des höchsten Gottes Zeus. Als treue Ehefrau und Mutter seiner Kinder repräsentiert sie die Mütterlichkeit. Sie hilft bei Geburten und achtet auf die Heiligkeit und Unversehrtheit der Ehe. Hera ist eine mächtige Herrin, die Hüterin der Familie.
Mit dem abnehmenden Mond assoziiert man die Göttin **Demeter**. Diese zeugt mit dem Göttervater Zeus die geliebte Tochter Persephone. Als diese von Hades, dem Gott der Unterwelt, entführt wird, verlangt Demeter von Zeus, einzugreifen und ihr die Tochter zurückzubringen. Das ist jedoch selbst Zeus nicht mög-

lich, denn Persephone ist inzwischen an Hades gebunden, indem sie von einem Granatapfel gegessen hat. Damit ist ihre Rückkehr auf die Erde unmöglich. Aus Mitleid vereinbart Zeus mit Hades, daß Persephone jeden Frühling auf die Erde kommen und bis zum Herbst dort bleiben darf. Mit ihr kommt die Fruchtbarkeit der Natur zurück auf die Erde. Persephone und Demeter sind Göttinnen der Fruchtbarkeit und der Ernte.

Zum letzten Mondviertel gehört **Hekate**, die Göttin der Dunkelheit. Sie erzeugt Furcht und Spuk und erschreckt in den Nächten die Menschen. Ihre Helferinnen sind Schrecken verbreitende, weibliche Gestalten, vor allem die Lamnia, die kleine Kinder verschlingt. Hekate symbolisiert den dunklen Aspekt der Weiblichkeit: die mächtige, nicht loslassende Mutter, die Verzicht fordert, aber auch die Weisheit des Lebens anbietet.

In den **Märchen** begegnen wir dem Mond in den Gestalten guter Feen, Mütter, Königinnen, Schicksalsfeen, aber auch als Stiefmütter und Hexen.

Die lunaren Eigenschaften

Obwohl im Deutschen der Mond grammatisch männlich ist, symbolisiert er den weiblichen Teil in uns. In anderen Sprachen finden wir die weibliche Form: z.B. französisch »la lune«, italienisch »la luna«, russisch »luna«.

Die Frau als »Trägerin des Lebens« steht der Symbolik des Mondes näher als der Mann: den lebensnotwendigen Bedürfnissen wie Ernährung und Körperpflege sowie der Sorge um Heim und Kinder. Der sich ständig wiederholende Zyklus der Hausarbeiten, die für unser »Funktionieren« notwendig sind (und nie endgültig erledigt werden können), erinnert uns an den immer wiederkehrenden zunehmenden und abnehmenden Mond.

Der Körper des Mannes wächst und entwickelt sich für gewöhnlich im Rhythmus des größeren solaren Zyklus. Im Körper der Frau wirken die Hormonfunktionen lunar zyklisch. Monat für Monat – »Mond für Mond« – durchläuft der weibliche Organismus verschiedene Phasen. Doch wie die Sonne finden wir – mit derselben Gewichtung – auch den Mond in den Horoskopen beider Geschlechter. Seiner Stellung entsprechend stellt er die weiblichen Eigenschaften im Menschen dar, ob es sich um eine Frau oder um einen Mann handelt.

Weil die Frau das Kind biologisch zur Welt bringt, ist es in den meisten Fällen auch sie, die Mutter, die für das Neugeborene die erste Bezugsperson darstellt. Doch diese Aufgabe kann auch eine andere Person übernehmen, oder andere können sich an ihr beteiligen: der Vater, die Pflegemutter, die Großmutter. Für das neugeborene Kind ist eine über längere Zeit gleichbleibende Bezugsperson von größter Wichtigkeit, denn sie verkörpert seine ganze Welt.

Das neugeborene Kind lebt psychisch im »Meer der Ganzheit«. Es kann nicht unterscheiden, was es selbst ist und was seine Mutter. (Der Einfachheit halber sprechen wir hier von der Bezugsperson als der »Mutter«, wer auch immer sie im konkreten Fall sein mag). Das Kind erlebt sich und die Mutter als eine Einheit. Mit ihr ist es auch durch das Stillen verbunden. Da sie das Kind berührt und sich in seiner Nähe aufhält, spürt es ihre Wärme und ihren Schutz. In den ersten Lebenstagen braucht es nur das, was ihm die Mutter geben kann.

Ist die Mutter-Kind-Beziehung harmonisch, fühlt sich das Kind geliebt und glücklich. Es faßt Vertrauen in die Welt. Das Kind hingegen, das nicht geliebt wird oder das oft allein sein muß, empfindet sich als etwas Unvollkommenes, es kann kein Vertrauen aufbauen. Kinder, die in Heimen keine feste Bezugsperson haben, bleiben trotz guter Ernährung und Hygiene traurig und psychisch unterentwickelt und sind oft nicht lebensfähig.

Die Seele kennt keine materielle Realität. Sie gehört ins Reich des Wasserelementes und der Phantasie. Wer selber ein Kind erzogen hat, der hat beobachten können, wie viele lebendige Bilder eine Kinderseele birgt. Ein Neugeborenes lebt tief im Unbewußten, ganz im Mondprinzip. Das Kleinkind entdeckt nach und nach die äußere Welt, lebt aber immer noch inmitten seiner eigenen inneren Wirklichkeit. Mit zunehmender Bewußtheit wird das »Ich« geboren und der Raum der Mondwelt nimmt langsam ab. Doch die inneren Bilder, die das Kind aufgrund seiner ersten Erfahrungen kreiert hat, bleiben in seiner Seele haften.

Der Mond in seiner Position im Horoskop zeigt, welche innere Einstellung zur Umwelt sich in der Seele des Menschen gebildet hat. Er deutet an, wie wir fühlen, wie wir reagieren, wie sensibel, liebes- und hingabefähig wir sind und wie wir mit unserem inneren Kind umgehen, mit anderen Worten: wie wir uns selbst annehmen. Im Laufe des Lebens kommen neue emotionale Eindrücke dazu. Diese dringen jedoch nicht so tief in unsere Seele wie diejenigen der ersten Lebensphase. Oft empfinden wir Sympathie oder Antipathie gewissen Menschen, Räumen, Orten oder Situationen gegenüber, oder eine besondere Stimmung löst in uns angenehme oder unangenehme Gefühle aus, weil in unserer Seele entsprechende Gefühlsmuster aktiviert werden.

Durch den Bezug zur Familie verbindet uns der Mond mit der Vergangenheit, mit unseren Wurzeln und vererbten Anlagen, mit den Erfahrungen, die sich bei vorangegangenen Generationen angesammelt haben und die wir automatisch übernehmen. Zum Mond gehört auch die Anpassung des menschlichen Körpers an die Umwelt, die Regulierung der Körperfunktionen, das vegetative System. Alles, was diesem untersteht, wird weder von unserem Willen noch von der Vernunft beherrscht.

Ebenfalls in den Mondbereich gehört unsere **Verbindung mit der Natur**, das Leben in seiner ewigen Wiederholung und Erneuerung, wie auch das Sterben. Während die Sonne nach Differenzierung strebt und die Individualität aufbaut, verbindet uns der Mond mit dem Bereich, den wir miteinander teilen: die **Instinktwelt**.

Der Mond herrscht im Krebs. Ihm gegenüber, im Steinbock, herrscht Saturn: Die Gesellschaft fordert von uns Struktur, Ordnung und Leistung im Rahmen ihrer Regeln. Doch der Mond hat andere Bedürfnisse. Er verlangt von uns, auf unser Inneres zu hören, uns für uns Zeit zu nehmen, uns das Träumen zu erlauben und dem eigenen Rhythmus nachzugehen – kurz: dem nährenden, weiblichen Teil in uns Platz zu gewähren. Eine Ausgewogenheit zwischen den beiden Polen zu finden, sollten wir zu unserer Aufgabe machen. Uns dies zu ermöglichen, wäre die Aufgabe der Gesellschaft.

In der Esoterik wird das Seelische mit einem offenen Halbkreis symbolisiert, der Offenheit und Bereitschaft zu Aufnahme und Anpassung bedeutet. Das Mondsymbol besteht aus zwei solchen

Halbkreisen. In diesem Bereich wirkt nicht der Mensch auf seine Umwelt ein, sondern umgekehrt: Er wird von ihr geformt.

Alles, was ein neugeborenes Lebewesen lernen muß, geschieht instinkthaft im Einklang mit der Natur. Die Instinktwelt als »Sprache der Mutter Natur« wird ausdrucksvoll im Kinderbuch vom tschechischen Schriftsteller Karel Čapek »Daschenka oder Das Leben eines jungen Hundes« geschildert.

... die Stimme der Natur, o je, die ist eine strenge Lehrerin, nichts sieht sie dem Hundekind nach. ... Daschenka gibt acht, bis sie vor lauter Aufmerksamkeit die Zunge herausstreckt. Rechte Vorderpfote – jetzt die linke Hinterpfote (du meine Güte, welche ist eigentlich die linke, die oder die?) – und jetzt die andere Hinterpfote (ja, wo habe ich sie denn verloren?) – und was jetzt? »Falsch«, ruft die Stimme der Natur, »du mußt kleinere Schritte machen, Daschenka, und Kopf hoch und die Beine schön unter dich – noch einmal!« Ach, die Stimme der Natur, die kann leicht befehlen. Aber wenn die Beinchen weich sind und zittrig wie aus Sülze! Was kann man mit ihnen anfangen? ... Ihr glaubt nicht, wieviel Arbeit so ein Hundekind hat: Wenn es nicht laufen lernt, schläft es, wenn es nicht schläft, lernt es sitzen – und das ist nicht so leicht, liebe Kinder. Da schimpft schon wieder die Stimme der Natur: »Sitz gerade, Daschenka, Kopf hoch und nicht so einen krummen Rücken machen! Paß auf, du sitzt ja auf deinem Rücken, jetzt sitzt du wieder auf den Beinen, und wo hast du denn dein Schwänzchen? Auf dem Schwänzchen darfst du auch nicht sitzen, weil du dann mit ihm nicht wedeln kannst!« und so weiter, lauter Ermahnungen. Und selbst wenn der kleine Hund schläft oder trinkt, hat er dabei die Aufgabe wachsen zu müssen...

Symbolische Entsprechungen des Mondes

Allgemein: Gefühl, Seele, Stimmung, Wandel, innere gefühlsmäßige Einstellung, Intuition, Instinkt, Mutter und Kind, das innere Kind, Fruchtbarkeit, Empfänglichkeit, Nahrung, körperliche und emotionale Grundbedürfnisse, Unbewußtes, Rückverbundenheit
Soziologisch: Frau, Mutter, Kind, Heim, Familie, Volk, Heimat
Körperlich: Magen, Lymphe, Gebärmutter, Menstruation
Steine und Metall: Smaragd, Beryll, Opal, Perlen, Mondstein, Silber

Fragen und Anregungen

– *Wann und wo sind Sie mit Personen oder Situationen konfrontiert, die mit dem Mondbereich in Verbindung stehen? Versuchen Sie, diese zu beschreiben.*
– *Beschreiben Sie Ihren gewöhnlichen Tagesablauf. Entspricht der Tagesablauf Ihren emotionalen Bedürfnissen? Was befriedigt Sie, was ärgert Sie, was fühlen Sie sich – unbewußt – gezwungen zu tun?*
Zu welchen Gewohnheiten haben Sie eine positive, zu welchen eine negative Einstellung? Was möchten Sie verändern?
– *Versuchen Sie zu spüren, in welchem Verhältnis Ihre Bedürfnisse und Ihr bewußtes Handeln bzw. Ihr Wille stehen.*
Haben Sie das Gefühl, daß die beiden einen ähnlichen Weg einschlagen oder daß sie sich gegenseitig behindern? Denken Sie, daß die Befriedigung Ihrer emotionalen Bedürfnisse die Erfüllung Ihrer bewußten Wünsche unterstützt – oder umgekehrt?
– *Ist es Ihnen schon passiert, daß Ihnen jemand oder etwas sehr sympathisch oder angenehm war, ohne zu wissen warum? Oder umgekehrt: Sie empfanden ihn, sie oder es als unangenehm? Wenn solches mehrmals passiert ist – was haben die Fälle gemeinsam?*
Hat sich im Laufe Ihres Lebens etwas verändert, was diese Wahrnehmungen betrifft?
– *Können Sie sich selbst lieben?*
Können Sie abschalten, träumen und phantasieren?
– *Haben Sie oft Nachtträume? Können Sie sich an sie erinnern? Haben Sie versucht, sie zu verstehen?*

MERKUR
Prinzip: Verstand, Vermittlung

Der Planet Merkur steht der Sonne am nächsten. Er kann sich von ihr nie weiter als 28 Grad entfernen, so daß er entweder im gleichen Tierkreiszeichen wie die Sonne steht oder in einem der zwei benachbarten. Wir können Merkur morgens oder abends jeweils einen kurzen Moment am Himmel erblicken, wenn er sich in maximaler Entfernung von der Sonne befindet: Da erscheint er als winziges, gelblich flimmerndes Sternchen. Doch meistens steht er ihr so nahe, daß er in den Sonnenstrahlen für uns unsichtbar bleibt.

Als naher Begleiter der Sonne kreist Merkur zusammen mit ihr in einem Jahr durch den ganzen Tierkreis. Seine Bewegungen können wir von der Erde aus als ein immerwährendes Vor- und Rückwärtslaufen beobachten, was uns den Eindruck vermittelt, als befände er sich in ständiger Unruhe und sei ununterbrochen beschäftigt. Es scheint, als stehe er der Sonne zu Diensten. Darum gaben ihm seine ersten Beobachter den Namen des römischen Gottes Merkur, dem Boten der Gottheiten, der in der griechischen Mythologie Hermes heißt.

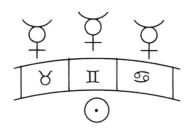

Wenn sich wie in diesem Beispiel die Sonne in den Zwillingen befindet, kann der Merkur nur im Stier, in den Zwillingen oder im Krebs stehen.

Mythologie und Märchen

Hermes (Merkur), Sohn des höchsten Gottes Zeus (Jupiter) und der Nymphe Maia, ist der geschickteste aller olympischen Götter, was er gleich nach seiner Geburt beweist: Am Morgen geboren, entwächst er am Vormittag der Wiege, erfindet am Mittag eine Leier und lernt sogleich darauf zu spielen. Am Nachmittag stiehlt er dem Gott Apollon eine Kuhherde und versteckt sie so geschickt, daß niemand sie findet. Am Abend kehrt er in seine Wiege zurück und schläft mit unschuldiger Miene ein. Als Apollon erbost seine Herde zurückfordert, lügt der kleine Hermes wie gedruckt, so daß Apollon Zeus auffordert, Hermes zu bestrafen. Da beginnt Hermes wunderschön auf der Leier zu spielen. Apollon ist von dieser Musik so berührt, daß er seine Herde gegen die Leier eintauscht.

Hermes erfüllt seine wichtigste Aufgabe auf dem Olymp als Bote des Zeus. Er richtet Nachrichten und Grüße aus, er vermittelt und verhandelt zwischen den Göttern – wobei er sich nicht scheut, den einen oder anderen ab und zu zu bestehlen. Die Götter mögen ihn, sie finden seine Streiche lustig und amüsant. Außerdem erfindet Hermes mit seiner Geschicklichkeit oft etwas Neues für sie. Ähnliche Dienste leistet er auch den Menschen. Er beschützt Reisende und Wanderer, hilft Händlern, steht Rednern, Erfindern und allen geschickten und klugen Leute bei. Als einziger der Götter hilft er aber auch schlauen Betrügern und Dieben, denn jemanden zu überlisten, bereitet ihm die größte Freude.

In einer anderen Funktion, als **Hermes Psychopompos**, führt er die Seelen der Verstorbenen aus unserem Leben in die Unterwelt. Er ist der einzige, der sich frei zwischen diesen beiden Welten bewegen kann, denn für alle anderen gibt es, wenn sie einmal die Grenze überschritten haben, keinen Weg zurück.

In den **Märchen** begegnen wir merkurischen Gestalten dort, wo es heißt, klug zu handeln und jemanden zu überlisten, dort, wo sich zeigt, daß Überlegen mehr vermag als Muskeln und Waffen. So läßt das Tapfere Schneiderlein ausrufen, es habe »sieben auf einen Streich« erledigt, ohne zu erwähnen, daß es sich um Fliegen handelte. Im gleichen Sinne schmeichelt der schlaue Fuchs der Krähe so lange, bis sie zeigen will, wie schön sie singen kann, und den begehrten Käse aus dem Schnabel fallen läßt. Auch »Hans im Glück«, »Tischlein deck dich« und die »Bremer Stadtmusikanten« sind Geschichten, die uns lehren, daß kluges, überlegtes Handeln über die geistlosen »Starken« siegt.

Die merkurischen Eigenschaften

Wir wissen bereits, daß der Mond über die unbewußten Bereiche herrscht. Er verbindet alle Wesen auf der instinktiven Ebene. Wir fühlen »etwas« oder handeln instinktiv aufgrund von »etwas«. Dieses »Etwas« will uns Merkur bewußt, »greifbar«, machen. Er gibt ihm einen Namen, und damit entsteht ein »**Begriff**«. Das Benennen des Unbekannten macht uns dieses bewußt, wir erkennen es: Es wird uns bekannt. Diese Fähigkeit, das Unbewußte ins Bewußtsein zu bringen, und umgekehrt manches, was uns bewußt ist, in die »Welt des Vergessens« zu entlassen, entspricht der Aufgabe des mythologischen Hermes, zwischen der irdischen Welt und der Unterwelt hin und her zu pendeln.

Wenn wir Begriffe intellektuell miteinander verbinden, entstehen die bewußten und in Worte faßbaren Gedanken. Diese können wir anderen mitteilen. **Sprache** verbindet uns auf der Verstandesebene, und zwar sowohl mündlich als auch schriftlich. Überdies können wir die Begriffe logisch weiter bearbeiten, besprechen, beurteilen, sortieren, beschreiben, visualisieren und in der Vorstellung konkretisieren.

Gedanken zu vermitteln erfordert geistige Beweglichkeit. Doch auch die physische gehört in den Bereich des Merkur: sich in der unmittelbaren Umgebung bewegen und kleine Reisen unternehmen, um alles, was in »greifbarer Nähe« liegt, zu erkunden. Wir wissen, daß Hermes als Bote stets unterwegs ist, denn je mehr Personen er erreichen will, desto mehr muß er sich bewegen. Doch Hermes ist ein kluger Kopf: Er erspart sich viel Mühe, weil er immer wieder eine Idee hat, wie man die Arbeit einfacher gestalten kann. In seinem Auftrag haben sich Generationen von Menschen ständig um Verbesserungen bemüht. Heutzutage müssen wir uns nicht physisch bewegen, wenn wir jemandem etwas mitteilen wollen, wir greifen zum Telefonhörer, bedienen das Faxgerät oder schicken eine E-Mail. Und wollen wir eine Weltneuigkeit erfahren, schalten wir den Fernseher ein.

Also lernen wir unter dem Einfluß Merkurs, unsere Handlungen zu verbessern und zu rationalisieren, und damit beeinflussen wir den **bewußten Lernprozeß**. Wir handeln »intelligent«. Doch die Weisheit zeigt uns Merkur nicht. Er ist »zu jung« dafür. Er ist zwar klug, aber nicht weise. Oft ist es sogar weise, nicht klug zu handeln. Weisheit betrifft die Einstellung unseres ganzen Wesens und wird erst durch die Verarbeitung von Erfahrungen erworben. In der Astrologie wird sie vor allem Jupiter und Saturn zugeordnet.

Weil **Schlauheit** für Hermes einen hohen Wert hat, zögert er nicht zu lügen. Entsprechend denken wir in merkurisch-logischen Begriffen, und folglich drückt unsere Sprache nie die ganze Wahrheit aus: Wir können nie »wahrhaftig« die Wahrheit sagen. Sprache an sich ist eine Abstraktion und kann unmöglich eine umfassende Wirklichkeit wiedergeben. Abgesehen davon ist dieser flinke Gott fähig, uns auch auf andere Art zu belügen: Seine Geschicklichkeit und sein Bemühen, alles zu rationalisieren, bewirkt, daß wir oft Ganzheitlichkeit und Echtheit gegen technische Hilfsmittel tauschen. So ersetzen wir dann und wann die zwischenmenschliche Begegnung durch das bereits erwähnte Telefongespräch.

Informationsträger für die Kommunikation auf der körperlichen Ebene sind die Nerven: Sie teilen unserem Gehirn mit, was in einzelnen Teilen des Körpers geschieht. Wer eine Nervenbetäubung erlebt hat (z.B. bei zahnärztlichen Eingriffen), weiß gut, wie fremd sich der betroffene Körperteil anfühlt, als gehöre er nicht zu uns: Wir bekommen von ihm keine »Informationen«.

Merkurs Wesenskraft ist vergleichbar mit einem geistig und körperlich regen Jüngling: beweglich, neugierig, schlau, interessiert, erfinderisch, frei, rücksichtslos, unbelastet von Gefühlen und Vergangenheit. Seine Position in Zeichen und Haus sowie die Qualität seiner Aspekte läßt uns erkennen, wie wir denken und dies ausdrücken in Denkweise, Aufmerksamkeit, Auffassungsgabe und Art der Sprache. Überdies zeigt er uns, wie wir Problemlösungen auf der Verstandesebene angehen, mit anderen Worten: er versinnbildlicht **die Art unserer Intelligenz.**

Sehr oft steht Merkur im gleichen Zeichen wie die Sonne. Ist dies der Fall, entspricht die Denkart der Qualität unseres Wesenskerns: Wir denken, wie wir sind. In anderen Fällen müssen sich zwei verschiedene Ausdrucksarten miteinander befreunden.

Zu viel merkurische Kraft kann für uns eine Gefahr bedeuten, denn Merkur verfährt nach dem Motto »der Zweck heiligt die

Mittel«. Betrügen, lügen, überlisten und verfälschen sind Merkmale Merkurs. Heute ist unsere Welt mit der überbewerteten merkurischen Pragmatik, Ökonomie und dem Leistungsdenken an einen Punkt gekommen, an dem wir zu sehr auf unmittelbaren Zweck und Profit fixiert sind.

Auch traditionelle Werte bedeuten Merkur nichts, denn sie könnten seine »Leichtigkeit« einschränken. Qualitäten wie Menschlichkeit, Rücksicht und Gefühl werden durch den Einfluß Merkurs als unwichtig betrachtet, weil sie uns nichts »praktisch Brauchbares« bieten. Sich nur der kühlen Vernunft und Rationalität zu bedienen erinnert an den Mann, der seine Liebesprobleme mit Hilfe eines Computerprogrammes lösen will. Wir tun gut daran, uns immer wieder die Funktion Merkurs als Bote und Vermittler vor Augen zu halten und ihm nicht zu viel Macht zuzugestehen. Denn Merkur ist ein vortrefflicher Diener, aber kein fähiger Herr.

Die Phantasiefigur Peter Pan aus dem gleichnamigen Kinderroman des englischen Schriftstellers James M. Barrie ist eine charakteristische Darstellung des Merkurs. Der Knabe kommt in London zur Welt, und wie alle neugeborenen Kinder in diesem Märchen kann er fliegen. In den ersten Tagen seines Lebens hört er zu, wie sich seine Eltern über seine Zukunft unterhalten. Er erfährt, daß er einmal groß sein, einen Beruf ausüben und die Sorgen der Erwachsenen tragen wird. Doch das will er nicht, er will immer klein bleiben und spielen dürfen. Leichtsinnig und im Glauben, daß er jederzeit wieder zurückkommen kann, verläßt er durchs Fenster sein Heim und begibt sich ins Niemandsland, wo er Abenteuer erlebt. Ständig entdeckt er Neues, und dies hört nicht auf, weil er sofort alles wieder vergißt. Deshalb gewinnt er nie an Erfahrung und bleibt ewig jung, neugierig, interessiert, fröhlich, unschuldig und gefühllos ...

Symbolische Entsprechungen Merkurs

Allgemein: Verstand, Denken, Sprache, Intellekt, Logik, Kommunikation, Vermittlung, Handeln, Ökonomie, Lernen, Wissen, Beweglichkeit, Leichtigkeit, Interesse, kleine Reisen, Schlauheit, List, Opportunismus

Soziologisch: Jugendliche, Geistesarbeiter, Vermittler, Lehrer, Händler, Schlaumeier
Körperlich: Nerven, Sprech- und Atmungsorgane
Steine und Metall: Magnesium, Quecksilber

Fragen und Anregungen

- *Wo begegnen wir im täglichen Leben den Merkur-Kräften? Kennen Sie merkurische Menschen? Welche Ihrer täglichen Tätigkeiten sind merkurischer Art?*
- *Welche Bedingungen brauchen Sie für geistige Arbeit? Versuchen Sie zu beschreiben, wie Sie vorgehen, was sich abspielt, wenn Sie z.B. einen Brief schreiben oder an einer anderen Schreibarbeit sitzen. Wie würden Sie Ihre Denkfähigkeit beschreiben?*
- *Auf welche Art erklären Sie etwas? Haben Sie das Gefühl, daß andere leicht verstehen, was Sie meinen? Wenn nicht, können Sie ahnen warum?*
- *Wie ist Ihre Art zu begreifen? Können Sie sich auf ein neues Thema konzentrieren? Lassen Sie sich leicht von der Umgebung ablenken?*
- *Spiegeln die folgenden Stichwörter, die mit dem Merkur-Charakter im Zusammenhang stehen, etwas von Ihren Eigenschaften wider?*

Interesse	*geschickt*
gescheit	*lernen*
Neuigkeiten, Nachrichten	*Schule*
Zeitung	*Klugheit*
Fremdsprachen	*Schlaumeier*
theoretisieren	*lügen*
diskutieren	*günstig*
basteln	*schnell*
sprechen	*erfinden*

- *Konzentrieren Sie sich in Gedanken auf etwas (ein Bild, ein Thema, eine Person ...). Wie lange können Sie sich konzentrieren? Was lenkt Sie ab (ein Motiv, ein Thema, ein anderer Gedanke, ein Gefühl ...)? Merken Sie, wie flüchtig der Gedanke ist?*

– *Erzählen Sie oder schreiben Sie etwas auf (z.B. aus Ihrem Leben) in einem Moment, in dem Sie bei guter Laune sind.*
Erzählen Sie die gleiche Geschichte unter psychischer Belastung oder einfach in einer schlechten Stimmung.
Erzählen Sie sie eine gewisse Zeit später oder einer anderen Person.
Vergleichen Sie die Geschichten!

VENUS

Prinzip: Harmonie, Sinnlichkeit

Haben Sie einmal die Venus beobachtet? Tun Sie das unbedingt, denn sie ist der schönste Stern am Morgen- oder Abendhimmel. Wenn sie erscheint, werden Sie kaum die Augen von ihr abwenden können, so leuchtend strahlt sie am dunklen Firmament. Sie ist die Königin des frühen Morgens oder Abends. Denn Venus, als enge Begleiterin der Sonne, kann sich nie weiter als 48 Grad von dieser entfernen. Von der Erde aus gesehen zieht sie wie Merkur mit der Sonne einmal pro Jahr durch den Tierkreis. Sie befindet sich entweder im gleichen Zeichen wie die Sonne oder in einem der vier benachbarten.

Deshalb sehen wir sie morgens, vor Sonnenaufgang, falls sie vor der Sonne läuft und noch in der Dunkelheit aufgeht, oder abends, wenn sie der Sonne folgt und später als diese untergeht.

Doch nicht nur ihr Aussehen ist schön und harmonisch, auch ihre Bahn um die Sonne ist die vollkommenste aller Planetenbah-

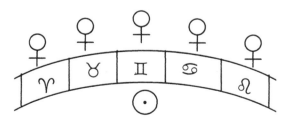

Wenn die Sonne wie in diesem Beispiel in den Zwillingen steht, kann sich die Venus ebenfalls dort befinden oder in einem der vier benachbarten Zeichen: Widder, Stier, Krebs oder Löwe.

nen: fast ein Kreis. Wir können also gut verstehen, warum gerade dieser Stern Schönheit, Ruhe, Genuß, Harmonie und Anziehung repräsentiert.

Mythologie und Märchen

Eine der wichtigsten Göttinnen der alten Griechen ist **Aphrodite**; die Römer nennen sie Venus. Sie gebietet über Schönheit und Liebe. Über ihren Ursprung gibt es zwei Mythen. Eine, die mit dem Fall des Uranos verbunden ist (siehe Seite 113 und 122), erzählt, daß Venus aus dem Schaum des Meeres geboren wird. Die Wellen werden von Uranos' Samen befruchtet, nachdem Kronos Uranos entmannte und dessen Geschlechtsteil ins Wasser fällt. So wird in der Nähe der Insel Zypern eine Schönheit geboren: »Aphrodite Urania« – die Himmlische. Der italienische Maler Sandro Botticelli (1445–1510) verewigte sie auf seinem berühmten Gemälde »Geburt der Venus«. Ihre Verkörperung am Himmel ist der **Abendstern**.

Homer beschreibt Aphrodite als Tochter des Zeus und der Regengöttin Dione. Sie bekommt den Beinamen »Pandemos« und wird damit als »sinnlich« oder auch »irdisch« bezeichnet. Sie erscheint als **Morgenstern**.

Durch ihre einmalige Schönheit und dank ihrer Zauberkunst ist sie eine der mächtigsten Göttinnen der Antike. Da Liebe und Erotik eine bedeutende Rolle im Leben der Götter und Menschen spielen, will niemand bei ihr in Ungnade fallen. Von allen beschenkt und geschmeichelt, erfreut sich die Liebesgöttin der Ehre und des Ruhmes.

Genußfreudig und sinnlich, verleiht sie Schönheit und Liebesglück. Wo sie erscheint, blüht die Natur in Erwartung reifer Früchte. Mit ihr stellen sich Leidenschaft und Begierde ein, die die Geschöpfe zueinandertreiben, um sich zu vergnügen. Sie besitzt einen Gürtel, in dem die Verführung, die Kunst und Wonnen der Liebe und die Wollust stecken. Es gibt nur wenige Götter und Menschen, die dem Zauber dieses Gürtels widerstehen können.

Sie ist mit Hephaistos, dem Gott der Schmiede, verheiratet. Dieser Gott ist geschickt und intelligent, aber er ist häßlich und hinkt. Da Aphrodite aber die Schönheit schätzt, betrügt sie ihren Gatten mit unzähligen Liebhabern. Dem Dionysos gebiert sie den Sohn Priapos, dem Hermes Hermaphroditos und aus der Verbindung mit dem Kriegsgott Ares (Mars) gehen fünf Kinder hervor, unter ihnen die Tochter Harmonia und der Sohn Eros. Wer von dessen Liebespfeil getroffen wird, verfällt der Liebe, verliert die Vernunft und wird liebeskrank.

Aphrodite beschützt die Liebenden, doch sie kann auch Liebesleid bringen. Eine der bekanntesten Geschichten ist ihre Wahl zur schönsten Göttin durch Paris, Sohn des Königs von Troja. Dafür verspricht sie ihm die schöne Helena, die Gemahlin des Königs von Sparta. Nachdem Paris Helena geraubt hat, bricht der Trojanische Krieg aus. Aphrodite will Troja helfen; doch bei der kleinsten Verletzung beginnt sie zu weinen und flüchtet mit Gejammer vom Kriegsschauplatz.

In den **Märchen** begegnen wir dem Venus-Prinzip in Gestalten wie Prinzessinnen und schönen Jungfrauen, die von einem strahlenden Helden gerettet, erobert oder entzaubert werden. Mit der Hochzeit legen die Protagonisten die venusische bzw. marsische »Rolle« ab und verkörpern dann die mondhafte bzw. sonnenhafte.

Venusische Eigenschaften

Wie der Mond verkörpert auch die Venus ein weibliches Prinzip. Doch während die Luna einerseits das Kindliche und andererseits die Frau als Mutter darstellt, steht die Venus symbolisch für **die Frau in Beziehung zum Mann**: als begehrte Jungfrau, als Geliebte, als Partnerin.

Unter dem Einfluß des Mondes akzeptiert der Mensch die Welt so, wie sie ist. Er nimmt die Eindrücke auf, ohne sie zu beurteilen, so wie die Mutter instinktiv zu ihrem Kind steht. Venus dagegen urteilt und differenziert: Was mag ich, was gefällt mir, was und wer paßt zu mir?

Aufgrund der beiden Sagen über ihre mythische Geburt und ihrer Herrschaft über die Zeichen Stier und Waage begegnen wir zwei Venus-Bildern. Im Bereich der Materie, der Ruhe und Beharrlichkeit ist sie die »irdische«, sinnliche Venus. Als Herrscherin im Stier ist ihr all das geweiht, was wir mit unserem Körper und unseren Sinnen wahrnehmen können. Die **Materie** (unser Körper) berührt anderes Materielles (andere Körper oder Gegenstände) und nimmt sie mittels der **Sinne** wahr.

Im Luftzeichen Waage hingegen haben wir es mit der »himmlischen Liebe« zu tun. Hier sucht das Venusische vor allem den

geistigen Ausgleich in der Liebe, im Gleichgewicht und in der Harmonie.

Zum Wesen der Venus gehören beide Bilder. Sie stehen nicht nebeneinander, sondern sie überdecken und ergänzen sich. Welche Anteile überwiegen und wie sich diese Planetenkraft individuell äußert, hängt von ihrer Position im jeweiligen Horoskop ab.

Die Venus-Symbolik läßt uns die **weibliche Seite der Sexualität** erkennen: Berührung, Erwartung, Liebkosung und die Dauer des Liebesspiels. Körperlichkeit, Sinnlichkeit und die Sinne allgemein sind angesprochen. Venus' Rolle in der Erotik ist nicht dynamisch, sondern statisch. Sie erobert nicht; sie will gefallen, anziehen, lieben, geliebt werden und in der angenehmen Stimmung verweilen. Mehr als dessen Höhepunkt begehrt sie den Liebesakt als solches. Ihr Ziel ist der Weg. Denn wozu einen Endpunkt erreichen, wenn damit etwas abgeschlossen wird und aufgegeben werden muß? Das, was ihr Freude bereitet, möchte sie behalten, Menschen und Dinge an sich binden und »glücklich sein bis in alle Ewigkeit«, denn »wenn sie nicht gestorben sind, dann leben sie noch heute«, wie es in vielen Märchen am Schluß heißt.

Über die Sinne nehmen wir unsere Umgebung wahr. Ein »sinnlicher« Mensch gebraucht diese zudem zum **Genießen**: Mit dem Sehvermögen, dem Geruchs-, Tast- und Geschmackssinn bewundert er die Schönheit, das Vergnügen an Aroma und Berührung und er kostet die Gaumenfreude aus. Mit dem Gehörsinn erfreut er sich der schönen Klänge.

Dinge, die wir genießen, möchten wir meistens auch **besitzen**. Die venusischen Kräfte besitzen eine starke Anziehungskraft. In unserer Welt ist vor allem Geld das Mittel, mit dem wir uns Dinge beschaffen, die uns Freude bereiten und die wir als »reizend« empfinden: schöne Gegenstände, Dinge, die der eigenen Schönheit dienen wie Kosmetik, Parfums, elegante Kleider und nicht zuletzt eine geschmackvoll eingerichtete Wohnung. In vielen Fällen dient das Geld auch dazu, Liebe zu ersetzen oder sie sich zu erkaufen.

Von den schönen Dingen zur **Kunst** ist der Schritt nicht groß. Kunst befriedigt und unterstützt unser Schönheitsempfinden.

Die Künstler stehen in Venus' Gunst, seien sie Maler, Bildhauer, Schauspieler, Sänger, Musiker oder Dichter, aber auch Lebenskünstler und Lebensgenießer. Verliert das Venusische in uns den Sinn für die richtige Proportion, kann Kunst in Kitsch ausarten.

Der Begriff »Harmonie« stammt vom griechischen *harmonia*, Fügung, Ordnung. Die Venus sucht nach **ausgeglichenen Kontakten**, in denen die Menschen zusammenpassen und »harmonieren«. Takt, diplomatisches Vorgehen, Vornehmheit, gesellschaftliche Umgangsformen und eine gepflegte Art zu sprechen helfen, miteinander reibungslos und kultiviert zu verkehren.

Durch das Bedürfnis zu lieben braucht der weiblich-venusische Teil in uns die männliche Seite und zieht sie an. Wie in der Liebe haben wir auch im Leben den männlichen – marsischen – Gegenpol nötig. Wer nur das Angenehme und den Genuß sucht, muß die täglichen Schwierigkeiten zur Seite schieben und verdrängen. Lebten wir nur nach dem Venus-Prinzip – so angenehm dies scheint –, wären wir nicht fähig zu Beschlüssen zu kommen, denn jede Entscheidung heißt auch »Scheidung«. Sie ruft eine Veränderung hervor und beendet etwas. Würden wir in der Venus-Wonne verharren, gäbe es keinen Fortschritt, keine Entwicklung und keine Bewegung nach vorne. Aber »der Kampf um das tägliche Brot« existiert, auch wenn man davonläuft, wie Aphrodite vom Kriegsfeld flieht.

Obwohl die Venus bequem und genußfreudig erscheint, ist ihre Macht groß. Die Liebe verwandelt die Menschen, erweckt in ihnen eine enorme Kraft und verleiht die Fähigkeit zu ungeahnten Leistungen. Märchen, Literatur, Theater und Film schildern uns unzählige Beispiele solcher Verwandlung.
Im Film »Menschen im Hotel« spielt Greta Garbo eine russische Ballettänzerin in Berlin. Sie fühlt sich verlassen, allein und unglücklich. Ihr Tanz verlor längst den Glanz, und sie ist unfähig, die Kraft zum Leben wieder in sich zu erwecken. In dem Augenblick als sie ihr Leben beenden will, trifft sie einen Mann, in den sie sich verliebt. Am nächsten Tag ist sie wie umgewandelt: Sie strahlt, ihr Tanzen wird zur Sensation, sie schmiedet Pläne für die Zukunft, ist optimistisch und voller Lebensfreude.

Symbolische Entsprechungen der Venus

Allgemein: Sinnlichkeit, Anziehungskraft, Liebe, Liebeskunst, Erotik, Liebesfähigkeit, Lebensfreude, Luxus, Besitz, Genuß, Geschmack, Kunst, Takt, gesellschaftliche Umgangsformen, Schönheit, Harmonie, Kitsch, Faulenzen, Stagnation, Selbstliebe, Anhäufen von Geld und Besitztum, Völlerei
Soziologisch: Schöne Frau, Geliebte, Mädchen
Körperlich: Drüsen, Hormone, Mandeln, Venen
Steine und Metall: Saphir, Jade, Rosenquarz, Kupfer

Fragen und Anregungen

- *Wo begegnen Sie den Venus-Kräften im täglichen Leben? In welchen Situationen kommen Sie mit ihnen in Kontakt? Kennen Sie Menschen, die Venus-Typen sind?*
- *Es folgen verschiedene Stichwörter, die mit dem Venus-Charakter im Zusammenhang stehen. Überlegen Sie, welche für Sie mehr und welche weniger von Bedeutung sind. Welche Assoziationen rufen diese Wörter in Ihnen hervor?*

lieben, gern haben
Anziehung
Partnerwahl
Bindungsfähigkeit, Liebesfähigkeit
Berührung, Berührungsangst
Sinnlichkeit, Liebeskunst
Selbstwert, Eigenliebe
Eifersucht
Besitz, festhalten
annehmen, erhalten, schenken und empfangen
Essen, Genuß
Manieren
Kunst, Schmuck
Schönheit, Anmut
Eleganz, Geschmack, Geschmacklosigkeit

War die Gewichtung/waren die Assoziationen in Ihrem Leben schon immer so?
Was hat sich im Laufe Ihres Lebens verändert?

– *Beschreiben Sie Ihre Gefühle, wenn Sie sich verlieben. Spüren Sie Freude, oder Angst – und wovor? Was erwarten Sie von einer Partnerschaft? Meinen Sie, daß dies erfüllbar ist?*
– *Wie reagieren Sie, wenn Sie erfahren, daß die Liebe Ihres Partners/Ihrer Partnerin schwindet, bzw. wenn er oder sie Sie verlassen will?*
– *Wenn Sie eine Frau sind, wie empfinden Sie Ihre Weiblichkeit? Wie fühlen Sie sich als Frau im sexuellen Sinn?*
Wenn Sie ein Mann sind, von welcher Art Frauen fühlen Sie sich angezogen? Stimmen Ihre Vorstellungen und Wünsche mit der Wirklichkeit überein?
– *Was für eine Rolle/Aufgabe schreiben Sie sich selbst in der Partnerschaft zu? Haben Sie das Gefühl, daß Sie es sind, der/die »den Ton angibt«, oder daß Sie beherrscht werden? Entwickeln Sie mehr Initiative als Ihr Gegenüber in der Partnerschaft oder ist es umgekehrt?*

 MARS

Prinzip: Durchsetzungskraft

Mars ist der erste äußere Planet. Er braucht zwei Jahre um den Tierkreis zu durchlaufen.

Er ist nicht so groß und auffällig wie die Venus, er zieht unsere Augen nicht an. Wenn wir ihn jedoch beobachten, haben wir das Gefühl von etwas Intensivem, von einem mit Energie geladenen Körper. Einmal in zwei Jahren, wenn sich der Mars in Opposition zur Sonne befindet, bewegt er sich rückläufig. In dieser Zeit steht er der Erde am nächsten, und wir können ihn als einen rötlichen Stern fast die ganze Nacht am Himmel beobachten.

Die rote Färbung, die das feurige Temperament symbolisiert, und die zeitweilige gegenläufige Bewegung zur Sonne, die etwas Kämpferisches an sich hat, haben diesen Planeten mit dem griechischen Gott Ares (römisch: Mars) in Verbindung gebracht.

Mythologie und Märchen

Ares, der griechische Gott des Krieges, ist der Sohn von Zeus und Hera. Er ist kräftig, muskulös, mit starken Händen und dichtem Haar über der niedrigen Stirn. Er erfreut sich an Streit und Kampf. Er liebt den Krieg um des Krieges willen, er liebt das Risiko, das Waffengeklirr und den Blutrausch. Warum die Klingen sich kreuzen und auf welcher Seite er steht, interessiert ihn nicht; er will den Sieg erringen. Alle, die den Frieden durchbrechen und einen bewaffneten Konflikt anzetteln, finden seine Unterstützung. Seine Führung zeichnet sich nicht durch Intelligenz und vernünftige Überlegung aus, weshalb der Kampf oft in einer primitiven und blutigen Schlacht endet. Deshalb ist Ares bei den anderen olympischen Göttern nicht beliebt, auch nicht bei seinem Vater Zeus.

Athene, die Göttin der Weisheit und der intelligenten Kriegsführung, haßt ihn. Im Kampf um Troja unterstützt sie den Helden Diomedes und hilft diesem, Ares zu bekämpfen. Verletzt, schreit der Kriegsgott entsetzlich, doch größer als der körperliche Schmerz ist die Wut darüber, daß ihn ein Sterblicher besiegt hat.

Frauen fühlen sich von seiner Männlichkeit und seinem sportlichen Aussehen angezogen, nicht zuletzt die schöne Aphrodite, die sich in ihn verliebt. Zusammen haben sie fünf Kinder: zwei Söhne, Phobos und Deimos, die die abstoßenden Eigenschaften ihres Vaters geerbt haben, und drei Kinder, deren Charakter an die Mutter erinnert: Eros (römisch: Amor), Anteros und die Tochter Harmonia.

Der römische Kriegsgott **Mars** weist im Vergleich zu Ares gewisse Unterschiede auf. Er ist einer der verehrtesten Götter: Über ihm steht nur Jupiter. Nach den römischen Mythen ist Mars der Vater von Romulus und Remus, der Gründer Roms. In früheren Zeiten erbaten die Römer im Krieg seinen Schutz. Mars wird auch als Frühlingsgott verehrt. Er beschützt die Natur und sorgt für eine gute Ernte. Bis heute trägt der erste Frühlingsmonat März seinen Namen (lat. Martius, franz. Mars).

In den **Märchen** begegnen wir dem Mars-Symbol in der Gestalt von Prinzen, die um eine Prinzessin kämpfen, um sie als Frau zu gewinnen. Das Werben und die darauf folgende Hochzeit drücken die Vereinigung des männlichen und des weiblichen

Prinzips und auch die spezifische Verhaltensweise der beiden Geschlechter aus.

Andere Mars-Repräsentanten sind der Wolf, der Krieger oder der Soldat und alle kämpferischen Gestalten, in denen die zerstörerische, »böse« Seite des Symbols zum Ausdruck kommt.

Die marsischen Eigenschaften

In seinem ursprünglichen Sinn symbolisiert dieser Planet den primitiven Überlebenswillen der Natur. Seit Urzeiten war der Mensch gezwungen, um seine Existenz zu kämpfen. Der Urmensch mußte große Kraft aufwenden, um in den schwierigen Naturverhältnissen seinen Platz zu erobern, wildlebende Tiere, die er für die Ernährung brauchte, zu jagen, im **Kampf** mit der Natur das Land zu bebauen und für sein Obdach zu sorgen. Seinen Stamm, seine Familie und die Errungenschaften der Arbeit mußte er gegen Wildnis und fremde Stämme verteidigen.

Im Alltag der heutigen zivilisierten Welt sind die Kämpfe nicht so offensichtlich. Und trotzdem: Um uns zu behaupten, müssen wir immer wieder unsere Energie kämpferisch einsetzen, sei es im Beruf, in der Privatsphäre oder in der Welt allgemein. Sich **durchzusetzen** bedeutet jedesmal ein gewisses »Überleben«. Oft sind **Mut** und **Tapferkeit** gefragt, manchmal eine **rasche Entscheidung**, nicht selten ohne Rücksicht auf die anderen. (Denn wörtlich verstanden heißt »Rücksicht«, einen Blick zurückzuwerfen. Aber dies in einem unpassenden Moment zu tun, kann unter Umständen eine Niederlage bedeuten.)

Die Mars-Kraft schaut nach vorne, das Ziel liegt immer in der Zukunft, und der Wille, es zu erreichen, gibt den Antrieb.

Wir wenden die marsische Energie auf, um Neues entstehen zu lassen. Dabei läßt es sich nicht vermeiden, daß wir zuvor häufig etwas vernichten. Ein Tischler muß zuerst einen Baum fällen lassen und das Holz zersägen, erst dann kann er einen Tisch schreinern. Und welche Zerstörung geht der Nahrungsaufnahme voraus, die unserer körperlichen »Erneuerung« dient!

Auf der bewußten Ebene sprechen wir bei Mars vom **Willen** und von der Entschlossenheit, etwas zu tun: von **Tatkraft**,

Durchsetzungskraft oder Leistung. (»Er hat einen starken Willen«, »sie weiß, was sie will«, »sie kann sich durchsetzen«, »er hat Mut« usw.)

Auf der unbewußten Ebene handelt es sich um **Triebe**. Es sind vor allem der Sexual- und der Selbsterhaltungstrieb. Aber auch andere Instinkte werden von Mars beeinflußt, beispielsweise der Machttrieb, der Geltungstrieb, der Wissenstrieb, der Arbeitstrieb, der Todestrieb.

Physisch drückt sich Mars als **Bewegungsenergie** aus.

Das Mars-Symbol wird als ein Kreis mit einem Pfeil dargestellt. Der Pfeil symbolisiert die sprengende Kraft, die immer auf ein Ziel gerichtet ist. Der Kreis stellt die Ganzheit dar, in der der Impuls entsteht. Mit dem gleichen Symbol bezeichnet man in unserer Gesellschaft das männliche Geschlecht. Das rührt daher, daß Mars den männlichen Teil des Sexualtriebes symbolisiert: einen direkten Weg, um sexuelle Spannung abzureagieren, eine schnelle und aggressive Energieentladung mit nur einem Ziel, dem Orgasmus. Bei Mars gibt es keinen Liebreiz, keine Zärtlichkeiten und keine Liebesspiele.

Würden die Mars-Kräfte überwiegen, wäre unsere Welt sehr rücksichtslos und hart. Wie bei allen anderen Planetenenergien muß auch die marsische Kraft in Grenzen gehalten werden, sonst könnte sie zu viel zerstören – und Mars wäre wirklich das »Unglück«, als das ihn die alten Astrologen bezeichneten. Da bietet sich Venus als Ausgleich an. Sie ist der ruhende Pol, in der Liebe wie auch im Leben. Beide Kräfte zusammen sorgen für Gleichgewicht. Ihre Polarität ist im Tierkreis dadurch verankert, daß die Zeichen, in denen sie herrschen, einander gegenüberliegen: Widder – Waage, Stier – Skorpion.

An Mars' Position im Horoskop und an seinen Aspekten mit anderen Planeten können wir erkennen, wie sich unser Wesenskern, der durch die Sonne dargestellt wird, durchsetzen kann. Ist der Mars stark gestellt, meldet sich seine Energie auf irgendeine Art und verlangt, gebraucht zu werden. Dieser Mensch kann sich als Leiter, Initiator, Anführer oder Organisator gut behaupten, auf der physischen Ebene als Sportler oder Kämpfer. Als Mann wird er oft zum Eroberer der Frauen; als Frau ergreift sie die Initiative in der Liebe. Negativ ausgedrückt könnte die zu starke

Energie zu einem cholerischen Charakter und zu Aggressionen führen. Ein schwach gestellter Mars hingegen verlangt vom Menschen, mit dem Potential, das er ihm anbietet, umgehen zu lernen. Möglichkeiten zur Durchsetzung bietet Mars in jedem Fall.

> Dem Sieger gehört die Beute, so gilt es in der wilden Natur. In der Erzählung »Wolfsblut« schildert der amerikanische Schriftsteller Jack London den Kampf dreier Wölfe um eine Wölfin. Dieser Ausschnitt drückt ausgezeichnet den marsischen Kampf aus und schildert die klassische Einstellung beider Geschlechter zur Sexualität:
> »... nun griffen beide, der alte und der junge Führer, den ehrgeizigen Dreijährigen an, in der Absicht, ihn zu töten. Von beiden Seiten fielen die unbarmherzigen Zähne seiner früheren Kameraden ihn an. Vergessen waren die Tage, da sie miteinander getrabt, das Wild, das sie gejagt, die Hungersnot, die sie durchgemacht hatten! Das lag in der Vergangenheit; was sie jetzt beschäftigte, war ein viel ernsteres, grausameres Geschäft als die Jagd nach Nahrung.
> Währenddessen setzte sich die Wölfin, die Ursache und der Preis des Kampfes, geduldig hin und wartete. Sie schaute sehr befriedigt drein. Dies war der Tag ihres Triumphes, der nicht oft kam, der Tag, da um ihren Besitz die Haare der Gegner sich sträubten, die Zähne aufeinanderklapperten oder Wunden in weiches Fleisch rissen.
> Und bei diesem Liebesabenteuer, dem ersten, das der Dreijährige wahrscheinlich gehabt hatte, mußte er das Leben lassen. Zu beiden Seiten seines Leichnams standen die Nebenbuhler. Sie blickten die Wölfin an, die zufrieden dreinschauend im Schnee saß. Allein der alte Wolf war klug, sehr klug, sowohl in der Liebe als auch im Kampf. Als der jüngere den Kopf wandte, um eine Wunde an der Schulter zu lecken, kehrte er die Krümmung des Halses dem Nebenbuhler zu. Mit dem einen Auge erschaute der ältere die günstige Gelegenheit. Er schoß auf jenen los und packte ihn an der Gurgel. Er biß tief und scharf ...
> Zu Tode verwundet, sprang der Jüngere auf den anderen los und kämpfte, bis das Leben ihn verließ, die Glieder ihm versagten und es ihm dunkel vor den Augen wurde.
> Und die ganze Zeit über saß die Wölfin da und schaute zufrieden drein. Sie freute sich über den Kampf; dies war das Liebeswerben der Wildnis, eine Tragödie nur für die, die starben, denn für die Überlebenden war es Triumph und Sieg.«

Symbolische Entsprechungen des Mars

Allgemein: Bewegungsenergie, Selbstbehauptungswille, Selektion, Durchsetzungskraft, Wille, Impuls, Tatkraft, Aktivität, Leistung, Arbeit, Mut, Tapferkeit, Trieb, Kühnheit, Egoismus, Spontaneität, männliches Sexualverhalten, Kampf, Aggression, Streit, Wut, Angriff, Zerstörung
Soziologisch: Mann, Geliebter, Anführer, Soldat, Kämpfer, Sportler, Jäger, Eroberer, Unternehmer, Aggressor
Körperlich: Energiehaushalt und Bewegungsapparat (Muskeln), Kopf, Zähne, Sexualfunktionen
Steine und Metall: Granat, Karneol, Rubin, Eisen, Stahl

Fragen und Anregungen

- *In welchen alltäglichen Situationen kommen Sie mit Mars-Kräften in Kontakt? Welche Menschen treffen Sie, über die Sie sagen können, er/sie habe etwas Marsisches an sich oder sei sogar ein Mars-Typ?*
- *Sie haben sicher viele Wünsche und Bedürfnisse. Wie kommen Sie zu dem, was Sie wollen? Wie setzen Sie sich anderen gegenüber durch?*
- *Können Sie sich rasch entscheiden? Oder gehören Sie eher zu denen, die nicht wissen, was sie wollen?*
- *Welche Art des Kampfes/der Verteidigung wählen Sie am häufigsten?*
  - *Worte*
  - *physischer Kampf*
  - *Flucht*
  - *direkte und sofortige Auseinandersetzung*
  - *auf eine günstige Situation warten*
  - *emotionale Erpressung*
  - *andere Arten des persönlichen Kampfes*
- *Wie nehmen Sie etwas in Angriff (geschäftlich und privat)?*
  - *anfangen und erledigen*
  - *vieles auf einmal anfangen und nichts erledigen*
  - *planen, durchdenken, umsetzen*
  - *machen, dann korrigieren*
  - *zuerst die Arbeit, dann das Vergnügen*

- *zuerst das Vergnügen, dann die Arbeit*
- *warten, bis sich die Dinge von allein erledigt haben*
- *andere Strategien*
- Wenn Sie ein Mann sind, wie empfinden Sie Ihre eigene Männlichkeit Frauen gegenüber?
  Wenn Sie eine Frau sind, was für einen Mann wünschen Sie sich als Geliebten? Welche Art Männer ziehen Sie tatsächlich an?

♃ JUPITER

Prinzip: Ausdehnung, Lebenssinn

Jupiter ist der zweite der äußeren Planeten. Er ist nach der Sonne der zweitgrößte Körper unseres Sonnensystems und astronomisch gesehen der größte Planet. Seine Umlaufbahn folgt mit großem Abstand auf diejenige des Mars. Jupiter braucht zwölf Jahre für einen Lauf durch den Tierkreis, also sechsmal länger als der Mars. Wenn wir mitten in der Nacht einen klar und ruhig leuchtenden Stern beobachten, der eine majestätische Schönheit ausstrahlt, ist es bestimmt der Jupiter. Und weil die Menschheit von jeher Schönheit mit Glück verbunden hat, symbolisiert der Jupiter für die astrologische Welt »das große Glück«.

Mythologie und Märchen

Uranos ist der Ahnherr des griechischen Göttergeschlechts. Nachdem er durch seinen Sohn Kronos entmannt wurde und seine Macht verliert, übernimmt dieser die Weltherrschaft. Aus Angst, daß ihm dasselbe passieren könnte, verschlingt er seine Kinder bis auf Zeus (Jupiter), den seine Mutter Rheia auf der Insel Kreta versteckt. Als **Zeus** herangewachsen ist, kehrt er auf den Olymp zurück, um seine Geschwister, die weiterhin in Kronos' Körper leben, zu befreien. Zehn Jahre dauert der Kampf, dann siegt Zeus und teilt die Welt zwischen sich und seinen Brüdern auf. Er selbst erhält die Erde und den Himmel, Poseidon (Neptun) das Meer und Hades (Pluto) die Unterwelt.
Die erste Zeit nach seiner Machtübernahme herrscht Zeus hart und tyrannisch. Er verachtet die Menschen, die ihm schwach und

machtlos erscheinen, und will sie vernichten. Nur der Titan Prometheus kann dies verhindern. Erst als Zeus' Macht gefestigt ist, zeigt er sein »menschliches« Gesicht.

Zeus ist allmächtig und allgegenwärtig. Er herrscht über die Götter, die Menschen und das Schicksal. Er verleiht den Königen Macht, schafft Ordnung und erläßt Gesetze, deren Einhaltung er bewacht, und bestraft Ungerechtigkeit. Alle, die seine Gebote in Ehren halten, dürfen sich in seinem Reich zu Hause fühlen, seien es Einheimische oder Zugewanderte. Fremde Länder und ihre Sitten ehrt er wie die eigenen und pflegt gute Beziehungen zu ihnen. Er sieht in die Zukunft, die er manchmal mit Hilfe von Träumen oder durch Naturerscheinungen den Menschen übermittelt. Über die irdische Welt herrscht er mit Strenge und mit Güte gleichermaßen. Als Zeichen seiner Macht gelten Blitz und Donner.

Sein Hauptsitz ist der Olymp, wo er mit seiner Gattin **Hera** regiert. Während sie eine treue Ehefrau und Behüterin von Heim und Herd ist, unterliegt sein unruhiger Geist einem starken Bedürfnis, überall umherzuwandern und sich auf alle möglichen Arten auszudrücken. Seine ständigen Streitereien mit Hera, bei denen Blitz und Donner den Olymp erzittern lassen, sind nicht nur Ehekonflikte aus Eifersucht, sondern Ausdruck einer Auseinandersetzung eines freien und unabhängigen Geistes mit den Notwendigkeiten des Alltags.

Aus den zahlreichen Liebschaften mit Göttinnen und irdischen Frauen entstehen viele Kinder, wie Persephone, die Musen, Hermes, Apollon, Artemis, Herakles, Perseus, Dionysos. Seine Lieblingstochter, Athene (römisch Minerva), wird jedoch von keiner Geliebten geboren, sondern entspringt seinem Kopf. Athene als Göttin der Weisheit, der Kampfkunst und kultureller Errungenschaften sorgt mit Zeus zusammen für die intelligente und gerechte Kriegsführung.

In den **Märchen** begegnen wir den jupiterhaften Kräften dort, wo es sich um höhere ideelle Macht und Ziele handelt. Es sind allerdings allesamt männliche Gestalten: gute Zauberer, die den Helden helfen eine Aufgabe zu erfüllen, Ritter, die für ein Ideal kämpfen, außerdem Priester, Edelleute, Richter und weise Männer. Eine typisch jupiterhafte Gestalt ist auch Sankt Nikolaus.

Die jupiterhaften Eigenschaften

Bisher haben wir uns mit Lebensenergien beschäftigt, die für unser tägliches Überleben notwendig sind: die vitale Kraft, Nahrungsaufnahme, Denken und Kommunizieren, materielle Grundlage und Harmoniebedürfnis, sexuelles Verhalten und Energieverbrauch. Dennoch sucht der Mensch seit Anbeginn seiner Existenz nach deren Sinn. Kann er glücklich sein, wenn er sinnlos in den Tag hinein lebt? Was für einen **Sinn** hat unser Leben? Was ist überhaupt **Glück**?

Jeder von uns lebt in einer bestimmten Umgebung, in einer bestimmten Situation. Wir verfügen über ein Entwicklungspotential unserer Fähigkeiten, Gaben und Talente, das wir aber unter Umständen vernachlässigen und verkümmern lassen. Jupiter sorgt für die richtige Entwicklung, damit wir alles, was in uns steckt, so gut wie möglich nutzen können. Die jupiterhafte Energie sorgt dafür, daß jedes Individuum sich **optimal entfaltet** und seine Möglichkeiten der Ganzwerdung voll ausschöpft. Wenn das gelingt, tritt ein beglückendes Gefühl der Zufriedenheit ein.

Dies zu erleben ist kein menschliches Privileg. Jupiter sorgt für eine optimale Haushaltung und Entwicklung bei allen Lebewesen, auch bei Pflanzen und Tieren. Die Pflanze streckt ihre Blätter und Blüten dem Licht entgegen und möchte sich so entfalten, wie es ihre Art ist. Im Körper des Säugetieres sollen alle Funktionen so ablaufen, daß der Körper das Optimum der Entwicklung erreicht. Diese Regelung übernimmt die Leber, die aus der Sicht der chinesischen Medizin das wichtigste Körperorgan ist und dem Jupiter untersteht.

Jedes Wesen hat das Bedürfnis, glücklich zu werden, aber nur der Mensch kann bewußt fragen: »Bin ich glücklich?« und kann versuchen, etwas dafür zu tun. Das, was wir jedoch für unser Glück unternehmen, führt uns nicht selten in eine ganz andere Richtung. Meistens laufen wir dem Reichtum, einer Karriere, Besitz, Ruhm oder Geld nach oder dem unerfüllbaren Wunsch nach absoluter Sicherheit. Und doch, in den reichen Ländern, wo die meisten Menschen genügend zum Leben haben, Haus, Auto und Sicherheiten aller Art besitzen, sind viele Menschen unglücklich und die Selbstmordrate ist hoch.

> Ein Volksmärchen erzählt von einem König, der schwer erkrankt war. Niemand konnte ihm helfen, bis ihm ein Arzt Heilung versprach, wenn er das Hemd eines wirklich glücklichen Menschen anzöge. Seine Höflinge machten sich auf die Suche nach einem Glücklichen. Zuerst gingen sie zu den Reichen, denn sie glaubten ihn hier sogleich zu finden. Bei diesen hörten sie jedoch Klage über Klage. Dann suchten sie auch bei den ärmeren. Aber auch da war es nicht besser. Nach langer Suche fuhren sie müde und hoffnungslos durch den Wald zum König zurück, plötzlich hörten sie ein fröhliches Singen. Es war ein Köhler. Arm wie eine Kirchenmaus, seine Hütte fast verfallen, sang er den ganzen Tag bei der Arbeit unter Gottes Himmel und fühlte sich glücklich. Da baten ihn die Höflinge um sein Hemd. Aber er besaß keines.

Glück hat mit Anspruch zu tun. Nicht das macht den Menschen glücklich, was er besitzt, sondern das, was seine Ansprüche befriedigt. Diese bestimmen wir selbst. Und gerade diese Erkenntnis bedarf bei uns überzivilisierten Menschen viel Bewußtheit.

Absolutes Glück existiert nicht. Es herrscht stets eine Ausgewogenheit zwischen Glück und Unglück. Das heißt, daß das Glücksgefühl immer vom Unglücksgefühl begleitet wird. Und weil wir uns vor dem Unglück fürchten, versuchen wir, uns abzusichern und Dinge anzusammeln, bis wir darüber erst richtig unglücklich werden. Es ist die Konfrontation der jupiterhaften mit der saturnischen Kraft, die uns auf vieles, was dieses Thema betrifft, aufmerksam macht und die in uns eine philosophische Einsicht weckt, Maß zu halten.

Mit dem Glück ist auch die **Sinnfrage** verbunden. Als einziges Wesen besitzt der Mensch den Glauben an etwas Höheres. Es ist das Erbe Zeus', daß wir nach einer solchen Kraft suchen. **Glaube, Hoffnung und Liebe** sind eine Notwendigkeit um zu überleben, derer wir uns oft nicht bewußt sind. Der Glaube vermittelt dem Menschen ein Gefühl für Transzendenz und das Heilige. Er ist ein Licht, das in der Dunkelheit leuchtet. Aus diesem Grund werden die Heiligen mit einem hellen Schein über dem Kopf dargestellt.

Ein guter Freund von mir verbrachte zwei Jahre im Gefängnis wegen aktiver Teilnahme am antikommunistischen Aufstand. In dieser unvorstellbar schweren Zeit mit Folterungen und Hinrichtungen war er innerlich überzeugt, daß seine Lebensaufgabe noch nicht erfüllt war, daß er überleben und freikommen würde. Er hatte die Vision einer freien Landschaft mit Bergen und Meer, und er sah sich selbst darin. Sein Glaube war so tief und seine inneren Bilder von Freiheit so klar, daß man sagen kann, er »wußte« es. Dieser Glaube half ihm durchzuhalten. Wie durch ein Wunder kam er davon und seine Vision wurde Wirklichkeit.

Glaube und Hoffnung weisen in die Zukunft. Mit ihnen ist die **Vision** verbunden, das, was durch den Glauben einmal Wirklichkeit werden soll.

Die jupiterhafte Kraft ist diejenige der **Ausdehnung**. Unser Glaube, verbunden mit der tiefsten Überzeugung, »dehnt« unseren Geist in Richtung **Zukunft** aus. Dort, wo es keine Zukunft gibt, ist auch das Leben beeinträchtigt.

Die Ausdehnung gilt jedoch nicht nur der Zeit, sondern auch dem Raum. Es ist Jupiter, der in uns Interesse für weit entfernte, fremde Länder weckt. **Reisen** ist Ausdruck des jupiterhaften Wunsches, lebendig und unmittelbar an vielen Kulturen teilzuhaben. Andere Länder kennenzulernen bringt neue Erfahrungen und Einsichten, denn durch Kenntnis anderer Sitten und Lebensarten lernt der Mensch, **gerechter** und **toleranter** zu werden.

Dennoch hat auch die Jupiter-Kraft ihre Kehrseiten, vor allem die Gefahr, das rechte Maß zu überschreiten. So kann Jovialität zu Verschwendung, Bequemlichkeit und Faulheit führen. Ein sehr starker Jupiter im Horoskop kann uns das »göttliche« Gefühl der Unfehlbarkeit geben oder die Überzeugung, »ich kann mir alles erlauben«. Je nachdem, wie Jupiter im Horoskop steht, kann er auch ein übles Vorhaben »glücklich« unterstützen. Seine Tendenz zur Ausdehnung kann der Entwicklung von Krankheiten behilflich sein.

Ein Beispiel der Entgleisung vom richtigen Maß ist der Massentourismus. Es wird eher die negative Ausprägung der Jupiter-Energie, nämlich die eigene Überheblichkeit, in fremde Länder exportiert, statt daß die Menschen bereit sind, sich im rechten jupiterhaften Sinn für deren Kultur zu öffnen. Letzteres zu tun braucht Bewußtheit des Individuums und die Fähigkeit, sich und andere mit »dem richtigen Augenmaß« zu betrachten.

Sich Glaube und Hoffnung zu ergeben ohne saturnischen Ausgleich, verführt zu Passivität, Illusion und Sucht. Abhängig von der Stellung Jupiters im Horoskop kann ein Mensch dazu tendieren, seinen Glauben oder seine eigene Philosophie anderen aufzuzwingen oder sie gar fanatisch zu propagieren.

Doch ist die Jupiterkraft insgesamt stark und hell und gibt unserem Leben einen Sinn. Sie ermöglicht uns, die Zusammenhänge in dieser Welt zu erspüren und damit auch das Glück.

Symbolische Entsprechungen Jupiters

Allgemein: Fülle, Reichtum, Optimum, Glück, Reife, Einsicht, Begeisterung, Optimismus, Großzügigkeit, Gunst, Würde, Maß, Lebenssinn, Religion, Vision, Sittlichkeit, Gerechtigkeit, Weisheit, Moral, Ethik, soziales Verhalten, Überheblichkeit, Maßlosigkeit, Übertreibung, Verschwendung

Soziologisch: Weiser, Priester, Prophet, reiche Personen, hohe Angestellte der Justiz, Kirche, Geldinstitute, »Glücksritter«, Philosoph, Großunternehmer

Körperlich: Leber, Galle, Verdauungsorgane, Blut, Fettgewebe

Stein und Metall: Lapislazuli, Zinn

Fragen und Anregungen

- *Was heißt für Sie Glück?*
- *Können Sie den Zustand beschreiben, der für Sie Glück bedeutet? Was verursacht ihn? Wie unterscheidet er sich von der Zufriedenheit?*
- *Haben Sie sich schon einmal mit der Frage nach dem Lebenssinn auseinandergesetzt?*
  Welchen Stellenwert messen Sie Hoffnung und Glauben bei?
- *Welche Wünsche und Hoffnungen haben sich in Ihrem Leben erfüllt? Auf welche Art? Genau so, wie Sie es gewünscht haben?*
- *Lieben Sie das Risiko? Neigen Sie zu unrealistischen Hoffnungen, Übertreibungen und Illusionen? Warum? Können Sie dies beschreiben?*

– *Wann haben Sie eine Chance genuzt, wann haben Sie eine verpaßt? Was hat Sie gehindert oder ermutigt, die gute Gelegenheit zu ergreifen?*
Haben Sie das Gefühl, daß Sie ein Glückspilz oder eher ein Pechvogel sind? Warum?
– *Vielleicht haben Sie etwas Schweres durchgemacht. Was hat Ihnen geholfen dies zu bewältigen?*
– *Was möchten Sie lernen, was möchten Sie erreichen, wohin möchten Sie reisen, um Ihren geistigen Horizont zu erweitern? Was haben Sie momentan für Wünsche und Erwartungen?*

♄ SATURN

Prinzip: Beschränkung

Obwohl Saturn der drittgrößte Körper unseres Sonnensystems ist, sehen wir ihn von der Erde aus nur als kleinen Stern.

In den Jahrtausenden, als die Menschen noch keine Fernrohre hatten, galt Saturn als der entfernteste und letzte Planet. Gelblich und blaß erscheint dieses Gestirn, das wir noch mit bloßem Auge sehen können. Seine Position und sein Aussehen trugen dazu bei, daß er früher symbolisch als Begrenzung, als Ende der Lebensfreude, als Angst, Enge und Unglück empfunden wurde.

Saturn durchläuft den Tierkreis in rund 29 Jahren. Diesen Umlauf nennen wir das »große Saturnjahr«. Im Laufe unseres Daseins geschieht dies zwei bis drei Mal. Das erste Saturnjahr ist etwa um den 29sten Geburtstag abgeschlossen; in der Zeit haben wir den Saturn auf allen Ebenen, d.h. in allen Tierkreiszeichen und Häusern unseres Horoskops erlebt. Die erste Entwicklungsstufe liegt hinter uns. Was wir bis dahin getan haben, wird sich in den nächsten 29 Lebensjahren weiterentwickeln.

Mythologie und Märchen

Kronos, römisch Saturn, ist einer der ältesten olympischen Götter, Sohn des Himmelsgottes Uranos und der Erdgöttin Gaia. Auf Wunsch seiner Mutter, die sich an Uranos rächen will, beraubt Kronos seinen Vater der Männlichkeit und damit auch der Macht.

Somit wird er selbst der mächtigste Gott auf dem Olymp. Er heiratet seine Schwester Rheia und hat sechs Kinder mit ihr: die Töchter Hestia, Demeter und Hera und die Söhne Hades, Poseidon und Zeus.

Doch seine Missetat läßt Kronos keine Ruhe, denn er fürchtet, daß seine Kinder ihn einmal in ähnlicher Weise des Thrones berauben. Aus dieser Angst heraus verschlingt er jedes Kind gleich nach der Geburt. Obwohl Rheia weiß, daß ihre Kinder als göttliche Wesen unsterblich sind und im Bauch von Kronos weiterleben, versucht sie, sie zu retten. Es gelingt ihr erst beim letzten, Zeus, den sie auf der Insel Kreta gebiert. Kronos gibt sie einen länglichen Stein in Windeln eingepackt, den er, ohne den Betrug zu bemerken, verschluckt.

Als Zeus erwachsen ist, erfüllen sich Kronos' Befürchtungen. Zeus zwingt ihn, alle Geschwister auszuspucken, und es beginnt ein zehn Jahre dauernder Kampf. Dann wird Kronos von Zeus besiegt und in den Tartaros, die Unterwelt, verbannt.

Der Gott **Saturn**, den die Römer ehrten, entspricht dem griechischen Kronos, doch er ist mit ihm nicht ganz identisch. Saturn erfreut sich größerer Ehre und Beliebtheit und gilt als Gründer einer neuen Weltordnung. Völker, die zu seiner Zeit meistens als Nomaden leben, lehrt er seßhaft zu werden, die Erde zu kultivieren und Dörfer zu bauen. Und er lehrt sie nach Gesetzen zu leben, die er für sie schafft. Zu Ehren Saturns feierten die Römer in den alten Zeiten jedes Jahr in der zweiten Dezemberhälfte ein großes Fest, die sogenannten »Saturnalien«, die eine ganze Woche dauerten und an deren Ende die Sklaven für einen Tag symbolisch die Freiheit erhielten.

Im Zusammenhang mit Gesetzen wurde Saturn bei den Römern auch als Gott der Zeit geehrt. Denn kein Gesetz ist so unausweichlich wie es die Gesetzmäßigkeiten der Zeit sind.

In den **Märchen** begegnen wir dem Saturnischen in den Gestalten und Situationen, die Hindernisse und Komplikationen mit sich bringen. Es gibt lange und mühsame Wege, unbewohnbare Landschaften oder böse Zauberer, die es zu überwältigen gilt. Im Zusammenhang mit den Pflichten oder Schwierigkeiten tritt die Zahl »sieben« oft auf: z.B. sieben Zwerge, sieben große Berge besteigen oder sieben Tage wandern müssen. Diese Zahl hat mit dem Saturnumlauf zu tun, in ungefähr sieben Jahren wandert dieser Planet durch ein Viertel des Tierkreises.

Wir treffen Saturn auch bei verschiedenen Szenen der Verhärtung wie z.B. die Verwandlung in einen Stein, Gefangenschaft in einer Höhle, Vereinsamung auf einem Felsen oder auf einem hohen Berg. Rücksichtslose Streber, die sich mit unlauteren Mitteln durchsetzen, Geizhälse, die ihr Geld unter der Matratze verstecken und blind bleiben für die Armut, verkörpern die saturnischen dunklen Seiten. Es gibt jedoch auch hilfreiche Saturn-Gestalten wie fleißige Bergzwerge und Gnome.

Das Saturnische in den Märchen stellt oft das notwendige Übel dar, das sich am Schluß als stärkendes Element für die Persönlichkeit herausstellt oder das nach den Mühen Belohnung bringt.

Die saturnischen Eigenschaften

Durch seine Charaktereigenschaften gehört der Saturn zum Element Erde. Ein anderer erdiger Planet ist die Venus. Wir wissen, daß zu ihren Attributen die Dauerhaftigkeit und das Genießen der materiellen Errungenschaften gehören, Dinge zu erhalten, aufzubewahren und sich ihrer möglichst bis ans Lebensende zu erfreuen.

Auch zum saturnischen Bereich gehören die Eigenschaften, die mit dem Stofflichen verbunden sind. Doch aus dem Blickwinkel des Saturns stellt sich die Materie anders dar. Als am weitesten entfernter Planet, der mit bloßem Auge sichtbar ist, symbolisiert er die **Grenzen unserer materiellen Welt** und damit auch unserer Möglichkeiten.

Goethe sagt: »Das Gesetz erst kann uns Freiheit geben.« Wir sind den **Gesetzen** von Zeit und Raum unterworfen. Unsere Lebenszeit ist bemessen, Dinge, die wir benutzen, sind endlich. Unsere Freiheit besteht in der Wahl, mit diesen Gesetzen im Einklang zu leben oder uns ihnen zu widersetzen. Der mythologische Kronos stellte sich dagegen. Er verschlang seine Kinder, deren Existenz Entwicklung und Änderung bedeutete. Damit beschleunigte er seinen eigenen Untergang.

Saturn begrenzt das Leben, das die Sonne spendet. Während sie den lebendigen Kern in uns darstellt, »den Motor«, der tagtäglich die vitale Kraft produziert, mahnt Saturn zur **Vorsicht** und macht uns darauf aufmerksam, daß alles einmal endet. Hätte die Sonnenkraft keinen Widerstand, würden alle Lebewesen verschwenderisch mit der Lebenskraft umgehen. Unter Umständen ist es jedoch notwendig, »auf Sparflamme zu fahren«, um zu überleben. Doch wie jedes Ermahnen und **Bremsen** wirkt die Saturn-Kraft unangenehm und »böse«. Deswegen bezeichneten die alten Astrologen den Saturn als »Unglücksplaneten«. Schauen wir, was diese Bezeichnung in sich birgt.

– William M. Thackeray, englischer Schriftsteller des 19. Jahrhunderts, beschreibt in seinem satirischen Märchen »Die Rose und der Ring« die Geschichte der königlichen Familien zweier märchenhafter Nachbarländer. Eine Zauberin beschenkt die eine Königsfamilie mit einer Rose und die andere mit einem Ring. Beide Gegenstände machen die Besitzer zu den schönsten und beliebtesten Menschen. Doch die gute Fee hat den Beschenkten keinen guten Dienst geleistet, denn diese werden unerträglich eingebildet, faul und arrogant. So entscheidet sich die Fee, die Zauberei aufzugeben. Als Prinz Giglio und im Nachbarland Prinzessin Rosalba geboren werden, wünscht sie den beiden »ein wenig Unglück« in die Wiege. Giglio und Rosalba begegnen vielen Schwierigkeiten im Leben, dafür entwickeln sich aus ihnen charakterstarke Persönlichkeiten.

– Ein Kind, das die Welt kennenlernt und noch sehr wenig von ihren Gefahren weiß, klettert im fünften Stockwerk auf den Fenstersims. Um ein Unglück abzuwenden, greift die Mutter ein; vielleicht schreit sie auf, sagt ein paar strenge Worte; das Kind erschrickt und beginnt zu weinen. Es sieht, daß die Mutter »böse« ist. Doch diese will nichts Böses tun, sie will nur ein Unglück verhindern.

– Unter erschwerten Umständen, z.B. im Winter, schränkt die Natur ihr Leben ein. Manche Tiere halten einen Winterschlaf, die Bäume verlieren die Blätter, die Natur spart ihre Kräfte und wartet auf die Rückkehr der Wärme. Auch der menschliche Körper reagiert auf die Kälte durch Zusammenziehen der Hautzellen (Gänsehaut), um Wärme zu sparen.

In allen drei Beispielen wirkt für eine bestimmte Zeitspanne eine Kraft negativ, hindernd und »böse«. Sie verursacht das Bremsen einer Tätigkeit, wirkt als Widerstand und Eingreifen, was unangenehm oder schmerzhaft ist. Diese Kraft ist nötig, um darauf aufmerksam zu machen, daß etwas nicht in Ordnung ist.

Doch es gilt dabei wieder die Regel vom rechten Maß. Wenn diese verneinende Kraft ununterbrochen wirkt und überwiegt, dann wird sie wirklich zu einer Behinderung, die das Leben gefährdet. Sie bringt **Starre, Unbeweglichkeit, Leblosigkeit, Kälte** und Tod. So ist es im oben erzählten Märchen wichtig, daß die Fee »ein wenig« Unglück wünscht, denn daran können die Persönlichkeiten reifen, statt zugrunde zu gehen. Auch die Mutter kann nicht immer eingreifen. Wenn sie ihr Kind überall und immer beschützt und ihm aus Angst nichts erlaubt, dann beraubt sie es der eigenen Erfahrung und verhindert die Ausbildung seiner Charakterstruktur. Ähnlich ist eine schwere, lang andauernde Krankheit nicht mehr Hinweis auf eine falsche Lebensführung, sondern sie kann den Leib zerstören.

In der saturnischen Begrenzung und Warnung ist eine **Lehre** enthalten: Lerne mit deinen Kräften vernünftig umzugehen! Wir lernen durch **Erfahrungen**, und am meisten durch schmerzliche Erfahrungen. So bietet uns Saturn Lektionen an, mit **Geduld**, **Ausdauer** und mühsamer **Arbeit** Schwierigkeiten zu überwinden und **Pflichten** zu erfüllen. Er fordert uns, so lange wir leben.

In jungen Jahren sind es die Eltern, Pädagogen oder Lehrer, die Saturns Vollstrecker sind. Der richtige Umgang mit Pflicht und Verantwortung wird im späteren Leben bei jedem Menschen Früchte tragen. Wird hingegen das Kind oder der Heranwachsende ständig mit »du mußt« und »du sollst« gemaßregelt, und stellen seine Leistungen nie zufrieden, kann sich in seine Seele das Gefühl des »Nie-gut-genug-Seins« einpflanzen. Später, im Erwachsenenalter, wird diese Person möglicherweise von Schuldgefühlen aller Art geplagt oder sie entwickelt einen übertriebenen Drang zum Perfektionismus, weil sie etwas erreichen will, was ihr als Kind nie gelungen ist.

Die saturnische Kraft selbst spornt uns zu **Perfektion** und **Disziplin** an. Sie möchte uns dazu führen, daß wir uns durch Ehrgeiz und Übernahme von Pflichten emporarbeiten, beruflich erfolgreich werden und einen höheren gesellschaftlichen Status erreichen. Wichtige Positionen, Karriere, Titel, hohe Stellungen und Funktionen, mit Verpflichtungen verbunden, das alles sind saturnische Ziele.

Als materielle Kraft ist Saturn eine »Baueinheit« sowohl unseres Charakters als auch unseres Körpers. Daher entspricht ihm das **Rückgrat** und das ganze Skelett, das das tragende Gerüst des Körpers ist. Der Charakter braucht Stabilität. Wenn diese fehlt, sprechen wir von einem Menschen »ohne Rückgrat«. Das Skelett für sich allein ist jedoch leblos, es wird zum Gerippe, das den Tod symbolisiert.

Außer dem Skelett gehört auch die **Haut** zum Saturn. Abgesehen von ihren anderen Funktionen begrenzt sie unseren Körper und trennt uns physisch von der Umwelt ab.

Saturn gibt uns **Struktur**. Dieses Wort leitet sich vom lateinischen »structura« ab, was Zusammenfügung, Schichtung, Gefüge, Bauwerk heißt, aber auch eine Unterteilung von Gedankengebilden bedeutet. Jedes Teilchen der materiellen Welt hat einen bestimmten, spezifischen Aufbau. Es handelt sich um eine materielle Struktur, beim Denken hingegen um eine Denkstruktur, die **Logik**. Diesem Begriff folgen weitere, wie Übersicht, Klarheit, Plan. Optisch erfaßbar ist die Struktur der Kristalle, so daß wir auch in unserer Sprache oft Ausdrücke wie »herauskristallisieren« oder »kristallklar« gebrauchen. Damit ist gemeint, daß aus Unklarheit und Chaos, die der Zerstörung einer alten Ordnung folgen, eine klare und feste Struktur entsteht.

Die stofflichen Eigenschaften wie **Beharrungsvermögen**, Schwere und **Stabilität** sind Symbole für **Dauer** und damit auch für **Vergangenheit, Tradition, Ansehen, Autorität, Alter**. Alle haben eine beschützende, aber auch begrenzende Funktion, denn das, was uns schützt, raubt zugleich unsere Freiheit. So können wir uns hinter unseren Gütern »verschanzen« und bleiben von anderen getrennt. Die Not verbindet die Menschen – sie sind auf gegenseitige Hilfe angewiesen. Wer im Überfluß lebt, braucht von niemandem etwas. Er ist völlig »selbständig«, was auch »er steht allein« bedeuten kann. Saturn ist also eine Kraft, die uns unter Umständen von anderen trennen und Schwermut und das Gefühl der Verlassenheit bringen kann.

Die Saturn-Stellung in unserem Horoskop zeigt uns, wie wir mit den Qualitäten dieser Planetenkraft zurechtkommen – vor allem, wo und in welcher Weise wir unsere Grenzen spüren, wo wir die Härte des Lebens empfinden, wo wir Verantwortung und Pflichten auf uns nehmen und Reife und Disziplin entwickeln sollten. Es ist unsere Aufgabe, in den ersten 29 Jahren des Lebens Saturns Lektionen zu begreifen, zu verarbeiten und in unseren Charakter zu integrieren. Wie wir das tun, ist wiederum von jedem selbst abhängig. Was uns in dieser Zeit nicht gelungen ist, erwartet uns – in mancher Hinsicht in Form einer um eine Stufe schwierigeren Aufgabe – während Saturns nächstem Umlauf.

Symbolische Entsprechungen Saturns

Allgemein: Stabilität, Reife, Selbständigkeit, Beherrschung, Vertiefung, Struktur, Schutz, Kristallisation, Konzentration, Lehre, Erfahrung, Verantwortung, Zeit, Gesetz, Strenge, Autorität, gesellschaftlicher Status, Pflichtbewußtsein, Ausdauer, Konsequenz, Begrenzung, Hemmung, Blockierung, Angst, Kälte, Trennung, Schuld, Verhärtung, Belastung

Soziologisch: Erzieher, strenger Lehrer, alter Mensch, Beamter, Streber

Körperlich: Knochen, Gelenke, Skelett, Haut, das Alter, chronische Krankheiten

Steine und Metall: Stein im allgemeinen, Onyx, Turmalin, Blei

Fragen und Anregungen

– *Sie haben über Saturn gelesen. Was haben Sie dabei gespürt? Welche Bilder sind in Ihnen entstanden?*
– *Unter welchen Umständen spüren Sie Verunsicherung und Angst? Wovor? Was können Sie gegen diese Angst unternehmen?*
– *Welche Bedeutung messen Sie der Sicherheit bei? Was brauchen Sie, um sich sicher zu fühlen?*
– *Erinnern Sie sich an Lebensabschnitte, in denen Sie eine große Verantwortung übernommen haben? Ist dies oft geschehen? Haben Sie diese freiwillig übernommen oder hat es »sein müssen«?*
Haben Sie sich dabei wichtig gefühlt, Genugtuung gespürt, Angst gehabt, haben Sie versucht, die Verantwortung an jemand zu delegieren oder haben Sie sie gerne getragen?
– *In welchen Lebensbereichen möchten Sie gut oder sogar perfekt werden? Warum?*

– *Wie verhalten Sie sich heute gegenüber strikten Ge- oder Verboten?*
– *Es kommt vor, daß wir Zeitabschnitte erleben, in denen nichts läuft und nichts gelingt, als ob uns etwas bremsen und am Handeln hindern würde. Oft stellen wir nachträglich fest, daß sich aufgrund dieser Hindernisse in Wirklichkeit etwas günstig für uns entwickelt hat. Kennen Sie solche Situationen?*
– *Aus welchen Erfahrungen haben Sie am meisten gelernt? Welcher Art waren diese?*

Die neuen Planeten

Viele Jahrhunderte bestand die astrologische Welt aus sieben Planeten. Die Zahl sieben entspricht einem Viertel des Umlaufes des äußersten Planeten Saturn; außerdem hat diese Zahl – nach den alten Weisheitslehren – mit der Weltschöpfung zu tun.

Der Entwicklung des menschlichen Denkens folgte diejenige auf technischem Gebiet, was dem Menschen ermöglichte, neue Planeten zu entdecken. Doch die Technik wirkt auf uns zurück. Unser geistiger Horizont ist heute weiter und wir leben bewußter.

Jeder der neuen Planeten wurde zu einer Zeit entdeckt, da sich eine neue Bewußtseinsstufe ankündigte. Dementsprechend prägte der Charakter dieser Zeit dessen Grundprinzip. Diese Tatsache können wir als eine Erscheinung der Synchronizität begreifen.

 ## URANUS

Prinzip: Befreiung

Der erste neue Planet ist Uranus. Er wurde im Jahre 1781 in England von Sir William Herschel entdeckt. Sein Symbol, das dem marsischen ähnlich ist, versinnbildlicht das Zielen auf eine höhere Ebene. Ein anderes Symbol, das vor allem in englischsprachigen Ländern gebraucht wird, trägt den Anfangsbuchstaben des Entdeckers in sich: H. Dieses Symbol erinnert an die Form des ersten Blitzableiters oder auch einer Fernsehantenne.

Uranus weist eine Eigenart in seiner Bewegung auf, seine Rotationsachse liegt beinahe auf der Linie seiner Umlaufbahn. Wegen seiner großen Entfernung von der Sonne braucht er etwa 84 Jahre für einen Lauf durch den Tierkreis. Bei der heutigen Lebenserwartung in Europa entspricht das ungefähr einem Menschenleben.

Kurz nach der Entdeckung dieses neuen Planeten brach in Frankreich die Revolution aus. Die Begriffe ihrer Parole »Liberté, Egalité, Fraternité« charakterisieren Uranus treffend. Die Französische Revolution wollte die Menschen von einem überlebten System befreien. Tatsächlich entstand eine neue Staatsform in Europa, die Republik.

Zur gleichen Zeit, besonders zu Beginn des 19. Jahrhunderts, schlug auch die technische Entwicklung einen neuen Kurs ein. Wir sprechen von der »technischen Revolution«. Bereits im Jahre 1783, zwei Jahre nach der Entdeckung des Uranus, ließen die Brüder Montgolfier ihren Heißluftballon mit Lebewesen in die Luft steigen.

Neuere Erfindungen unterstützten neue Produktionsmethoden, die in Massen zu fabrizieren erlaubten und wiederum zu weiteren Erfindungen führten. Dampfmaschine, Eisenbahn oder Glühbirne sind Meilensteine auf dem Weg der technischen Entwicklung. Die wachsende Großindustrie veränderte die Lebensstruktur unserer Gesellschaft grundlegend. Ein neues Zeitalter begann.

Der Urgedanke der Erfindungen war die Verbesserung, die Erleichterung der Arbeit, die Befreiung der Menschen von schwerer körperlicher Arbeit. Die Tatsache, daß sie sich damit eine andere Versklavung erschuf, ist eine unausweichliche Folge der einseitig nur auf technischen Fortschritt zielenden Gesellschaft. Eine uranische Aufgabe für unsere Zukunft bestünde darin, diese materielle Auffassung zu überwinden und die Menschheit zu neuen, geistigen Zielen zu führen.

Mythologie und Märchen

Am Anfang war das Chaos. Aus ihm wird die Erdmutter **Gaia** geboren, die wiederum den ersten Gott, **Uranos**, gebärt. Uranos (lat. *Coelus* = Himmel) wird dann zu ihrem Liebhaber und Ehemann und damit zum Herrscher über die ganze Erde. Der Himmel, das männliche Symbol, vereinigt sich mit der Erde, dem weiblichen Symbol. Gaia gebärt dann viele Kinder: die Titanen, Zyklopen und Hekatoncheiren. Doch Uranos liebt seine Kinder nicht, besonders die letztgenannten haßt er wegen ihrer Unansehnlichkeit und ihrem Hochmut so sehr, daß er sie in der Unterwelt einsperrt. Mutter Gaia weint um ihre Kinder. Um sie zu befreien, beschließt sie, Uranos seiner Macht zu berauben. Sie versucht, ihre Söhne, die Titanen, zu überreden, ihr dabei zu helfen. Doch nur der jüngste, Kronos, ist willig. Er überfällt seinen Vater. Mit einer Stahlsichel beraubt er ihn seiner Männlichkeit und damit auch seiner Macht. Sein vergossenes Blut befruchtet Gaia und sie gebärt riesige Giganten und Göttinnen der Rache, die Erinnyen (lat. Furien). Uranos' Geschlechtsteil fällt ins Meer, und der befruchtete Meeresschaum gebärt sein letztes Kind, die Göttin der Schönheit, Aphrodite.

Um den Charakter der Uranus-Kraft vollständig zu erfassen, hilft uns eine andere mythologische Gestalt – der Titan **Prometheus**. Nach den überlieferten Mythen steht er immer auf der Seite der Unterdrückten. Zusammen mit Zeus erhebt er sich gegen Kronos und dessen veraltete Ordnung. Als er jedoch sieht, daß Zeus nach seinem Sieg zum Tyrannen wird, stellt er sich auch gegen ihn. Seine Weltanschauung gilt heute als sehr revolutionär, da er der Meinung war, daß die beste Hilfe für die Menschen darin besteht, sie selbst stark werden zu lassen. Er stiehlt deshalb das heilige Feuer des Wissens vom Olymp und bringt es auf die Erde. Dafür wird er bestraft. Doch er besitzt die Gabe der Intuition und weiß, daß seine Tat gerecht ist und daß er befreit werden wird. Sein Sohn Deukalion mit der Gemahlin Pyrrha, ähnlich wie der biblische Noah, werden Begründer einer neuen Menschengeneration.

In **Märchen** und Erzählungen begegnen wir dem Uranischen als einem rettenden göttlichen Funken in ausweglos erscheinenden Momenten und Situationen, wenn alles verloren zu sein scheint. Im antiken Theater war diese Art des Ausweges beliebt. Als

»Deus ex machina« erscheint eine Göttergestalt und löst den vorher unlösbaren Konflikt.
Einige symbolische Darstellungen deuten das blitzartige Erreichen von Wissen im Vergleich zu langsamen Gedankenschritten des »irdischen« Menschen an, z.B. die Siebenmeilenstiefel.

Die uranischen Eigenschaften

Leben heißt Entwicklung, Evolution. Diese bedeutet ununterbrochenes Wachstum oder Anhäufung und Veränderung. Eine Substanz, die wächst, muß sich auch verändern. Sie **mutiert**. Es geschieht eine Umwandlung von Quantität in Qualität, wie es in der Sprache der Philosophie heißt.

Auch die Menschheit entwickelt sich. Die gesellschaftliche Form, die vor hundert oder tausend Jahren angemessen war, wäre beim heutigen Entwicklungsstand undenkbar. Der Weg gestaltet sich jedoch nicht immer ebenmäßig und friedlich. Zu viele angesammelte, überlebte Daseinsformen können die Existenz der Gesellschaft oder des Menschen gefährden. Es kommt zur Krise. Die Situation ist reif für eine aggressive Lösung, die **Revolution**. Ein gewaltsamer Akt der Befreiung von Altem und Überlebtem geschieht. Danach geht die Entwicklung auf einer neuen Ebene weiter.

Es ist nicht schwer, sich vorzustellen, daß gerade Uranus als erster Ausbrecher aus der »alten« Denkweise diese revolutionäre, befreiende Kraft symbolisiert. Die frühere Welt der kosmischen Kräfte reichte nur bis zum materiellen Saturn. Uranus sprengt diese »stoffliche« Grenze, denn nur auf geistigem Gebiet ist es möglich, Freiheit zu erreichen. Er führt uns in eine **neue Dimension**.

Die materiell-saturnische und die geistig-uranische Welt stehen sich gegenüber. Da Saturn unsere Bedürfnisse stofflicher Art repräsentiert, Uranus dagegen nur **Geistiges** anerkennen will, stoßen wir bei einer Begegnung mit der uranischen Welt auf Schwierigkeiten, die die Funktion der geistigen Uranus-Kraft in unserer Welt definieren. Je mehr wir materielle Güter begehren, desto heftiger wird unser Konflikt mit den Uranus-Kräften.

Uranus strebt nach **Freiheit**. Einerseits ist es das Haus im Horoskop, in dem er sich befindet, andererseits sind es seine Aspekte zu anderen Planeten, die uns zeigen, in welchen Bereichen wir nach freier Handlung und Entwicklung verlangen. Weil diese zu erlangen nicht immer möglich ist, kann es passieren, daß unberechenbare **Impulse** und **Krämpfe** das Bemühen darum begleiten.

Dank der technischen Entwicklung ist es in unserer Epoche zum ersten Mal in der Geschichte der Menschheit möglich, allein, als Individuum, zu funktionieren und damit unabhängig von anderen Menschen zu leben. Das bringt eine gewisse Freiheit. Doch der Schein trügt. Der technische Produktionsprozeß verwischt die Spuren des menschlichen Einsatzes und wir merken nicht mehr, wie viele Leute bei der Erzeugung eines jedem Gegenstandes, den wir brauchen, und jedes Stück Essens, das uns ernährt, beteiligt sind. Der »freie« Mensch glaubt frei zu sein, ist jedoch von der Technik und von der Arbeit anderer abhängig.

Wir begegnen wiederum der uranisch-saturnischen Gegensätzlichkeit: Die heißersehnte Freiheit erzeugt eine andere Versklavung. Eines von vielen Beispielen ist die Computertechnik. Ursprünglich stellte sich der Mensch vor, daß der Computer die Arbeit vereinfacht oder für ihn arbeitet. Tatsächlich hat sich diese Maschine aller Lebensbereiche bemächtigt, so daß wir ohne sie nicht mehr leben können. In den Computern, die immer mehr auch Denkfunktionen übernehmen, versuchen wir, den uranischen Geist an die Geräte zu binden, um seine **Gedankenblitze** in unsere Dienste zu zwingen. Doch wer mit der **Computertechnik** arbeitet, kann Geschichten über ihre Unzuverlässigkeit erzählen. Der Schreck, wenn er abgestürzt ist, wenn »es etwas gelöscht hat«! Der unbekannte uranische Blitz, die transpersonale Intelligenz, ist für uns trotz aller Sicherheitsmaßnahmen ein **unberechenbarer Faktor**. Der Geist läßt sich nicht binden.

Durch die Computertechnik nähern wir uns dem **künstlichen Hirn** und der künstlichen Intelligenz. Dort, wo Merkur und Saturn kühl und praktisch handeln, ist Uranus **eiskalt**. Für sein **Forschen** und seinen Drang, ständig etwas Neues zu erzielen, wären Gefühle ein Hindernis. Negativ formuliert bedeutet dies, daß wir Herz, Gefühle, Gemüt, Liebe, Wärme und den eigenen Lebensrhythmus ständig verleugnen müssen, wenn wir mit den neusten uranischen Erfindungen Schritt halten und nichts verpassen wollen.

Uranos, der Ahnherr der griechischen Götter, hat seine Körperlichkeit verloren. Seither kann er nur in der geistigen Sphäre befruchtend wirken. Ohne Gefühl, ohne Materie werden Gedanken gezeugt und geboren. So wie sich die Luft in einer Gewitterspannung blitzartig entlädt, genauso schnell entstehen die Ideen und das Wissen in einem von Uranus beeinflußten Menschenhirn. »Ich weiß«, sagt die uranische **Intuition**, ohne sich dem mühsamen Weg der Erkenntnis zu unterziehen, denn wie der Blitz auf ein Mal alles erleuchtet, ist dem uranischen Kopf plötzlich »alles klar«. Jeder von uns hat Uranus im Horoskop, und so ist jeder fähig, intuitive Geistesblitze zu empfangen. Ob oft oder selten, ist von seiner Position abhängig. Die astrologische Arbeit braucht die Intuition, deswegen wird Uranus auch als **Planet der Astrologie** bezeichnet.

Uranus wird als eine höhere Oktave des Merkur bezeichnet mit der marsischen **Beschleunigung**. Während Merkur das menschliche Denken bedeutet und sich in der Dimension des begrenzten Raumes und der überschaubaren Zeit bewegt, stellt Uranus den **transzendenten, »göttlichen Funken«** dar, der weder räumliche noch zeitliche Grenzen kennt. Erst wenn wir das verinnerlichen, können wir diese Planetenkraft richtig verstehen.

Als Erbe Prometheus' hat Uranus jedoch auch ein »menschliches« Gesicht. Ein gemeinsames Interesse, eine gemeinsame **Idee** zu verwirklichen, macht uranusbetonte Menschen zu wahren Kameraden, auch wenn ihre Gefühlswelt tief versteckt bleibt. Zusammen eine neue, ideelle Welt zu schaffen, in der alle Menschen auf der Basis der **Gleichheit und Brüderlichkeit** und in individueller **Freiheit** leben können, das ist sein Zukunftslied.

Das Wassermann-Zeitalter

Wir leben am Anfang einer Epoche, die als das Wassermann-Zeitalter bezeichnet wird. Warum charakterisiert gerade Wassermann, das Zeichen mit dem Regenten Uranus, unsere Zeit so trefflich?
In der Antike wurden verschiedene Sterngruppierungen, die an Bilder erinnern, nach Gestalten aus den Sagen benannt. Einige Sternbilder liegen an den Planetenbahnen. Da sie meistens ein Tier darstellen, benannte man den Gürtel, an dem sie sich befinden, »Tierkreis« und die entsprechenden Bilder »Tierkreisbilder«. Der Tierkreis wurde von den Astronomen wegen der Orientierung im Weltall in zwölf gleich große Abschnitte unterteilt, die ihre Namen den darin liegenden Bildern entsprechend erhielten. In dieser Zeit, d.h. ungefähr 2000 Jahre v. Chr., lag der Frühlingspunkt im Sternbild Widder, deshalb bekam der erste Abschnitt des Tierkreises diesen Namen.
Doch der Frühlingspunkt bleibt nicht auf ein und derselben Stelle. Unter dem Einfluß der Gravitation der Sonne und des Mondes führt die Erdachse eine Drehbewegung aus, die als Präzession (lat. *praecessio* = das Vorangehen) bezeichnet wird. Dabei verändert sich die Lage des Erd- und Himmelsäquators, und der Frühlingspunkt verschiebt sich im Tierkreis rückwärts. Die Erde, die sich um ihre Achse dreht, stellt einen Kreisel dar. Die Erdachse umschreibt einen ganzen Kreis in etwa 25700 Jahren (sogenanntes Platonisches Jahr), d.h. der Frühlingspunkt braucht etwa 2140 Jahre um ein Sternbild zu durchlaufen. In der heutigen Zeit beginnt er seinen Lauf durch das Sternbild Wassermann.
Die Tatsache, daß die Tierkreisbilder nicht mehr mit den Tierkreiszeichen übereinstimmen, dient Gegnern der Astrologie als Argument der Ungültigkeit dieser Disziplin. Die Astrologie beschäftigt sich jedoch im Unterschied zur Astronomie mit Wahrnehmungen, Bildern und Symbolik, die auf Menschen bezogen und immer gültig sind und die mit der Vorstellung des Weltalls als Ganzheit zu tun haben. Der Charakter der einzelnen Tierkreiszeichen wird vor allem nach dem Jahreslauf der Sonne beschrieben. Wir wissen nicht, aufgrund welcher Vorstellung die antiken Astronomen den Bildern ihre Namen gegeben haben. Ist es nicht denkbar, daß sie auch durch die Qualitäten der Sonne bei ihrem jährlichen Lauf durch die jeweiligen Tierkreisabschnitte inspiriert worden sind?

Da sich der Frühlingspunkt jetzt in das Sternbild des Wassermanns hineinbewegt, benennen wir die neue Epoche nach ihm. Wenn wir die Qualität dieser neuen Zeit beschreiben wollen, müssen wir auch die Prinzipien des Herrschers Uranus berücksichtigen. Es handelt sich um eine synchrone Erscheinung.

Symbolische Entsprechungen des Uranus

Allgemein: Eigenart, Originalität, Intuition, Offenbarung, Erfindung, Entdeckung, Idee, Impuls, Theorie, Technik, Gleichberechtigung, Kameradschaft, Außenseitertum, Anderssein, Auflehnung, Reform, Revolution, Erneuerung, Unberechenbarkeit, Unzuverlässigkeit, Gefühllosigkeit

Soziologisch: Techniker, Erfinder, Ideologe, Revolutionär, Single, Einzelgänger, Eigenbrötler

Körperlich: Vegetatives Nervensystem, Krampfzustände, Puls, Atem, plötzliche Erkrankung, Unfälle, Verletzungen

Fragen und Anregungen

– *Was verstehen Sie unter »Freiheit«? Unter welchen Bedingungen fühlen Sie sich frei?*

– *Im Abschnitt über Saturn steht Goethes Zitat zu Gesetz und Freiheit: Was verstehen Sie unter saturnischer und uranischer Freiheit?*

– *Überlegen Sie, ob Sie im Alltag die Richtung Ihrer Handlungen oder Absichten manchmal plötzlich ändern. Selten? Oft? Wenn ja, können Sie sagen, was jeweils der Auslöser ist?*

– *»Wenn wir jemanden lieben, binden wir uns. Wir können nicht lieben und gleichzeitig frei sein.« Teilen Sie diese Meinung? Falls die Beziehung Liebe – Freiheit für Sie ein Problem ist, wie gehen Sie damit um?*

– *Im Zusammenhang mit Uranus haben wir über die Revolution gesprochen. In jedem Leben gibt es Veränderungen und Sie haben sicher mehrere durchgemacht. Wie sind diese abgelaufen? Allmählich oder eher abrupt und revolutionär? Welche Krisen haben Sie im Leben durchlebt? Wie sind Sie aus ihnen herausgekommen? Was hat Ihnen geholfen?*

– *Meinen Sie, daß Sie Intuition haben? Wie äußert sie sich? Unter welchen Umständen?*

– *Welche Beziehung haben Sie zum Begriff »Erfindung«?*
– *Vergegenwärtigen Sie sich, wieviel Neues sich während Ihres Lebens auf dem technischen Gebiet entwickelt hat.*
Auf welche Art kommen Sie mit Technik in Berührung? Arbeiten Sie mit dem Computer? Welchen Stellenwert in der Gesellschaft messen Sie dem Computer bei? Fasziniert Sie dieses Gebiet? Ist es für Sie ein modernes Übel?

NEPTUN

Prinzip: Grenzüberschreitung

Zu Beginn des 19. Jahrhunderts wurden zwei Astronomen auf Störungen im Lauf des Uranus aufmerksam. Daraus berechneten sie die Bahn eines Planeten außerhalb der seinen. Tatsächlich entdeckte im Jahre 1846 Johann Gottfried Galle in Berlin auf der berechneten Stelle einen grünlichen Planeten. Dieser erhielt den Namen Neptun.

Neptun ist so weit von der Erde entfernt, daß er im Laufe eines Menschenlebens nur einen Teil des Tierkreises durchläuft. Eine volle Runde dauert etwa 165 Jahre.

In der Zeit seiner Entdeckung erlebte unsere Gesellschaft eine markante Veränderung. Die technische Entwicklung brauchte einen Ausgleich. Man wandte sich vermehrt spirituellen Inhalten zu. Kein Wunder also, daß der neu entdeckte Planet die feinstofflichen und transpersonalen Kräfte verkörpert!

Mythologie und Märchen

Neptun, der in den griechischen Sagen **Poseidon** heißt, ist der Sohn von Kronos (Saturn) und seiner Frau Rheia. Nachdem der Vater besiegt ist, herrscht Poseidon über die Gewässer.
Sein Reich ist ewig und immer wechselnd, gewaltig und grenzenlos, größer als dasjenige des Zeus, denn das Meer beansprucht viel mehr Platz als das Land. Die unendlichen Ozeane bergen eine fremde Welt. Dort leben Unmengen von Tieren, wachsen sonderbare Pflanzen, Korallen und Algen, gibt es unzählige Geheimnisse auf dem tiefen Meeresgrund, die für den Menschen uner-

gründlich bleiben. An der allertiefsten Stelle steht das Schloß, in dem Poseidon mit seiner Frau Amphitrite lebt.
Poseidon liebt sein Reich. In seinem Wagen mit goldenem Pferdegespann auf die Meeresoberfläche hinaufzufahren, bereitet ihm größtes Vergnügen. Er genießt die Weite seiner Welt in vollen Zügen.
Er wird von allen geschätzt, denn das Wasser, über das er regiert, ist für alle Wesen lebensnotwendig. Gleichzeitig wird er aber auch gefürchtet, denn sein Charakter ist unbeständig. Bald lächelt er, bald wird er zornig. Wenn er wütend ist oder sich beleidigt fühlt, blitzt und donnert er und entfesselt mit seinem Dreizack Meeresstürme oder Erdbeben.
Ein anderer Gott, der die neptunische Kraft verkörpert, ist **Hypnos** (lat. Somnus), der Gott des Schlafes und der Träume. Mit seiner Mutter Nyx, Göttin der Nacht, besucht er allabendlich, nach Einbruch der Dunkelheit die Erde. Er schickt allen Lebewesen den Schlaf, der sie von den täglichen Sorgen und Plagen befreit. Überdies beschenkt er die Menschen mit den bildhaften Träumen. Weil alle Wesen den Schlaf brauchen, kann niemand Hypnos' Macht entfliehen.
Vermutlich lebt Hypnos in der Unterwelt und dient dem Hades. Seine Geschwister sind der Todesgott Tanathos und Lethe, die Göttin des Vergessens. Er hat drei Söhne: Morpheus, der nie in seiner eigenen, sondern immer in der Gestalt anderer Menschen erscheint, Phobetor, der sich immer als Tier sehen läßt und Phantasos, der sich in alle möglichen Gestalten verwandelt, seien es Menschen, Geister, Tiere oder phantastische Gegenstände.
Die Phantasie der **Märchenwelt** wird von Neptuns Grenzenlosigkeit unterstützt. Besonders Geister, Seejungfrauen und andere Wesen, die im Wasser leben, an geheimnisvollen Krankheiten leidende Könige und Prinzessinnen, Traumerscheinungen, aber auch Giftmischer, Gaukler und Verräter entsprechen seinem Charakter.

Die neptunischen Eigenschaften

Neptuns Energie ist subtil und fein. Da sie vor allem im Unbewußten wirkt, ist sie nur schwer faßbar. Am besten können wir sie in einem **meditativen Zustand** erfahren, so wie im Halbschlaf, wenn wir das Denken abschalten und bereit sind, uns zu öffnen, um alle Eindrücke und Bilder, die aus dem Unbewußten aufsteigen, wahrzunehmen. In diesem Moment verlieren wir das Gefühl für die Wirklichkeit, das Zeitgefühl, das bewußte Ego, und nehmen die Dinge so wahr, wie sie aus einer anderen Dimension herüberfließen. Dieser Zustand trägt uns in eine Welt traumartiger Phantasien. Während die Wahrnehmung der Realität in den Hintergrund tritt, erfahren wir uns auf ungewohnte Art und Weise mit ganz anderen Gefühlen und inneren Bildern. Diese Bilder und Erfahrungen drücken die Sehnsucht des Individuums nach Überwindung der eigenen Einsamkeit und Isoliertheit, nach Ganzheit und Verbundenheit aus.

Der Mensch entwickelt während der ersten drei Lebensjahre sein Ichgefühl. Er wird sich allmählich seiner Existenz bewußt, er wird selbständig und eigenverantwortlich. Dadurch aber wird er aus der schützenden Einheit mit der Natur herausgerissen. Er gewinnt seine Individualität und seinen freien Willen, wofür er den Preis der Vereinsamung zahlt. Denn wo ich ganz und gar ich bin, bin ich allein, das Ego im Gegensatz zur Umwelt, zu den anderen Menschen.

Neptun drückt unseren geheimen Wunsch aus, die eigenen Grenzen, innerhalb derer jeder allein ist, zu überwinden. Er möchte uns wieder in die große Einheit intergrieren, uns in den Mutterleib zurücktragen, uns in den Wellen des Ozeans schaukeln lassen.

Unter dem neptunischen Einfluß erleben wir nicht nur meditative Tagträume. Auch die Nachtträume lassen uns Bilder sehen, die aus unserem Unbewußten aufsteigen und sich auf unterschiedliche Art miteinander verbinden. In all diesen Zuständen, das heißt in der **Meditation**, in den **Tag-** und in den **Nachtträumen**, erfahren wir Dinge, die wir in einem klaren Wachzustand nicht wahrnehmen können. Wir erfahren etwas über eine Welt, die sich jenseits unserer konkreten befindet.

Die Neptunkräfte befähigen uns, das Feinstoffliche zu erfahren: Mit anderen »Sinnen« als mit den fünf Sinnen, die uns im bewußten Zustand zur Verfügung stehen, nehmen wir das wahr, was als »außersinnliche Wahrnehmung«, ASW, bezeichnet wird. Für diese ASW existieren weder Raum- noch Zeitgrenzen; wir sind durch sie mit entferntesten Ländern, Gegenständen und Personen verbunden. Sie erlaubt den Blick in die Vergangenheit oder in die Zukunft.

Der höchste neptunische Zustand ist die **mystische Erfahrung**, in der sich unsere Ich-Grenzen vollständig auflösen und in der wir eine Einheit mit dem Kosmos spüren: völlige Ausgeglichenheit, Glück und innere Ruhe.

Die »eigenen Grenzen zu öffnen« bedeutet jedoch, daß wir unser Ich im Alltag nicht ganz abgrenzen und bereit sind, mit anderen Menschen mitzufühlen, ihnen zu helfen bis hin zur Aufopferung. Es ist ein Zustand der Selbstlosigkeit, gleich dem einer Nonne, deren Ego mit all seinen menschlichen Wünschen nicht mehr existiert, deren Kräfte jedoch hilfreiche Dienste leisten. Das Wort »**selbstlos**« drückt diesen Zustand sehr treffend aus.

Es ist einleuchtend, daß zu Neptuns Wesenskraft auch **Täuschung**, **Betrug und Ausnutzung** gehören, denn unter seinem Einfluß bleibt der Mensch offen, vertrauensvoll und ungeschützt. Auch Selbsttäuschung und Wahnvorstellungen finden hier ihren Platz.

Die neptunische Welt ist mit dem **Nebel** vergleichbar. Die klaren Konturen der Gegenstände lassen sich nur erahnen. Möglicherweise fühlen wir uns eingeengt. Jedoch ist die Grenze, die uns bedrückt, unklar und wir können sie nie wirklich greifen. Im Nebel können wir aber auch die Unendlichkeit fühlen. Unsere Phantasie hat unbegrenzte Möglichkeiten, denn konkret sehen wir nichts. Der Nebelzustand kann auch Angst auslösen. Andererseits kann er zu (übertrieben) mutigen Handlungen verführen, denn wenn ich nichts klar sehe, sehe ich auch die Gefahren nicht.

Den neptunischen Nebel erfahren wir im Alltag, wenn wir chaotisch und verwirrt handeln, in unklaren Situationen, im Kontakt mit Menschen, die unaufrichtig sind oder die etwas verheimlichen. Oft sind ihnen ihre Handlungen selbst nicht klar, oder sie unterliegen einer Illusion über sich selbst und die Welt. Auch Mißtrauen – oder zu viel Vertrauen am falschen Ort – gehören zum vernebelten Zustand Neptuns.

Bereits in der Bibel steht geschrieben, daß die Welt am Anfang ein dunkles, nebliges Chaos war. Daraus schuf der Geist eine helle Welt mit Ordnung und Gesetzen. Wir gelangen im Leben oft in Situationen, in denen uns alles unklar, neblig und chaotisch erscheint, wodurch wir in Verzweiflung und Depression fallen können. In diesem Chaos liegt jedoch ein neuer Anfang verborgen. Wenn wir auf die neptunische Art passiv und offen bleiben und warten, wird sich der Nebel verflüchtigen und es wird eine neue Situation mit klaren Umrissen entstehen. Die Saturn-Kräfte helfen oft, die Ordnung wiederherzustellen.

> Das folgende Experiment veranschaulicht dies. Wir geben Wasser in ein Glasgefäß oder eine Flasche, fügen etwas Erde bei und schütteln kräftig. Wir sehen eine undurchsichtige, dunkle Mischung. Langsam setzt sich die Erde am Boden ab und das Wasser wird klarer. Nach einiger Zeit können wir beobachten, daß die Erde auf dem Boden eine bestimmte Form gebildet hat. Das Wasser hingegen ist ganz klar geworden. Schütteln wir jedoch das Gefäß immer wieder, kann weder eine neue Form entstehen noch das Wasser sich klären.

Die neptunische Kraft öffnet uns Sphären, in denen die materiellen Gesetze nicht mehr gelten, wo das Unbekannte herrscht und sich der Mensch mit der konkreten marsischen Kraft nicht durchzusetzen vermag, wo er sich aber auch nicht durchsetzen muß.

In dieser Welt der Grenzenlosigkeit suchen Künstler ihre **Inspiration**. Andere flüchten vor der mühsamen Realität und den täglichen Sorgen in diese traumhaften Zustände, z.B. mittels Alkohol oder **Drogen**.

Neptun wird oft als eine »höhere Oktave der Venus und des Jupiter« charakterisiert, jener beiden Planeten, die die Kräfte des Glücks verkörpern. Während sich Venus um das Ego kümmert, indem sie durch persönliche Vorlieben die entsprechende Verbindung sucht, ist Neptun bereit, allen Menschen Liebe zu schenken. Während Jupiter bewußt das Glück darin sucht, den Sinn des Lebens zu finden, fühlt sich Neptun in einem transzendenten, schwebenden Traumzustand in sich selbst glücklich. Als typisch neptunisch können wir z.B. die Hippiebewegung der siebziger Jahre bezeichnen.

Eine charakteristische Neptun-Gestalt ist die kleine Seejungfrau im Märchen von Hans Christian Andersen. Die junge Meeresprinzessin rettet einem irdischen Prinzen das Leben und verliebt sie sich dabei in ihn. Trotz der Gefahr zu sterben, falls der Prinz sie nicht heiratet, verändert sie ihre Gestalt und opfert ihre schöne Stimme, um sich in seiner Nähe aufhalten zu können. Doch der Prinz heiratet eine Prinzessin aus dem Nachbarreich. Die Schwestern der kleinen Meerfrau bringen ihr ein Messer, mit dem sie den Prinzen töten soll; das würde sie erlösen und sie dürfte wieder so leben wie früher. Sie kennt jedoch weder Haß noch Eifersucht, sie liebt den Prinzen nach wie vor und deshalb begeht sie die Tat nicht. Und dann geschieht ein Wunder: Wegen ihrer bedingungslosen, aufopfernden Liebe stirbt sie nicht, sondern verwandelt sich in ein durchsichtiges Wesen und wird von den Töchtern der Luft liebevoll als Schwester aufgenommen. Mit ihnen hat sie die Chance, durch Ausübung guter Taten an der Menschheit eine unsterbliche Seele zu bekommen und somit zu einem Teilchen der ewigen Ganzheit zu werden.

Symbolische Entsprechungen Neptuns

Allgemein: Empfänglichkeit, Durchlässigkeit, Phantasie, Trance, Traumzustand, Auflösung von Grenzen, Ego-Auflösung, All-Liebe, Mystik, Meditation, mediale Fähigkeit, Opferbereitschaft, Passivität, Illusion, Betäubung, Sucht, Verwirrung, Täuschung, Planlosigkeit, Energiemangel, Lähmung, Sehnsucht
Soziologisch: Mystiker, Märtyrer, beeinflußbare Menschen, Medien, Betrüger, Gaukler, Drogensüchtige
Körperlich: Zirbeldrüse, Aura, Lähmung

Fragen und Anregungen

– *Versuchen Sie zu spüren, was das Lesen über die neptunische Kraft in Ihnen ausgelöst hat!*
– *Welche Assoziationen rufen die folgenden für Neptun stehenden Wörter in Ihnen hervor?*

Meditation
Tagträume, Nachtträume
außersinnliche Wahrnehmung

Mystik
Selbstlosigkeit, Opferbereitschaft
Täuschung
unaufrichtiges, unklares Handeln
Nebel
chaotischer Zustand als Zeichen der Wandlung
künstlerische Inspiration
vernebelter Zustand als Folge von Suchtmitteln

- *Können Sie anderen helfen?*
  Können Sie aber auch »nein« sagen, wenn es nötig ist?
  Brauchen Sie (oft, ab und zu, selten) die Hilfe anderer?
  Wie fühlen Sie sich, wenn sie jemandem helfen, wie fühlen Sie sich, wenn Sie Hilfe brauchen?
  Können Sie sich helfen lassen?
- *Wie verstehen Sie die Begriffe »abgrenzen« und »sich abgrenzen«?*
- *Wozu gebrauchen Sie Ihre Phantasie? Können Sie sie konkret einsetzen, z.B. in der Kunst? Oder in anderen Bereichen – in welchen?*
- *Denken Sie, daß Sie sensibel sind für die Wahrnehmung unerklärlicher Phänomene oder Signale? Wie haben sich solche bis jetzt geäußert?*
- *Haben Sie Erfahrungen mit Meditation? Wenn ja, warum meditieren Sie? Was erleben Sie dabei? Tun Sie es allein oder zusammen mit anderen? Welche Unterschiede fühlen Sie beim Meditieren allein und in der Gruppe?*

P PLUTO

Prinzip: Umwandlung

Der äußerste uns bekannte Planet Pluto wurde durch die systematische Suche nach neuen Körpern unseres Sonnensystems jenseits des Neptun entdeckt. Angekündigt und berechnet wurde er vom amerikanischen Astronomen Percival Lowell, doch als erster hat ihn im Jahre 1930 Clyde William Tombaugh auf fotografischen Aufnahmen der äußeren Planeten entdeckt. Obwohl er in der Nähe der errechneten Position gefunden wurde, stimmten seine Größe und Klarheit nicht mit den im voraus ermittelten Daten überein.

Pluto bewegt sich auf einer stark exzentrischen Ellipse, so daß seine Entfernung von der Sonne und damit auch von der Erde sehr stark variiert. Während der letzten 20 Jahre, besonders jedoch während seines Laufes durch den Skorpion (1983-1995), bewegte sich Pluto der Erde am nächsten. In dieser Zeit kreuzte seine Bahn diejenige Neptuns, und damit befand er sich zeitweilig näher der Erde als Neptun. Pluto braucht rund 248 Jahre, um einmal durch alle Zeichen des Tierkreises zu laufen.

Die Entdeckung Plutos fällt in die Jahre der Spannung vor dem Zweiten Weltkrieg und in die Anfangszeit der Kernforschung. 15 Jahre später explodierte die erste Atombombe. Damit ist der Menschheit bewußt geworden, welches Kraftpotential sie in den Händen hält und daß sie bald zu der Wahl gezwungen sein wird, entweder sich selbst zu vernichten oder sich zu wandeln.

Mythologie und Märchen

Hades (römisch Pluto) ist einer der Söhne von Kronos (Saturn) und seiner Frau Rheia. Nach dem Sieg seines jüngsten Bruders Zeus über den Vater kommt es zur Teilung der Erbschaft. Zeus verlangt die Erde und den Himmel, sein Bruder Poseidon (Neptun) bekommt das Reich der Meere, und Hades (Pluto) wird zum Herrscher über die Unterwelt.

Es ist kein fröhliches Land, über das Hades herrscht, aber es entspricht seinem dunklen Charakter. Sein Reich, unfreundlich und erschreckend, befindet sich tief unter der Erde, dort, wohin nie ein Lichtstrahl dringt. Es liegt in einer Ebene und wird von fünf Flüssen begrenzt: Styx mit seinem eisigen Wasser, das alles zum Erstarren bringt; Acheron, dem Fluß der Klagen; Kokytos, dem Fluß der Traurigkeit; dem Feuerfluß Pyriphlegenthon und Lethe, deren Wasser den Menschen alles Irdische vergessen läßt.

Der ummauerte Teil dieses Landes heißt Erebos. Dort steht Hades' Palast, wo er mit seiner Frau **Persephone** lebt. Im Westen, in den Elyseefeldern, halten sich die Seelen der Gerechten auf, wogegen sich in den Tiefen des Landes Tartaros die Sünder bis in alle Ewigkeit quälen. Seelen der Menschen, die weder gut noch böse waren, bewegen sich weder mit Freude noch mit Traurigkeit als Schatten auf einer großen Wiese.

Das Reich des Hades ist verhaßt, denn von dort gibt es keine Rückkehr. Nur sehr wenigen gelingt es, zurück in die lebendige Welt zu gelangen. Orpheus und Odysseus ist es geglückt, aus dem Reich Plutos zurückzukehren, sie konnten es den Lebenden also schildern.

Hades verläßt sein Reich selten. Von Zeit zu Zeit nimmt er auf dem Olymp am Rat der Götter teil. Wenn er auf der Erdoberfläche erscheint, trägt er eine Tarnkappe, um unsichtbar und damit ungestört zu bleiben. Bei den anderen Göttern unbeliebt, kümmert er sich kaum um deren Angelegenheiten. Denn er weiß, daß jeder auf der Welt Geborene unweigerlich einmal in seinem Reich erscheinen muß.

Die **Märchen** zeigen uns die Pluto-Kräfte in magischen und mächtigen Gestalten oder in Dingen, die eine höhere Gewalt darstellen. Zauber, Rache, Wut, unsichtbare Macht und entfesselte Kräfte sind typische Äußerungen Plutos. Häufig erkennen wir eine solche Kraft in einem schwierigen menschlichen Prozeß, in welchem die handelnde Person gezwungen ist, sich total zu wandeln, was einen Prozeß der Auferstehung symbolisiert.

Wir begegnen der Prinzessin, die von einem Zauberer in einen Stein verwandelt wird und nach der Befreiung jünger, schöner und weiser erscheint, oder einem jungen Mann, der auf Befehl des Königs in heißes Öl springen muß und durch einen Zauber jünger und schöner wieder auftaucht. Wir begegnen den Hexenköniginnen, die ihre Stiefkinder durch böse Zaubereien vernichten wollen, ihnen aber gerade dadurch zum Reifungsprozeß verhelfen. Es gibt Wunderwasser, das Märchenhelden heilt und belebt. Wir lesen über magische Gegenstände wie Tarnkappen, unter denen die Träger tiefste Geheimnisse entdecken, Zauberringe, Zauberstäbe und anderes, das die Menschen vor bösen Kräften schützt und sie auffordert, sich zu wandeln.

Die plutonischen Eigenschaften

Pluto repräsentiert die **Macht des Unausweichlichen. Zeugung, Geburt, Sexualität** und **Tod** sind Geschehnisse im Leben, denen wir nicht entkommen können. Das gilt ohne Ausnahme für alle Menschen, und darin sind alle gleich. Mit unserem Bewußtsein können wir diese Vorgänge weder beeinflussen noch verändern. Da wir diesen unbewußten Prozessen alle ausgeliefert sind, sprechen wir vom »kollektiven Unbewußten«.

All diesen Geschehnissen ist wiederum eines gemeinsam, die **Wandlung**. Bei der Zeugung verbindet sich die Eizelle mit dem Sperma, und es entsteht neues Leben, bei der Geburt verläßt das Neugeborene den Leib der Mutter und wird ein selbständiges Wesen, beim Tod wird die sterbliche Hülle verlassen, sie verwest, die Seele wird befreit. Der sexuelle Akt, der die Zeugung bedingt, bedeutet eine Verschmelzung zweier Körper und zweier Seelen. Das Paradoxe dabei ist, daß gleichzeitig mit dem egoistischen Streben auf Befriedigung das Ego verlorengeht. Im Moment des Orgasmus, der auch als kleiner Tod bezeichnet wird, erhalten wir Einblick in das Reich des Hades.

Zwischen Geburt und Tod erleben wir immer wieder kleine oder große Wandlungen. Im Kapitel über Uranus haben wir von Mutationen gesprochen, von den Veränderungen, die bei jeder Entwicklung notwendig sind. Die plutonische **Transformation** geht tiefer: Während Uranus verändert, tötet Pluto und baut dann das Neue auf. Das Alte ist nicht mehr zu erkennen, denn in seiner ursprünglichen Form existiert es nicht mehr. Beispiele der Transformation sind die Gärung, das Keimen einer Pflanze, die Umwandlung der Blüte in eine Frucht oder der Raupe in einen Schmetterling. Wenn der Mensch alt ist, erkennt niemand mehr das Neugeborene in ihm, das er einmal gewesen ist. Der Körper hat eine andere Form, die Seele und der Geist sind um viele Erfahrungen reicher. Wir können nie wieder das sein, was wir einst waren, denn der Weg Plutos ist unumkehrbar, genauso wie aus dem Reich des Hades niemand zurückkommen kann.

So legen wir in verschiedenen Lebensabschnitten etwas von uns ab, wie eine Schlange aus ihrer Haut schlüpft, und verändern uns.

Wie bei Uranus wird auch Plutos Wirken von krisenhaften Situationen begleitet, besonders dann, wenn wir uns etwas vormachen oder versuchen, uns oder die Situation anders zu sehen, als diese wahrhaftig ist. Denn Pluto ist die Kraft, welche die Wahrheit in sich birgt und sie schmerzhaft enthüllt.

Pluto ist eine **Kraft der Extreme**. Nichts ist »lauwarm«. Diese Kraft kann krankmachen, unterstützt jedoch die Regenerationsfähigkeit des Körpers und der Seele. Bei jeder Metamorphose wird eine **stark wirkende Energie** freigesetzt, vergleichbar mit der Kraft, die bei der Kernspaltung entsteht. Diese Energie braucht der Mensch, um seine Wandlung durchzustehen und wieder neu anfangen zu können. Wenn der Mensch eine psychische Krise oder eine Krankheit (eine physische Krise) überstanden hat, aufersteht er – oft geistig und seelisch verwandelt. Etwas in seinem Leben ist neu. Es beginnt also eine neue Etappe. Häufig sagen Menschen: »Ich fühle mich wie neugeboren«.

Gegen die plutonische Kraft können wir uns nicht auflehnen. Wenn wir uns zur Wehr setzen, entsteht Reibung, die den unausweichlichen Druck noch verstärkt. Plutos transformierende Kraft sagt uns, daß wir uns wandeln und dabei das ablegen müssen, was nicht mehr lebensfähig ist.* Treten wir dem Neuen mit Unverständnis oder sogar mit Ablehnung entgegen, kann uns die Wandlung aufgezwungen werden, und diese könnte für uns viel schwieriger sein, als wenn wir von Anfang an willig sind mitzumachen. Am Lebensende erleben wir die letzte und endgültige Transformation, den Tod. Im hohen Alter ist er eine normale Erscheinung, weil wir uns in diesem Leben auf keine andere Weise mehr wandeln können.

Der Pluto-Kraft müssen wir mit Verständnis entgegentreten, **das Überlebte** loslassen, das nun Notwendige einsehen und es akzeptieren. Weil das **Loslassen** für uns allgemein schwierig ist, erleben wir die problematischen Seiten von Plutos Äußerungen meistens noch stärker als die des Uranus und des Neptun.

Die plutonische Kraft manifestiert sich beim einzelnen Menschen dann deutlich, wenn Pluto im Horoskop stark gestellt ist – das heißt, wenn er viele Aspekte hat, besonders zur Sonne und zum Mond. Ebenso wenn das Zeichen Skorpion oder das 8. Haus stark besetzt ist, denn beide stehen unter der Herrschaft Plutos.

---

* Wann diese Zeiten auftreten, zeigen uns die sogenannten Transite: Nach dem Geburtsaugenblick, der das Radix-Horoskop bestimmt, laufen die Planeten weiter. Bei ihrem Übergang an wichtigen Punkten oder Planetenpositionen im Geburtshoroskop offenbaren sie uns bedeutungsvolle Perioden im Leben. Zusammen mit anderen Methoden gehören Transite zur Prognostik.

Ein plutonischer (d.h. von Pluto stark beherrschter) Mensch kann dazu tendieren, seine Macht selbst zu übernehmen und auf Kosten anderer seinen Lebensweg zu gehen, indem er sie ausnutzt, **kontrolliert oder manipuliert**. Womöglich versucht er, die eigene Entwicklung, die eigenen Erfahrungen und das eigene Verhalten anderen aufzuzwingen. Er muß sich davon überzeugen, daß das, was er tut, das Richtige ist, indem er will, daß andere mitmachen. Hat er Angst, auf dem Weg der Transformation allein zu sein? Hat er Angst vor dem Fremdartigen und Unbekannten? Oder will er sich selbst als mächtiger Gott empfinden? Der Mensch, der andere zu manipulieren versucht, wird primär von seiner eigenen Pluto-Kraft in Schach gehalten. Das funktioniert so lange, bis ihm dies bewußt wird.

> Anläßlich einer Vorstellung eines australischen Hypnotiseurs habe ich folgendes gesehen: Der Mann bat ein paar Menschen auf das Podium, die er dann in Schlaf versetzte. In diesem Zustand »programmierte« er die Leute so, daß sie nach dem Aufwachen auf ein Stichwort hin etwas ganz Bestimmtes taten. So sollte ein junger Mann nach dem Wort »Tarzan« anfangen zu schreien, eine junge Frau nach einem anderen Wort sich dem nächsten Mann auf die Knie setzen usw. Die Personen wurden dann geweckt und begaben sich an ihre Plätze zurück. Doch kaum hatten sie sich gesetzt, rief der Hypnotiseur eines dieser »magischen« Stichwörter aus und dann führten die Leute die Befehle aus, ohne sich bewußt zu sein, was sie taten, und ohne zu verstehen, warum das Publikum lachte. Nun erklärte der Nachbar des jungen Mannes, der wie Tarzan schreien sollte, ihm das Geschehen. In dem Moment kam diesem zu Bewußtsein, was da ablief, und der »Zauber« war gebrochen. Er hörte auf, dem Befehl zu gehorchen.

Zur plutonischen **Manipulation** gehören verschiedene »Spiele«, die schwer durchschaubar sind. Sehr oft nutzt der Pluto-Mensch die Gefühle der anderen aus, indem er ihnen suggeriert: »Was hast du mir angetan! Deinetwegen muß ich leiden!« Er weckt in anderen ein **schlechtes Gewissen und Schuldgefühle**. Doch ähnlich dem Skorpion, der fähig ist, sich ins eigene Fleisch zu stechen, ist dieser Mensch oft von denselben Gefühlen geplagt.

Ein von Pluto regierter Mensch kann ein guter Berater und Helfer sein, denn er hat die besten Voraussetzungen die Ratsuchenden in ihren Wandlungsprozessen zu unterstützen oder zu begleiten. Als **Heiler, Berater oder Psychologe**, der den Nächsten durchschaut, kann er ihm bei seinen Schwierigkeiten helfen – ihn aber andererseits auch abhängig machen. Den anderen mit dem »**Röntgenblick**« zu durchschauen ist eine weitere Äußerung der Pluto-Kraft.

Der Pluto-Mensch bleibt oft innerlich **einsam**. Seine leidenschaftlichen Äußerungen und sein gefühlsgeladenes Begehren einerseits, Eifersucht, Haß, Rachegelüste und Eigenwilligkeit andererseits machen ihn wenig anpassungsfähig und oft schwer erträglich. Durch seine Tendenz, den anderen zu »besetzen«, sich seiner ganz bemächtigen zu wollen (im Guten wie im Bösen), wird er zu einem schwierigen Gesellen. Er schreitet durch dunkle Tiefen, deren schmerzliche Geheimnisse ihn locken und durch die er allein gehen muß.

Pluto wird als eine **höhere Oktave des Mars, des Saturn und oft auch der Sonne** bezeichnet. Als höhere Oktave des Mars steht Pluto, ähnlich wie dieser selbst, für den Kampf. Dort, wo Mars als individuelle Person kämpft, tut es Pluto im Namen der Gattung Mensch für deren Erhaltung. Dort, wo Mars eine direkte Auseinandersetzung verkündet, versteckt Pluto das ganze Waffenarsenal »unter dem Boden« und tut, als ob nichts geschehen wäre, bis alles explodiert. Doch gerade diese »Explosionen« und die Krisen, die sie begleiten, sind Verursacher von Umwandlung – etwa im Sinne der Worte Friedrich Nietzsches: »Was mich nicht umbringt, macht mich stark«. – Der saturnische Anteil zeigt sich im Beharren, im Nicht-loslassen-Wollen, bis »sein Wille geschieht«. – Die Entsprechung zur Sonne besteht darin, daß so, wie die Sonne das Individuum repräsentiert, Pluto für die Existenz der ganzen Menschheit steht.

Am Anfang des Kapitels über die Planetenkräfte stand, daß deren Prinzipien weder gut noch böse sind. Wenn sie uns Probleme bereiten, dann nur, weil wir mit ihnen auf unsere irdische Art umgehen. Die Kräfte der drei transsaturnischen Planeten sind für uns schwieriger zu fassen als die der persönlichen Planeten. Sie sprechen die unbekannten, transpersonalen Schichten unserer

Seele an. Möglicherweise wollen sie uns vom Materiellen befreien und uns ins Geistige, »Göttliche« führen, das uns über unsere materielle Existenz hinausführt.

Mit mehreren Pluto-Themen wie Tod, Macht, Loslassen und Transformation befaßt sich die Erzählung von Colin Higgins »Harold und Maud«. Wir begegnen der alten Dame Maud, die ein langes, erlebnisreiches und leidvolles Leben hinter sich hat. Doch sie liebt das Leben und sie lebt es. Aber sie begreift, daß nichts ewig besteht und daß auch ihr Leben einmal enden wird. Es hätte keinen Sinn, an ihm zu haften, im Gegenteil, sie ist gewillt, es freiwillig loszulassen. So entschließt sie sich, an ihrem bevorstehenden achtzigsten Geburtstag aus dem Leben zu scheiden. Kurz davor trifft sie Harold, einen vereinsamten, gelangweilten Jungen aus einer reichen Familie, der sich die Zeit damit vertreibt, Friedhöfe zu besuchen, an Beerdigungen teilzunehmen und sich an Inszenierungen von Selbstmorden zu amüsieren, um seine Mutter zu erschrecken. Harold freundet sich mit Maud an und entdeckt in ihr eine Persönlichkeit, groß in ihrem Optimismus, mit Freude an kleinen Abenteuern und ihrer Fähigkeit, aus jedem Tag ihres Lebens etwas Außergewöhnliches zu machen. Maud ist alt und doch schön. Harold legt allmählich seine Melancholie, seine Schwermut und seinen Sarkasmus ab, folgt Maud in ihrer positiven Lebenseinsstellung – und verliebt sich in sie. An ihrem Geburtstag will er sie um ihre Hand bitten; für Maud ist dieser Tag jedoch ein Abschied. Sie verläßt diese Welt glücklich, so wie sie es sich gewünscht hat. Harold ist tief erschüttert, doch dann spürt er allmählich, wie in ihm die Dank Maud erwachte Liebe zum Leben weiter wächst und ihn in einen neuen Menschen verwandelt.

Symbolische Entsprechungen Plutos

Allgemein: Metamorphose, Umgestaltung, Auferstehung, Regeneration, Unausweichlichkeit, tiefe Gefühle, das Wahre, Sexualität, Macht, Suggestion, Beeinflussung, höhere Fügung, Zwang, Kontrolle, Gewalt, Rücksichtslosigkeit
Soziologisch: Masse, Magier, Machtmensch, Therapeut, Psychologe, Forscher, Demagoge, Spion, Detektiv, Terrorist
Körperlich: Regeneration, Ausscheidungs- und Geschlechtsorgane

Fragen und Anregungen

- *Wo begegnen Sie im Alltag den Pluto-Kräften? Wie gehen Sie mit ihnen um? Welche Personen sind für Sie deren Repräsentanten?*
- *Wie gehen Sie mit Ihren eigenen Pluto-Kräften um? Kennen Sie sie?*
- *Sexualität – Liebe: Was bedeuten diese Begriffe für Sie? Was bedeutet ihre Verbindung, was ihre Trennung?*
- *»Krise«, griechisch »Krisis« heißt »entscheidende Wendung«: Schauen Sie auf Ihr Leben zurück, vergegenwärtigen Sie sich einige Krisen, die Sie durchgemacht haben (im Beruf, in der Partnerschaft oder anderswo). Was hat sich nach der Krise verändert? Wie haben Sie sich verändert, gewandelt, wie erging es denjenigen, die daran beteiligt waren?*
- *In Ihrem Leben sind Sie sicher mit dem Thema von Macht und Ohnmacht in Kontakt gekommen. Welche Spuren haben solche Begegnungen hinterlassen? Wie leben Sie dieses Thema heute?*
- *Für die älteren Leserinnen und Leser: Stellen Sie sich vor, Sie wären wieder 20 Jahre jung. Aus dieser Perspektive sehen Sie sich in einer Vision, wie Sie jetzt sind. Was würden Sie zu Ihrem »zukünftigen« Bild sagen? Wären Sie zufrieden mit ihm? Entspräche es Ihren Vorstellungen über Sie selbst?*

CHIRON

Prinzip: Bewährung

Im Jahre 1977 wurde der Planet Chiron entdeckt. Der größere Teil seiner Bahn liegt zwischen Saturn und Uranus, ein kleiner ragt aber in die Saturnbahn hinein. Aufgrund seines kleinen Durchmessers wird er astronomisch eher als Planetoid gewertet.

Die astrologische Forschung versucht Symbolik und Entsprechungen Chirons erst seit kurzem zu definieren, vor allem durch Parallelen zwischen der mythologischen Gestalt und der heutigen Kultur. Die Zeit seiner Entdeckung wird unter anderem durch die Hinwendung zu natürlichen Heilmethoden, gesunder

Ernährung, Auseinandersetzung mit Sterbehilfe und Infragestellung der bisherigen Schulmedizin beschrieben. Zur Heilung der Seele werden vermehrt psychotherapeutische Methoden eingesetzt. Gleichzeitig wächst das Bewußtsein der »Verletzung der Erde«.

> Aus der **Mythologie** erfahren wir, daß **Cheiron** (lat. Chiron) ein Kentaur ist. Er wirkt als Heiler, Priester und weiser Lehrer, er lehrt Wissenschaften, Kunst und Heilkunst. Wegen seiner Weisheit wird er zum König der Kentauren.
> Herakles ist einer seiner besten Freunde, doch es ist gerade er, der ihn in einem Kampf irrtümlicherweise mit einem vergifteten Pfeil schwer verletzt. Obwohl er seine Tat bitter bereut, gibt es keine Abhilfe; die Wunde heilt nicht. Cheirons Leiden hat kein Ende, denn als Gott ist er unsterblich. So wird er zum Symbol des verwundeten Heilers, der fähig ist, den Schmerz anderer zu stillen, sich selbst aber nicht helfen kann.
> Als seine Qual zu groß wird, bittet er Zeus ihm zu erlauben, seine göttliche Unsterblichkeit aufzugeben. Seine Bitte wird erhört und im Austausch mit Prometheus wird Cheiron in Hades' Reich aufgenommen.

Chiron zeigt in unserem Horoskop, wo wir früher (im frühen Kindesalter, in pränataler Zeit oder in früheren Leben) eine Verletzung erlebt haben. Möglicherweise sind wir auf diesem Gebiet verunsichert oder ängstlich, als erwarteten wir wieder eine Kränkung. Deswegen wenden wir uns unbewußt eher dem »Göttlichen«, Spirituellen oder Transzendenten zu, statt uns mit unserem materiellen Dasein abzufinden. Doch es scheint eine unserer Aufgaben zu sein, uns dieser Verunsicherung zu stellen und zu entsprechender Sensibilität und Selbsterkenntnis zu gelangen. Die Entwicklung der Fähigkeit, Probleme zu analysieren, ermöglicht uns, auch anderen bei ihren Schwierigkeiten behilflich zu sein.

Nach Ansicht einiger Astrologen gehört Chiron statt Merkur als Herrscher in das Zeichen **Jungfrau**. Dies entspräche der heilenden Seite seines Charakters. Wegen seiner Weisheit, Spiritualität und Priesterlichkeit ordnen ihn andere Astrologen als Mitherrscher dem Zeichen **Schütze** zu.

Symbolische Entsprechungen Chirons

Allgemein: Heilkunde, Reinigung, Gesundheit, gesunde Ernährung, Weissagung, Tarot, Chiromantie, Astrologie, Intuition, bewußtes Sterben

Soziologisch: Menschen in heilenden und lehrenden Berufen, Weise, Weissager

Körperlich: Reinigung des Körpers, Bauch, Darm

6. Der Tierkreis

Die Kräfte, die durch die Planeten symbolisiert werden, wirken in uns und wir können sie spüren. Sie äußern sich jedoch bei jedem auf eine andere, individuelle Art. Unsere Verschiedenheiten sind in der speziellen Äußerung dieser Kräfte zu suchen, denn jeder Planet hat durch die zwölf Tierkreiszeichen, in denen er sich befinden kann, zwölf verschiedene Ausdrucksmöglichkeiten.

Eine übersichtliche Charakteristik ergibt sich aus der Vorstellung der sich jährlich wiederholenden natürlichen Rhythmen, wenn die Sonne das entsprechende Zeichen durchläuft. Eine nähere Beschreibung der Tierkreiszeichen stützt sich zudem auf das Wissen über

– Elemente,
– Wirkungsformen,
– Polarität und
– Zeichenherrscher.

Wichtig ist, sich immer daran zu erinnern, daß der Tierkreis eine Einheit bildet und daß wir ihn als solche betrachten müssen. Kein Tierkreiszeichen läßt sich isoliert begreifen, sondern nur in bezug auf alle anderen, und deshalb kann ein Mensch nicht nur einem einzigen zugeordnet werden.

Die Tierkreiszeichen

Ein Jahr auf unserem Teil der Erdkugel mit seinen Jahreszeiten ist mit einem Lebenszyklus vergleichbar. Das Leben beginnt im Frühling, der die Geburt symbolisiert. Der Sommer versinnbildlicht das Wachstum, der Herbst das Sterben, der Winter das Ausruhen und die Vorbereitung auf ein nächstes Leben. Machen wir uns auf den Weg durch das Jahr.

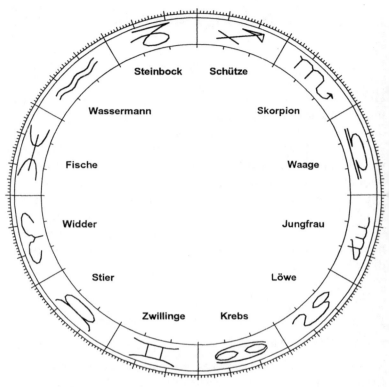

Der Tierkreis ist in 12 gleich große Abschnitte, die jeweils eine andere Charakteristik aufweisen, unterteilt.

Der **Widder** entspricht dem Lebensimpuls der Frühlingskraft. Die Sonne beginnt ihre Reise durch dieses Zeichen und durch den ganzen Tierkreis *am ersten Frühlingstag, dem 21. März*. Das Leben beginnt zu blühen; Keime, die unsichtbar unter der Erde versteckt waren, drängen ans Licht. Die Natur gerät in eine ungeduldige Bewegung, alles wächst.

Der Widder ist ein Lichtbringer und Sieger, der in den Mythen oft als Jäger oder Kämpfer erscheint. Seine Lebenskraft ist verschwenderisch, es herrscht die Unbeschwertheit der Jugend, die stürmische Leidenschaft und die Liebe zum Leben.

Feuer:	dynamisch, zielgerichtet, egozentrisch, entschieden, gespannter Außenmensch
kardinal:	begeisterungsfähig, Anstoß gebend, draufgängerisch
Mars:	Behauptungswille, Bewegungsenergie, Entschlossenheit, Aktivität, Mut, Trieb, Leistung, Tat, männlicher Teil der Sexualität, Rücksichtslosigkeit, Kampf, Herausforderung, Auseinandersetzung, Zerstörung
Widder:	Entschlossenheit, Zielbewußtsein, Begeisterungsvermögen, Selbstvertrauen, Mut; initiativ, kraftvoll, dynamisch, instinkt-geleitet, direkt, willensstark, kämpferisch, draufgängerisch, egoistisch, rücksichtslos, einseitig, unvorsichtig, ungeduldig, aggressiv, taktlos, triebhaft, zerstörerisch

Der **Stier** steht für das Sammeln und Bewahren der Kräfte. Die Sonne läuft durch dieses Zeichen vom *21. April bis zum 22. Mai.* Nach anfänglichem Aufbruch scheint es, als ob sich die Natur in ihrem blühenden Kostüm verlangsamt, um sich selbst bewundern zu können. Genießen und sich an allem Betastbaren und Sinnlichen zu freuen, ist das Mai-Thema. Alles blüht, riecht wundervoll, die Farben sind prächtig, die Mai-Nächte werden kürzer und wärmer. Es ist die Zeit der Liebe.

Erde:	beharrlich, fest, dauerhaft, verläßlich, langsam, gespannter Innenmensch
fix:	behalten, besitzen, stehenbleiben, dauerhaft, fest, langsam
Venus:	Sinnlichkeit, Liebesempfinden, Liebeskunst, Genuß, Schönheit, Kunst, Harmonie, Dauerhaftigkeit; Selbstwertgefühl, Luxus, Besitz, Materialismus, Stagnation
Stier:	realistisch, er hält sich an die konkreten Dinge und genießt gutes Essen; ausdauernd, unbeweglich, geduldig, beständig; Sinn für Form und Wirklich-

keit, Sinn für Dauerhaftigkeit der Dinge; sinnlich, treu, gefühlstief, genießerisch, hartnäckig, stur, konservativ, nachtragend, störrisch, besitzergreifend, mißgünstig, materialistisch, bequem, neidisch, eigenwillig

Beherrscht von Merkur sind die **Zwillinge** ein Denk- und Kommunikationszeichen. In der Zeit *zwischen dem 22. Mai und dem 22. Juni* macht die Natur den Eindruck, als befinde sie sich ständig in Bewegung und Spannung, auf der Suche nach Neuem und Aufregendem.

Dieses Zeichen ist typisch für Verbindungen, Kommunikation, Denken und zwischenmenschliche Begegnungen. Als eines der wenigen Zeichen, das Menschen und kein Tier darstellt, steht es für unsere »menschlichen«, intellektuellen Bedürfnisse.

Luft:	Beweglichkeit, Kommunikation, Verbindung, Intellekt, Vielseitigkeit, Zerstreutheit, gelöster Außenmensch
veränderlich:	loslassen, anpassen, Neues suchen, vielseitiges Interesse
Merkur:	Verstand, Lernfähigkeit, Denken, Vielseitigkeit, Handel, Interesse, Austausch, Diskussion, Zersplitterung, Oberflächlichkeit
Zwillinge:	aktiv, anpassungsfähig, gesellig, entgegenkommend, mitteilsam, neugierig, flink, Abwechslung suchend, vielseitig, kommunikativ, lebhaft, interessiert, widersprüchlich, inkonsequent, unbeständig, rastlos, nervös, geschwätzig, unzuverlässig

Nach der Sonnenwende, Ende Juni und im Juli, nach der Befruchtung der Blüten beginnt die »Schwangerschaft« der Natur.

Der **Krebs** verkörpert die Weiblichkeit und die Auflehnung gegen die Macht des männlichen Geistes. Hier herrschen die Göttinnen, wirkt die große Urmutter, eine weibliche Macht, die uns gebärt, ernährt und schützt – jedoch auch bindet, bemuttert und bevormundet.

Wasser: Suche nach Tiefe, breite Gefühlspalette, fühlen, sich klammern, weinen; Tendenz zum phlegmatischen Menschentyp

kardinal: Anstoß geben, zeugen, gebären, aus der Gefühlsfülle schöpfen, durch Gefühle beherrschen

Mond: Gefühl, Geborgenheit, Teilnahmefähigkeit, Rückverbundenheit, Empfindsamkeit, Fruchtbarkeit, Weiblichkeit, Gewohnheit, Laune, Bemutterung, Umklammerung, Instinktverhaftung

Krebs: Empfindsamkeit, Fruchtbarkeit, Empfängnis; sammelt und speichert alle Eindrücke; Phantasie, Schöpfer – schöpft aus den inneren seelischen Quellen; Erinnerungsvermögen, Beobachtungsgabe, Liebesfähigkeit, Familiensinn; hilfsbereit, bedächtig, anschmiegsam, sentimental; gestaltet den Tagesablauf nach eigenem innerem Rhythmus, paßt sich ungern an; verführbar, launisch, ängstlich, zimperlich, langsam

Der **Löwe** gehört zum Feuer und stellt eine in sich ruhende Energie dar. Das Zeichen, in dem die Sonne vom *23. Juli bis zum 23. August* verweilt, ist ein Symbol des Herzens und der Maßlosigkeit im Guten wie im Bösen, auch Festigkeit und Kraft der Persönlichkeit.

Die Kraft der Sonne im August hat etwas Königliches an sich. Der Himmel ist meistens klar und blau, die Farben strahlen prächtig und ruhig, wir spüren, daß der Sommer vor seinem Ende eine starke Ruhe ausstrahlt.

Hierzu gehört die Kreativität des Menschen, seine Freude am Leben mit allen Möglichkeiten der Entfaltung.

Feuer:	beweglich, zielgerichtet, egozentrisch, entschieden, gespannter Außenmensch
fix:	bewahren, besitzen, dauerhaft, fest, ruhig, würdevoll
Sonne:	Männlichkeit, Gestaltungskraft, Lebenskraft, Gesundheit, Patriarchat, Alleinherrschaft
Löwe:	Ich-Zentriertheit, Zielbewußtsein, Tatkraft, kreative Kraft, Begeisterungsfähigkeit, Organisationstalent, Selbstsicherheit, zukunftsorientiert, Großzügigkeit; unternehmerisch, feurig, impulsiv, stolz, vornehm, würdevoll, aufrichtig, gesellig; Einseitigkeit des Geistes, Arroganz, Prahlerei, Machtwille (»teile und herrsche«), Hitzigkeit, Vergnügungssucht, Imponiergehabe; durch Triebe geführt, übermütig, überheblich, eingebildet

♍

Vor der Tagundnachtgleiche kommen wir zum Zeichen der **Jungfrau.** In dieser Zeit, *zwischen dem 23. August und 23. September,* geht der Sommer zu Ende. Die Sonneneinstrahlung wird schwächer. Es ist nötig, für den Winter vorzusorgen, die Ernte einzubringen und Vorräte anzulegen. Fleißige Arbeit wird ihre Früchte zeitigen. In diesem Zeichen herrschen Ordnung, Vernunft, Sorgfalt, Nüchternheit, Kritik und Selbstbewährung, hier haben jedoch auch Dienen, Helfen und Heilen ihren Platz.

Erde:	beharrlich, fest, dauerhaft, Tendenz zur Melancholie
veränderlich:	loslassen, anpassen, Neues suchen, sich interessieren, Arbeit verrichten
Merkur:	Geschicklichkeit, Verstand, Nüchternheit, Lernfähigkeit, Interesse, Kritik, Ökonomie, Analyse
Jungfrau:	Geschicklichkeit, Ordnungsliebe, Gründlichkeit, Systematik, Logik, Kombinationsgabe, Fähigkeit zu analysieren, Vernunft, Sorgfalt; zuverlässig, bescheiden, fleißig, tüchtig, arbeitsam, sachlich; Interesse für gesunde Ernährung und Gesundheits-

pflege; Pedanterie, Kritikfähigkeit, Kleinlichkeit; sparsam, starr, konservativ, nüchtern, ängstlich, sicherheitsbedürftig, empfindlich, zimperlich, zwanghaft

♎

Mit dem siebten Zeichen beginnt die zweite Hälfte des Tierkreises. Nach der Tagundnachtgleiche am *23. September* durchläuft die Sonne das Zeichen **Waage**. Die Frühlings- und Sommerzeit, abgeschlossen mit der Ernte und deren Verarbeitung, ist vorbei, es kommt die Zeit der Ruhe und Freude. An vielen Orten wird das Erntefest gefeiert. Die strahlende Kraft der Sonne nimmt weiter ab, die Nächte werden länger, die Bäume tragen »farbige Kleider«. In der Natur herrscht Gelöstheit und Harmonie. In dieser Stimmung suchen die Tiere ihre Partner.

Luft: Beweglichkeit, Kommunikation, Verbindung, Intellekt, Zerstreutheit, Anpassungsfähigkeit, Tendenz zum sanguinischen Temperament
kardinal: Anstoß geben, auf die Umwelt wirken wollen, Denkanstöße geben
Venus: Harmonie, Liebesempfinden, Liebeskunst, das Passende verbinden, sein »Gegenüber« aufsuchen, Schönheit, Kunst, Selbstwertgefühl, Luxus
Waage: Kontaktbedürfnis mit dem Gegenüber; Harmoniebedürfnis, Sinn für Schönheit und Kunst, Lebenskünstler, Diplomatie, Stil und Vornehmheit, Aufgeschlossenheit, Auffassungsvermögen, Begeisterung, Fähigkeit, Sympathie zu erwecken; freundlich, mitteilsam, gesellig; Schauspielerei, Oberflächlichkeit, Unentschlossenheit; schwatzhaft, weitschweifig, selbstgefällig; Tendenz, Konflikten aus dem Weg zu gehen

Das Luftzeichen Waage liegt im Tierkreis dem Feuerzeichen Widder gegenüber, beide sind kardinal. Mit der gemeinsamen Absicht, wirken zu wollen, weisen ihre gegensätzlichen Charaktereigenschaften ergänzende Qualitäten auf. Die Widder-Waage-Beziehung stellt eine Verbindung zwischen Tat und Weisheit, zwischen Geradlinigkeit und Vielseitigkeit dar.

♈	♎
entschlossen (sieht nur einen Weg)	unentschlossen (wägt zwischen mehreren Möglichkeiten ab)
ein Ziel erreichen wollen	der Weg ist das Ziel
physische Kraft	Geisteskraft
schnell	nimmt sich Zeit
ich	ich mit dir
Männlichkeit (Mars, Feuer)	Weiblichkeit, aber auch Doppelgeschlechtlichkeit (Venus, Luft)
Choleriker	Sanguiniker
Direktheit	Diplomatie
Angriff	Verteidigung oder Ausweichen

♏

In der antiken Mythologie erscheint der **Skorpion** auch als Adler und Schlange, die bildlich beide Enden der Gefühlsskala darstellen. Diese Gefühlsextreme hat Goethe mit den Worten »Himmelhoch jauchzend, zum Tode betrübt« ausgedrückt. Das Skorpion-Zeichen versinnbildlicht den Drang sowohl nach Höhe als auch nach Tiefe, nach geistiger Offenbarung und tiefen Schichten der Gefühle.

Die Natur bereitet sich auf den Winterschlaf, auf das »Sterben« vor. In dieser Zeit *zwischen dem 23. Oktober und dem 23. November* werden die Nächte noch länger, das Wetter ist meistens unfreundlich mit einem dunklen, bedeckten Himmel und heulendem Sturm. In dieser Szenerie werden Sehnsüchte, Gefühlsbegehren und Melancholie geweckt, die oft von allen Arten von Ängsten und Gedanken über den Tod begleitet sind.

Wasser: Suche nach Tiefe, extreme Gefühlsschwankungen, sich anklammern, weinen; Erneuerung durch den ewigen Kreislauf des Wassers
Fix: behalten, besitzen, dauerhaft, fest, langsam
Pluto: Umwandlung, Macht, Urinstinkt, Regeneration,

Skorpion: Krise, Leidenschaft, Suggestion, Sexualität, Beeinflussung, Kontrolle, Zwang
Selbsterhaltung, Gefühlstiefe, »Gefühlswille« (Gefühle werden zum Antrieb für Handlungen), Treue, Opfermut, Unabhängigkeitsdrang abwechselnd mit Anklammerung, Scharfsinn, Erinnerungsvermögen, Loyalität, Sexualtrieb; tiefgründig, zäh, regenerationsfähig, ruhig wirkend; Jähzorn, Kraftvergeudung; kränkend, verletzbar, verletzend, nachtragend, launenhaft, verführbar, skrupellos

Der wässrige Skorpion und der erdige Stier bilden eine Polarität der fixen Zeichen. Die Triebhaftigkeit und das Nicht-loslassen-Wollen eines Objektes ist beiden gemeinsam. Die Achse Stier – Skorpion symbolisiert den Weg von der Materie zur Entmaterialisierung, vom Körper zur Seele.

♉	♏
Materie	Entmaterialisierung
Körper	Seele
Verstand	Gefühl
objektives Denken	subjektives, emotionales Denken
ich besitze	ich besetze
Aufbau	Zerstörung
Licht	Dunkelheit
Offenheit	Geheimhaltung
Lebensanfang	Lebensende
Verharren	Ansammeln und Entladen
Sinnlichkeit im venusischen Sinn	Sexualität im marsischen Sinn
Ruhe	Unruhe
Oberfläche	Tiefe
Genuß	Leidenschaft
ich habe	ich begehre

♐

Der **Schütze** sucht den Sinn des Lebens. Sein Pfeil zielt in die Weite. *Nach dem 23. November* beginnt die Winterzeit. Auf dem Feld, im Garten und im Wald ist keine Arbeit mehr zu tun. Der

Mensch kann sich jetzt dem Lernen und Studieren widmen, um seinen geistigen Horizont zu erweitern. In der Stimmung der Adventszeit steigen neue Hoffnungen, verbunden mit dem Glauben an die Zukunft, auf. Geselligkeit, Tradition, Sagen und Legenden, die seit Jahrhunderten weitergetragen werden, unterstützen die Auseinandersetzung mit Philosophie und Weltanschauung und wecken die Reiselust in ferne Länder und zu weiterer Erkenntnis.

Feuer: beweglich, zielgerichtet, egozentrisch, entschieden, gespannter Außenmensch, idealistisch
veränderlich: loslassen, anpassen, Neues suchen, sich interessieren
Jupiter: Ausdehnung, Entwicklung, Optimum, Reife, Einsicht, Religion, Begeisterung, Großzügigkeit, Zufriedenheit, Glück, Maß, Sinn, Selbstgefälligkeit, Überheblichkeit
Schütze: vergeistigt, Begeisterung, Zielbewußtsein, Streben nach Wahrheit und Menschenliebe, Sinn für Gerechtigkeit, Idealismus, Ritterlichkeit, Vorliebe für weite und ferne Länder, Suche nach Lebenssinn und Glaubensidealen, Weitblick, Unabhängigkeit; vornehm, würdevoll, unbesonnen, selbstgefällig, stolz, subjektiv, unbeständig, eingebildet, leichtgläubig, überheblich, sentimental

Auf der veränderlichen Achse zwischen dem Feuerzeichen Schütze und dem Luftzeichen Zwillinge stehen Lernen, Wissen und Verlangen nach Freiheit im Vordergrund. Doch während die Zwillinge praktisch denken, sucht der Schütze nach höheren geistigen Erkenntnissen.

♊	♐
Gedanke	Ideal
Kommunikation	Weg zum höheren Sinn
Intellekt	Geist
klug	weise
geschickt	studiert
Wissenschaft	Philosophie
Lehrer	Guru

Information	Glaube
teilt mit	belehrt, predigt
neugierig	hoffnungsvoll
praktisch	sentimental

Der **Steinbock** ist Sinnbild für den schaffenden Geist, der seine Kraft in innerer Konzentration sammelt. Dieses Zeichen folgt direkt auf die winterliche Sonnenwende *um den 22. Dezember.* Die Sonne gewinnt wieder an Kraft, die Tage werden langsam länger. Es ist oft die kälteste Jahreszeit, in der sich die Natur auf die notwendigsten Lebensäußerungen beschränkt, um zu überleben und geduldig auf den Frühling zu warten.

Erde: beharrlich, fest, dauerhaft, verläßlich, konservativ, melancholisch

kardinal: Materie bewegen wollen; auf die Umwelt dauerhaft, konzentriert und mit Kraft wirken wollen; Impulse geben

Saturn: Verantwortung, Sicherheit, Ernsthaftigkeit, Angst, Begrenzung, Pflicht, Erstarrung, Realität, Nüchternheit

Steinbock: Festigkeit, Arbeitsenergie, Ausdauer, Seriosität, Geduld, Logik, Systematik, Gründlichkeit, Strebsamkeit, Leistung, Treue, Moral, Arbeitsmoral, Verläßlichkeit, Loyalität, Starrsinn, Strenge, Zurückhaltung; konservativ, asketisch, kalt, sparsam bis geizig, trocken, gehemmt, sorgenvoll, streng

Der Steinbock, ein Erdzeichen, liegt dem Krebs, einem Wasserzeichen, gegenüber. Beide sind kardinal, ernst und introvertiert. Die Achse Krebs–Steinbock symbolisiert die Entwicklung des Kindes zum Erwachsenen, den Weg vom Heim in die Öffentlichkeit.

♋	♑
Kind	Erwachsener
Weichheit	Härte
Glaube	Realität
läßt auf sich wirken	will Macht und Einfluß
lebt nach eigenem Rhythmus	lebt nach Vorschriften und Gesetzen
Gefühle	Rationalität
Subjektivität	Objektivität
»ich entscheide nach meinem Gefühl«	»ich entscheide nach meiner Pflicht«
Verständnis	Autorität
Heim	Karriere
innere Werte sind wichtig (Gefühlsleben)	äußere Werte sind wichtig (gesellschaftlicher Status, materielle Güter)

Der **Wassermann** ist ein Luftzeichen, in dem sich der Geist als eine unberechenbare Größe offenbart. Frei von Leidenschaften, oft einsam, braucht er Freiheit und Ungebundenheit, wie die Luft selbst.

In diesem Zeitabschnitt, *um den 20. Januar* beginnend, macht die Natur den Eindruck, als ob sie nach anfänglichem Anlauf im Steinbock stehengeblieben wäre: Die Winterzeit ist noch nicht vorüber, der Frühling ist noch nicht da. Als Abschied vom Winter wird in vielen Ländern die Fastnacht gefeiert, eine Narrenzeit.

Da sich im Wassermann zwei gegensätzlich wirkende Planeten als Herrscher und Mitherrscher befinden, kann der Charakter des einen oder des anderen dominieren.

Luft: Beweglichkeit, Kommunikation, Verbindung, Intellekt, Zerstreutheit, gelöster Außenmensch
fix: behalten, besitzen, dauerhaft, fest, langsam
Uranus: Freiheit, Originalität, Eigenart, Intuition, Idee, Offenbarung, Entdeckung, Erfindung, Individualität, Reform, Mutation, Auflehnung, Revolution, Exzentrik, Erregbarkeit, Außenseitertum, Unpersönlichkeit

Saturn: Verantwortung, Sicherheit, Ernsthaftigkeit, Begrenzung, Konzentration, Erstarrung, Realität, Nüchternheit, Konservativismus

Wassermann: denken, erfinden, planen; Systematik, Organisationstalent, geistige Aktivität, Voraussicht, Intuition, Realität, Ideenmotivation, Weitblick, Humor, Einzelgängertum, Anordnungssinn, Beobachtungsgabe, Humanität; revolutionär, zuversichtlich, »verrückt«, freiheitsdurstig, gesellig, aber unverbindlich, tolerant; Nüchternheit, Sachlichkeit, Unberechenbarkeit, Gefühlskühle, »Kopf statt Gefühl«, Oppositionslust, widerspenstig, opportunistisch

Der luftige Wassermann und der feurige Löwe bilden eine fixe Polarität, die Achse der Kreativität und Menschlichkeit. Beide Zeichen richten sich nach dem Motto »Leben und leben lassen«, auch wenn dies jedes auf seine eigene Art versteht.

♌	♒
Wärme	Kühle
Herz	Verstand
unmittelbar	durchdacht
Liebschaften	kollegiale Beziehungen
Individuum	Gruppe
Begeisterung	Nüchternheit
Kreativität	»göttliche« Intelligenz
Egobewußtsein	transpersonales Bewußtsein
Selbstzentriertheit	im Zentrum steht die Idee
ich will	ich weiß
Sexualität	»Geschlechtslosigkeit«
Nachkommenschaft	geistiger Nachlaß

♓

Die **Fische.** In diesem letzten Tierkreiszeichen ist die Persönlichkeit von Gefühlen und Eindrücken so durchtränkt, daß sie am liebsten mit ihnen zusammenfließen würde. Ihr Ego hat eine lange Entwicklungsreise hinter sich und hat keine individuellen

Bedürfnisse mehr. Es entsteht der Wunsch nach Verbindung mit allen und allem in einer großen Einheit. Im Urchristentum symbolisiert der Fisch den leidenden und auferstehenden Erlöser, die Erlösungssehnsucht und das passive Leid.

Die Sonne wandert durch dieses Zeichen *zwischen dem 20. Februar und dem 21. März.* Vor dem ersten Frühlingstag schließt sie ihre Jahresreise ab. Es ist die Zeit des Ablösens vom Alten und der Erwartung des Neuen.

Wasser: Suche nach Tiefe, Gefühlsskala, fühlen, sich hingeben, Unendlichkeit des Wassers und der Gefühle, sich besinnen

veränderlich: loslassen, anpassen, sich bewegen, sich einfühlen

Neptun: Grenzauflösung, Empfänglichkeit, Sensitivität, Phantasie, Hingabe, Entsagung, Geschehenlassen, Ahnung, Glaube, Suche, Passivität, mystische Zustände, Beeinflußbarkeit, Verwirrung, Täuschungen, Illusion, Flucht, Betäubung, Sucht, Abhängigkeit

Fische: Sensibilität, Besinnlichkeit, Empfänglichkeit, Einbildungskraft, Phantasie, Träume, Anpassungsfähigkeit und gleichzeitig sich nicht einfangen lassen; anschmiegsam, freundlich, aufopferungsfähig, empfindlich, gelassen, ruhig; Unentschiedenheit, Inaktivität, Trägheit, Sentimentalität, Gleichgültigkeit; unselbständig, ängstlich, bequem, verführbar, beeinflußbar

Die Achse der veränderlichen Zeichen, der erdigen Jungfrau und der wässrigen Fische führt uns von der Realität zu den Träumen, von der festen Form zu ihrer Auflösung. Beide möchten ihren Nächsten helfen, das erste Zeichen auf praktische Art, das zweite durch Selbstaufopferung.

♍	♓
Wirklichkeit	Phantasie
Sachlichkeit	Träume
Fakten	Glaube
Detail	Ganzheit

dienen	sich aufopfern
Krankenpflegerin	Ordensschwester
erfahren wollen	mitleiden
planen	dem Schicksal überlassen
ausprobieren	auf Eingebung warten
begrenzt	transzendental
irdische Logik	höherer Sinn
körperliche Nahrung	mystischer Rausch

Fragen und Anregungen

– *Denken Sie über jedes Tierkreiszeichen nach. Versuchen Sie seine Qualität ausführlicher zu beschreiben, als es hier der Fall ist. Sie kennen den Weg bereits. Sie können sich dabei Ihnen bekannte Personen vorstellen, die durch bestimmte Zeichen stark geprägt sind.*

– *Sie wissen bereits, welches Element in Ihrem Horoskop am stärksten vertreten ist. Sie können es jetzt noch genauer betrachten und schauen, welche Tierkreiszeichen bei Ihnen die stärkste Besetzung aufweisen.*
Ist es das, wo sich die Sonne befindet?
Sind andere stärker betont?
Wie beschreiben Sie diese Zeichen? Entspricht diese Beschreibung Ihrer Vorstellung von Ihnen selbst?

– *Diese Übung können Sie überall machen: bei einer körperlichen Arbeit, beim Spazierengehen – einfach immer dann, wenn Sie Zeit zum Überlegen haben. Versuchen Sie sich vorzustellen, wie die Tierkreiszeichen aufeinanderfolgen, welche einander gegenüberliegen und welche zu demselben Element und zu einer gleichen Wirkungsform gehören, bis Sie das in- und auswendig kennen. Denn dieses Wissen ist eine wichtige Grundlage für die Horoskopdeutung.*

7. Die Planetenkräfte in den Tierkreiszeichen

Die Planeten wollen ihre Prinzipien ins Leben einbringen. Da sie sich in den Zeichen verschiedener Charaktere befinden, äußert sich ihr Prinzip so, wie ihnen die entsprechenden Zeichen dies ermöglichen. Also lautet die Frage: **Wie drückt sich eine Planetenkraft in einem bestimmten Zeichen aus?**

Jedes Zeichen stellt andere Mittel bereit: Merkur geht auf verschiedene Arten an die Denkprobleme heran, Venus gibt sich der Liebe auf unterschiedliche Weise hin, und ihre Vergnügungen sind nicht überall dieselben, und Mars als Kämpfer kriegt jedes Mal andere Waffen, um sich zu behaupten.

Manche Tierkreiszeichen sind in ihrer Grundnatur mit dem Prinzip der Planetenkraft verwandt: Ist dies der Fall, nennen wir den Planeten »Herrscher« oder »Regent« in diesem Zeichen, so wie es in Kapitel 5 beschrieben ist. Hier in seinem Domizil kann sich sein Prinzip vollständig entfalten, und so ist die Beschreibung »Planet im Zeichen« von der Planeten-Charakteristik nicht weit entfernt. Doch auch in den anderen Zeichen setzt die Planetenkraft ihr Prinzip durch; dazu muß sie aber die Mittel gebrauchen, die ihr dort zur Verfügung stehen.

Jeder Planet durchwandert ein Zeichen innerhalb einer gewissen Zeit, die wiederum von der Entfernung seiner Bahn von der Erde abhängt. Der Mond legt diesen Weg am schnellsten zurück, in ungefähr zweieinhalb Tagen – der Pluto am langsamsten, durchschnittlich in etwa 20 Jahren. Es leuchtet ein, daß die Position des Mondes in jedem Zeichen eher das Individuelle beschreibt als diejenige des Pluto. Diesen entferntesten Planeten finden wir in ein und demselben Zeichen während einer ganzen Generation.

Daraus folgt auch die Gewichtung der Aussage über einen Planeten in einem Tierkreiszeichen (vgl. »Punktzahl der Planeten«, Kapitel 4). Im persönlichen Horoskop ist vor allem die Deutung der Kombination »Planet im Zeichen« bei den persönlichen Planeten Sonne, Mond, Merkur, Venus und Mars wichtig. Jupiter und Saturn in den Zeichen werden eher im Zusammenhang mit den Aspekten und Horoskophäusern betrachtet. Wie sich die transsaturnischen Planeten in den Zeichen äußern, wird erst dann interessant, wenn es sich um die Charakteristik einer Generation handelt. Im persönlichen Horoskop wird bei diesen Planeten ihre Position im Horoskophaus und ihre Aspektierung als wichtiger angesehen.

Die Leserinnen und Leser finden auf dem heutigen Büchermarkt geeignete Literatur über die einzelnen Kombinationen. Ich möchte Sie hier ermutigen selber zu versuchen, die Kombinationskunst zu üben.

Wie sind die Kombinationen zu deuten?

Wir stellen Fragen wie:
Auf welche Art kann der Planet im bestimmten Zeichen seine Eigenschaften entfalten? Wie wirkt der Planet in diesem Zeichen?

Weitere Fragen können auf ähnliche Weise formuliert werden wie in Kapitel 5 – nach der Beschreibung der einzelnen Planeten. In diesem Sinn kann jede Leserin und jeder Leser die Fragen selbst erweitern. Die Antworten sind in der Charakteristik des zuständigen Tierkreiszeichens zu finden.

Die Sonne

Sonne und Mond stellen unsere **Grundexistenz** dar: die Sonne den bewußt-männlichen, der Mond den unbewußt-weiblichen Teil. Der bewußte Teil der Sonne ist uns zugänglicher, und es ist leichter, uns mit ihm zu identifizieren. Also eignen wir uns meistens die Eigenschaften des Tierkreiszeichens, in dem sich die Sonne befindet, als unseren Grundcharakter an.

Frage zum Thema Sonne: Wer bin ich, was ist mein persönliches Lebensmotiv?

Die Antwort bietet uns die Beschreibung des jeweiligen Tierkreiszeichens an.

Einmal mehr sei hier vor einer einseitigen Typologisierung gewarnt, wird doch die andere Hälfte unseres Grundcharakters durch den Mond dargestellt, und **die gemeinsame Charakterisierung auf vielfältige Weise durch weitere Horoskopfaktoren modifiziert.**

Der Mond

Der Mond stellt den weiblich-unbewußten Teil unserer Grundexistenz dar: **die Instinktwelt und die gefühlsmäßige Reaktion auf die Umwelteinflüsse.** Diesen Teil, der sich auf das Unbewußte bezieht, müssen wir bewußt anschauen, um ihn kennenzulernen.

Zum Thema Mond können wir folgende Fragen stellen:

- Wie habe ich in meiner Kindheit die Beziehung zu meiner Mutter oder zu anderen Bezugspersonen wahrgenommen? (Diese Beschreibung kann und muß nicht objektiv sein. Für die Charakterisierung ist das subjektive Erleben wichtig.)
- Wie reagiere ich auf Umwelteinflüsse? Wie wirken diese auf meine Gefühle?
- Welche Grundbedürfnisse habe ich, um mich emotional wohl zu fühlen?
- Welche ist die instinktive, emotionale Grundstimmung, die mich in meinem Leben begleitet?

Beispiel: **Mond in den Zwillingen**

Charakter des Zeichens Zwillinge: aktiv, anpassungsfähig, gesellig, entgegenkommend, mitteilsam, neugierig, flink, abwechslungsbedürftig, vielseitig, lebhaft, kommunikativ, interessiert, widersprüchlich, unbeständig, rastlos, nervös, geschwätzig, klatschhaft, unzuverlässig

Als Kind nahm der Mensch seine Bezugsperson folgendermaßen wahr:

- als vielseitig interessiert
- als fröhlich und beredsam

- als zerstreut
- mit Stimmungsschwankungen oder nervös und widersprüchlich in der Gefühlszuneigung
- als intellektuell; er fühlte sich eher intellektuell als gefühlsmäßig unterstützt (Sprach- und Interessenentwicklung)
- als eine inspirierende Person

Möglicherweise reagiert dieser Mensch instinktiv auf die Umwelteinflüsse:

- sanguinisch, fröhlich, freundlich
- mit einer unmittelbaren Reaktion auf die Umwelt, aber mit einem kleinen Anteil an Mitgefühl
- unruhig, zerstreut
- einfallsreich: Die Einfälle werden von den Einwirkungen der Umwelt auf seine unbewußte Gefühlsseite ausgelöst.
- neugierig und wissensdurstig
- anpassungsfähig
- mit Gefühlsdistanz und mit Intellektualisierung der Gefühle
- im Reden: Mit Worten kann er versuchen, Gefühlskontakt zu verhindern.
- ist nicht stark von zu Hause abhängig; wahrscheinlich löst er sich ohne große Probleme, eventuell früh, vom Elternhaus ab

Um sich emotional wohl zu fühlen, könnte der Mensch folgende Grundbedürfnisse haben:

- sein »Gefühls-Klima« verbal äußern können
- aber dabei gefühlsunabhängig bleiben
- mit vielen Menschen diskutieren und reden
- intellektuelle Tätigkeiten pflegen
- genug freien Raum um sich haben
- mit allem Neuen in Kontakt sein (»up to date«)
- Neues lernen (auch unbewußt, durch Nachahmung)

Seine instinktive Grundstimmung könnte sanguinisch, fröhlich, neugierig, gesprächig, unverbindlich, teilnahmslos und wechselhaft sein.

Zusammenfassung:

Diese Person hat als Kind ihre Mutter oder eine andere Bezugsperson vermutlich als vielseitig interessiert und zerstreut empfunden. Sie nahm von ihr nicht viel Gefühlswärme auf und fühlte sich eher intellektuell unterstützt. Wahrscheinlich fiel es ihr leicht, sich früh vom Elternhaus abzulösen.

Es ist vorstellbar, daß ihre Gefühlsreaktionen vielfältig sind; von der unbewußten Instinktwelt her ist sie mitteilsam, lebhaft, neugierig und kommunikativ, besonders dort, wo sie sich wohl und geschützt fühlt. Ein wichtiges Bedürfnis ist ihr dabei, ihre Gefühle in Freundschaften und Bekanntschaften auszuleben und sich dabei besonders verbal ausdrücken zu können, jedoch gefühlsunabhängig zu bleiben.

Vermutlich ist sie fähig, vieles vom Unbewußten ins Bewußtsein zu heben (sie lernt »aus sich selbst«). Sie kann jedoch widersprüchlich und rastlos sein, ohne selbst zu wissen warum. Möglicherweise wechseln ihre Stimmungen rasch, so als säßen zwei Seelen in ihrer Brust. Von den vielen Anregungen, die sie aufnimmt, können ihre Nerven strapaziert sein, und sie bräuchte als Ausgleich Zeit zum Ausruhen.

Merkur
intellektuelle Kraft, Denken, Vernunft

Die Merkur-Position ist immer von derjenigen der Sonne abhängig. Die Sonne symbolisiert unseren bewußten Teil der Existenz. Merkur verkörpert die Kraft, die Wahrnehmungen ins Bewußtsein bringt, also die Sonne in ihrem Prinzip unterstützt. Damit ist aber nicht das Intelligenzniveau festgelegt. Dieses hängt nicht vom Zeichen ab.

Fragen:

– Wie denke, lerne, lese, spreche ich? Wie kommuniziere ich mit anderen Menschen?
– Auf welche Art versuche ich, Probleme auf der intellektuellen Ebene zu lösen?

Beispiel: **Merkur im Widder**

Ein Mensch mit dem Merkur im Zeichen Widder ist mit schlagfertigem Verstand und mit zielstrebigem Denken ausgestattet. Sein Verstand ist scharfsinnig, rasch und entschlossen, und seine Ideen können anderen oft neue Impulse geben. Er diskutiert offen, direkt und gradlinig, vermutlich vehement; er besteht auf seiner eigenen Logik und verteidigt kühn seine Meinungen. Er wird kaum zum Analysieren neigen; die Dinge existieren für ihn so, wie er sie von seinem Standpunkt aus haben will. Intellektuell löst er seine Probleme wahrscheinlich direkt mit der ersten Idee, die ihm in den Sinn kommt, und in der Regel erträgt er nur schwer und mit Widerwillen eine Änderung seiner geistigen Vorstellung. Er kann starrköpfig sein, Takt ist meistens nicht seine Stärke, seine Worte können unüberlegt sein, und sie können verletzen, auch wenn er »es nicht so gemeint hat«.

Venus
Harmonie, Liebe, Sinnlichkeit, Kunst

Fragen:

- Welche Art von Harmonie brauche ich, und wie genieße ich eine sinnliche Atmosphäre?
- Welche Einstellung habe ich zur Liebe, welche zur Kunst? Und welche zum Besitz?
  Frage für die Frau: Wie äußere ich mich in der Liebe, wie fühle ich mich als Frau?
  Frage für den Mann: Wie sieht mein weibliches Wunschbild aus?

Beispiel: **Venus in der Jungfrau**

Eine Person mit dieser Venus-Stellung wird vermutlich oft vor die Frage gestellt: Wie kann ich mich freuen, lieben und das Leben genießen, wenn ich, statt die Ganzheit wahrzunehmen, die Details beobachte?

Vielleicht analysiert sie ihre Gefühle gerne und betrachtet sich selbst sehr kritisch. Diese Tendenzen verhindern jedoch, daß sie sich der Schönheit des Augenblicks hingibt. Sie ist eher zurückhaltend und vorsichtig. In der Regel fühlt sie sich in einer konkret-praktischen Umgebung wohl. Am liebsten möchte sie mit einer Person liiert sein, die ihrer praktischen Orientierung entspricht. Es ist möglich, daß sie in den Angelegenheiten der Venus nach Perfektion sucht und das meistens in Kleinigkeiten. Vernunft und Vorsicht könnten auch in ihrer Einstellung zum Geld vorherrschen; ebenso im ästhetischen Empfinden, das sich in einem praktischen, nüchternen und einfachen Stil ausdrücken mag. Ordnung kann zur Vorstellung von Harmonie und Schönheit dieser Person gehören.

Bei dieser Jungfrau-Venus-Person können wir uns vorstellen, daß ausführliche Hygiene zu einer der Voraussetzungen für sexuelle Liebe gehört. Und sie braucht die Körperpflege, denn sie ist – besonders wenn es sich um eine Frau handelt – sehr empfindlich und reagiert auf alle »Witterungen« der Umgebung.

Wenn andere Horoskopkomponenten nicht dagegen sprechen, kann eine Frau mit dieser Venus als Geliebte ihren Partner eher im Alltag umsorgen als mit Leidenschaft beschenken, und in diesem Stil wünscht sich meistens auch ein Jungfrau-Venus-Mann seine Partnerin.

Mars
Durchsetzungswille, Kampfnatur, Sexus

Fragen:

– Auf welche Art setze ich mich durch?
Frage für den Mann: Wie erlebe ich die Sexualität? Wie bin ich als Mann?
Frage für die Frau: Was für einen Mann möchte ich lieben?

Beispiel: **Mars in der Waage**

Die Durchsetzung des Waage-Mars-Menschen geschieht in der Regel nicht »mit den Fäusten oder mit dem Schwert«. Die Waage steht dem marseigenen Zeichen Widder gegenüber, und so muß sich dieser Mensch andere Kampfmittel aussuchen. Die Kardinalität des Zeichens unterstützt das marsische »Impuls-Geben«, die Herrscherin Venus und das Element Luft geben ihm die Waffen: Wort, Takt und Charme. Als Resultat ergibt sich soziales Engagement und diplomatisches Vorgehen: reden, argumentieren und die eigene Meinung taktvoll verteidigen. Da die Waage das Gebiet der Venus ist und mit Partnerschaften zu tun hat, kann dieser Mensch gut auf die Wünsche anderer eingehen. Oft geht er jedoch so weit, daß er die eigenen nicht genug verteidigt. Der Harmoniewunsch kann bisweilen in Kampfunlust und Vermeidung von Schwierigkeiten um jeden Preis umschlagen. Das erschwert die Durchsetzung, denn der Mensch hat das Problem, sich nicht rechtzeitig entscheiden zu können: Mit seinen inneren Augen sieht er ständig ein vielfältiges Feld von Möglichkeiten, Argumenten und Gegenargumenten.

Eine Frau mit diesem Mars dürfte in sich das Bild eines klassisch schönen Mannes tragen, der kultiviert, zärtlich, manierlich und diskussionsbereit ist. Ein Mann mit dieser Mars-Position kann ein taktvoller Liebhaber sein, mit der Neigung, sich eher klassisch in der Liebe zu äußern. Den Wunsch nach einem Gegenüber finden wir bei beiden Geschlechtern.

Fragen und Anregungen

- *Beschreiben Sie Ihre eigenen persönlichen Planeten in den Zeichen.*
- *Vergleichen Sie diese Beschreibungen mit den Antworten, die Sie als Übung nach jeder Planetenbeschreibung gemacht haben.*
Was können Sie über den Vergleich aussagen? Entspricht die Beschreibung »Planet im Zeichen« gewissermaßen Ihrer Vorstellung von Ihnen selbst?
Sollte dies nicht der Fall sein, bedenken Sie folgendes:
- *Der Planet im Tierkreiszeichen ist nur eine unvollkommene Beschreibung: Sie muß noch durch andere Horoskopfaktoren (beispielsweise Aspekte und Häuser) vervollständigt werden.*
- *Dieses Buch soll Ihnen helfen, sich selbst besser kennenzulernen. Wenn Ihnen in dieser Übung etwas begegnet, das Sie bis jetzt noch nicht oder nur wenig wahrgenommen haben, sagen Sie sich doch einfach: »Ach so! Das nehme ich zwar ganz anders wahr, aber ich nehme es einmal als Möglichkeit zur Kenntnis und beobachte mich diesbezüglich!«*

Tabellen der persönlichen Planeten in den Zeichen

Bei der stichwortartigen Deutung ist folgendes zu beachten:
- Die Sonne wird durch das Tierkreiszeichen beschrieben, in dem sie steht, deshalb ist sie hier nicht aufgeführt.
- Das Stichwort »Frau« unter »Venus« bedeutet im weiblichen Horoskop die Selbstdarstellung der Person als Frau, im männlichen das innere Wunschbild der Frau. Analog gilt es für das Stichwort »Mann« unter dem Titel »Mars«.
- Wo der Zeichen-Herrscher (bis auf die Sonne) langsamer ist als der zu deutende Planet im Zeichen, besteht meistens eine Ähnlichkeit zu entsprechenden Aspektdeutungen.

Mond

	Reaktion auf die Umwelteinflüsse	Emotionale Bedürfnisse	instinktive Grundstimmung	Analogie zu Aspekten
♈	spontan, rasch, entscheidungsfest, ungeduldig, dickköpfig	aktiv sein wollen, sich austoben, Spontaneität	erregt, zielstrebig, zukunftsorientiert	MO/MA
♉	ruhig, bedächtig, charmant, stur	Sicherheit und Genuß, langsam sein dürfen, Körper und Sinne gebrauchen	besitzergreifend, sinnlich, genießerisch, störrisch	–
♊	vielseitig, neugierig, fröhlich, anpassungsfähig, intellektualisierend	sich aussprechen, Kontakte, Gefühlsdistanz	leicht, heiter, wechselhaft, teilnahmslos	MO/ME
♋	empfänglich, empfindlich, träumerisch, launisch, kindisch-naiv	beschützt werden und beschützen dürfen, Heimgebundenheit	zurückgezogen, ängstlich, träumerisch, empfindsam	–
♌	theatralisch, optimistisch, gereizt, herrschend	besonders sein, beachtet werden, sich spontan ausdrücken	würdevoll, lebensfroh, impulsiv-cholerisch	–

♍	vorsichtig, vernünftig, hilfreich, melancholisch	»Unberührtheit«, Hygiene, gesunde Ernährung, Funktionalität	praktisch, genau, verläßlich, sorgenvoll, fleißig	z.T. MO/ME
♎	ausgewogen, charmant, taktvoll	friedliche, schöne Umgebung, Gesellschaft, genug Zeit haben	du-bezogen, kultiviert, zuvorkommend, konfliktfrei	MO/VE
♏	herausfordernd, gefühlsintensiv, melancholisch, verführend, beleidigt	Höhen und Tiefen der Gefühle, Geheimnisse haben, Sexualität	wandlungsfähig, triebhaft, leidenschaftlich, nachtragend	MO/PL
♐	großartig, jovial, idealistisch, empfindlich für Kritik	beliebt, bewundert und anerkannt werden, Freiheit, Reisen	optimistisch, zukunftsorientiert, großzügig, gerecht	MO/JU
♑	pflichtbewußt, illusionslos, kühl, beherrscht, streng	sich mit realistischen Dingen befassen, Verantwortung tragen, für Verwirklichung der Träume arbeiten	ernst, strebsam, leistungsbereit, kontrolliert	MO/SA
♒	unruhig, tolerant, kühl, intellektuell, rebellisch	Freiheit, Ungebundenheit, aktiv sein, Kameradschaften, anders als andere sein	eigenständig, eigenartig, originell, freiheitsliebend	MO/UR
♓	passiv, einfühlsam, liebevoll, opferbereit, schüchtern, verträumt	geliebt und beschützt werden, träumen	phlegmatisch, sensibel, mitfühlend, medial, labil, gelassen	MO/NE

	Merkur	Venus	Mars
♈	spontane, eigenwillige Ideen; schlagfertig; ändert seine Ideen nicht vor dem Erreichen des Ziels; Organisator (ME/MA)	stürmisch, heftig und schwärmerisch in der Liebe, Frau: die Eroberin (VE/MA)	sich spontan, energisch behaupten; initiativ; impulsiv; kräftig, direkt, streitsüchtig, Führer-Fähigkeit, Mann: Sportler, Kämpfer, Wettläufer
♉	konkret; gründlich; bedächtig; eigensinnig; praktisch; bleibt gerne bei einer gut überlegten Lösung; Vermögensverwalter	Geborgenheit; Beständigkeit; Eifersucht; genießt Liebe, Essen und Besitztum; Frau: die Sinnliche	sich durch Ausharren behaupten: langsam und bedächtig zum Ziel; Unnachgiebigkeit; Wunsch nach Hab und Gut; Sinn für Formen; Mann: Wirt, Bildhauer
♊	analytisch; sprachbegabt; originell; unkonzentriert; wechselt rasch Themen und Interessen; Journalist	Abwechslung; viel und vielseitige Beziehungen; diskussionsbedürftig; aktiv; charmant; Frau: die Geistreiche	schlaue, geschickte, verbale Selbstbehauptung; aktiv; beweglich; schlagfertig; flink; vielfältige Ziele; Mann: der Findige
♋	phantasievoll; subjektiv; gutes Gedächtnis; gefühlsbetonte Voreingenommenheit; Erzähler	Sensibilität; Verletzlichkeit; Häuslichkeit; verträumte, romantische Liebe; Frau: die Anhängliche	Selbstbehauptung auf Umwegen, schwankend zwischen Willen und Gefühl; stimmungsabhängige Leistungen und Ziele; selbstquälerisch; Mann: Bastler, Romantiker

	Merkur	Venus	Mars
♌	großzügige Denkart, Details übersehend; Organisationstalent; Überzeugungskraft; Lehrer, Erzieher, Schauspieler	stolz, großartig, großzügig, erotisch; Vorliebe für Schmuck und teure Einrichtung; theatralisch; gesellschaftlich; Frau: die Salonlöwin	sich mit Selbstverständlichkeit behaupten; optimistisch; souverän; egoistisch; cholerisch; leidenschaftlich; unternehmungslustig; Mann: Heerführer
♍	logisch, analytisch, praktisch, pünktlich, systematisch, kritisch, opportunistisch; Orthograph, Mathematiker	sorgenvoll; praktisch; hilfsbereit; beherrschend; kritisch; analysierend; Abneigung von Fremdartigem; Frau: die »Jungfrau«	sich durch genaues Erwägen der Situation behaupten; geschickt; methodisch; Sinn für Details; nützliche Ziele; Mann: der Praktische, der Händler
♎	harmonische Denk- und Redensart; Gerechtigkeitssinn; gehobener Sprachstil; Diplomat (ME/VE)	Wunsch nach Partnerschaft und gesellschaftlicher Kontakt; kultiviert; gepflegt; erotisch; künstlerisch/kitschig; vornehm; Frau: die Top-Schöne	Selbstbehauptung durch Takt, Höflichkeit und Kompromißbereitschaft; gesellschaftlich; charmant; harmonisch um jeden Preis; Mann: der Klassische
♏	gefühlsbeeinflußter Verstand; kritisch; direkte, schonungslose Sprache; Interesse am Versteckten; Chirurg, Detektiv (ME/PL)	leidenschaftlich, gefühlstief, eifersüchtig; Anziehung gilt mehr als Schönheit; Frau: die Liebes-Magierin (VE/PL)	Selbstbehauptung leidenschaftlich und kompromißlos; ausdauernd; seelisch kräftig; nachtragend; zerstörerisch; Mann: der Kühne, der Leidenschaftliche (MA/PL)

	Merkur	Venus	Mars
♐	Ganzheit wichtiger als Detail; ideale, langfristige Pläne interessanter als alltägliche; Idealist, Optimist, geistiger Lehrer (ME/JU)	Erotik mit Exotik; idealisierte, abenteuerliche Liebe; sublimiertes Ausleben in der Religion; Frau: die Priesterin (VE/JU)	sich enthusiastisch und durch Beliebtheit behaupten; aus idealistischen Motiven handelnd; mitreißend; Mann: der bewunderte Lehrer (MA/JU)
♑	ernst, methodisch, gedanklich konzentriert; gründliche Auffassungsgabe; Ausdauer; Disziplin; Geschäftsführer (ME/SA)	Sicherheit, Reichtum und gesellschaftliche Position stehen vor Emotionen; Vorsicht, Abstand, Treue, Zuverlässigkeit; Frau: die Bewußte (VE/SA)	sich durch Krafteinsatz und Disziplin behaupten; ehrgeizig; unbeugsam; Organisationstalent; Pflichtbewußtsein; Mann: der Verläßliche, der Streber (MA/SA)
♒	ideenreich; sprunghaft; abstrakt; originell; plötzliches Auftauchen von Wissen; Erfinder, Esoteriker (ME/UR)	unkonventionelle Liebe auf freiwilliger Basis; Freiheit statt Bindung; Sinn für abstrakte Kunst; Frau: die Unverbindliche (VE/UR)	sich originell und durch Intelligenz behaupten; Organisationstalent; Handeln auf theoretischer Grundlage; verrückt; Mann: der Eulenspiegel (MA/UR)
♓	Ahnungen, Intuition, innere Bilder beeinflussen das Denken; Imagination stärker als Wirklichkeit; Ordensschwester/-bruder (ME/NE)	Liebe als Mission; Feinfühligkeit; kritiklose, hingebungsvolle Liebe; Sehnsucht nach absolutem Ideal; Frau: die kleine Seejungfrau (VE/NE)	Selbstbehauptung durch passive Resistenz oder scheinbare Anpassung; zart; sich zurückziehend; unberechenbar; Mann: der Prinz (MA/NE)

8. Aspekte

Zyklische Entwicklung und Aspekte

Die Entwicklung im Kosmos geschieht in Zyklen, d. h. in sich ewig wiederholenden Abläufen. Etwas entsteht, es entfaltet sich, erlebt seinen Höhepunkt und bereitet sich zum Ableben vor. Der Kreis schließt sich mit dem Sterben und der Vorbereitung auf die Neugeburt. Aus dem Alten entsteht die Saat für das Neue. Dann beginnt die Entwicklung wieder von vorne, jedoch auf einer höheren Ebene, denn von der abgestorbenen Qualität ist die entsprechende Erfahrung zurückgeblieben. Der Ablauf des Entwicklungsprozesses im Universum ist mit einer Spirale vergleichbar.

Die Entwicklungsspirale

Wenn wir einen Monat lang den Himmel beobachten, werden wir Zeugen eines phantastischen Schauspiels. Wenn der Mond an der Sonne vorbeiläuft und seine uns abgewandte Seite beleuchtet wird, bleibt er für uns unsichtbar. Er ist verschwunden, symbolisch »gestorben«, um sich dann »im Mutterleib« ruhend auf die Wiedergeburt vorzubereiten. In dieser Zeit sprechen wir vom Neumond und von der Neumondnacht. Während der nächsten Tage sehen wir den Mond, wie er aus der kleinen Sichel wächst, allmählich zum Halbkreis wird und weiter wächst, bis wir in der Vollmondnacht die ganze uns zugewandte Seite hell beschienen sehen. Er hat nun seinen am weitesten von der Sonne entfernten Platz eingenommen, von uns aus gesehen ihr gegenüber. Nachdem er seinen Höhepunkt erreicht hat, läuft er wieder der Sonne entgegen, sein Licht nimmt ab, sein Körper bereitet sich auf seinen Tod vor. Danach verschwindet er wieder, »stirbt«, um in den nächsten Tagen wieder neu geboren zu werden.

Es gibt unzählige Zyklen, die sich im Kosmos analog abspielen. Wir können uns vorstellen, daß auch die Planeten solche Zyklen durchwandern. Jeder von ihnen begegnet während seines Laufes durch den Tierkreis ab und zu einem anderen. Dabei vereinigen sich die Kräfte der beiden und »ein neues Leben wird geboren«, eine neue Qualität. Wir nennen diese Kräftevereinigung **Konjunktion**. Ähnlich wie beim Sonne-Mond-Zyklus entfernt sich der schnellere Planet vom langsameren, nachdem die Konjunktion stattgefunden hat. Er wandert weiter durch den Tierkreis und in bestimmten Zeitabständen bildet er mit dem langsameren Planeten alle Arten von Aspekten. In der größtmöglichen Entfer-

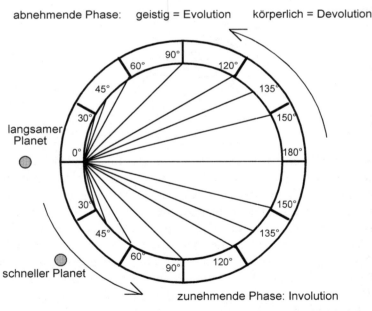

Aspekte im Zyklus: Es gibt zwei Entwicklungsphasen. Während der zunehmenden läuft der schnellere Planet vom langsameren weg, in der abnehmenden läuft er auf ihn zu.

nung, der **Opposition**, erleben die beiden den Gipfel und zugleich den Wendepunkt der Entwicklung ihrer gemeinsamen Qualität. Danach nähert sich wieder der schnellere Planet dem langsameren, bis es zu einer nächsten Vereinigung kommt. Die neue Konjunktion hat einen ähnlichen, aber doch anderen Wert als die vorherige. Sie ist anders in den kosmischen Stand eingebettet.

Im Laufe des Zyklus macht die gegenseitige Beziehung der Planetenkräfte mehrere Phasen durch. Die anfänglich »feste Umarmung« löst sich, es bilden sich andere Beziehungsformen. Symbolisch formuliert erreicht der schnellere Planet dadurch auf seinem Weg verschiedene »Stufen der Weisheit«. Freude wird von Trauer abgelöst, gute Zeiten wechseln mit schlechten. Der sich ständig wiederholende Wechsel gehört zum Rhythmus des Lebens. Die Kreisteilung drückt diese Gesetzmäßigkeit am besten aus.

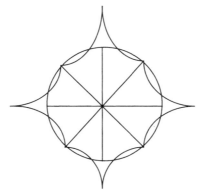

Größere und kleinere Krisen – durch die Spitzen dargestellt –, die sich während der zyklischen Entwicklung regelmäßig wiederholen.

Dieser Prozeß ist lebendig und dynamisch. Die kosmische Qualität unseres Geburtsaugenblicks, im Horoskop erfaßt, ist nur ein kleines Glied in der Entwicklungskette des Universums. Darin ist die Vergangenheit enthalten, darin liegt die Zukunft verborgen. Unser Horoskop und jede Konstellation in ihm teilt uns mit, wie wir uns an der ganzheitlichen Entwicklung beteiligen können und welches energetische Potential wir dafür zur Verfügung haben.

> Dane und Leyla Rudhyar nennen die erste Hälfte dieses Ablaufes
> Involution, die zweite Hälfte Devolution und Evolution. Involution heißt Wachstum der Kräfte. Devolution drückt die Zeit des
> »Absterbens«, des Schwindens und Abbaus der Kräfte und die
> Vorbereitung für die neue Saat aus. Doch gleichzeitig offenbart
> die Evolution die Möglichkeit geistigen Wachstums.*

Art der Aspekte

Alle Planeten beeinflussen sich gegenseitig, manche mehr, manche weniger, manche kaum bemerkbar. Die Beeinflussung ist am stärksten, wenn die Planeten in bestimmten Abständen stehen. Da es sich um einen (Tier-)Kreis handelt, werden diese als Winkel angegeben.

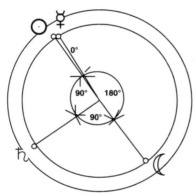 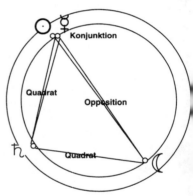

Die gegenseitigen Positionen der Planeten im Tierkreis werden im Winkelmaß angegeben. Die Benennung der Aspekte entspricht den Winkeln im Kreiszentrum.

Die Aspekte im Horoskop werden mit Linien dargestellt, die die beteiligten Planeten miteinander verbinden.
Bild: Aspekte von Sonne, Mond, Merkur und Saturn.

Wenn wir die Planetenpositionen auf einem Horoskopformular eintragen und mit der Mitte des Kreises verbinden, ergeben sich Winkel. Die Astrologie beschäftigt sich mit denjenigen von

* Vgl. Dane und Leyla Rudhyar: Astrologische Aspekte

ihnen, die sich aus geometrischen Teilungen des Kreises ergeben. Die Beziehung der Planeten, die in diesen Winkeln zueinander stehen, nennen wir **Aspekte** (lat. *aspectus* = Anblick). Das gleiche gilt für ihre Beziehung zu AC, MC und Mondknoten.

Die Konjunktion

Charakter: Verschmelzung. Eine Kraft verschmilzt mit der anderen.

Die Konjunktion entsteht ohne Teilung (mathematisch ausgedrückt: Wir teilen den Kreis durch 1). Die Planeten stehen dann nebeneinander. Ihre Entfernung ist theoretisch 0 Grad. Diese Verbindung bedeutet eine Kopulation, Kumulation oder Verschmelzung der Kräfte. Durch ihre Vereinigung entsteht eine neue Einheit.

In diesem Stadium bedeutet die Verbindung der Kräfte eine starke Subjektivität, denn in einer Einheit eingeschlossen gibt es kein Bewußtsein. Es existiert kein Abstand, aus dem sich die Kräfte gegenseitig betrachten könnten, kein »Spiegel«, welcher diese Kräfteeinheit reflektieren kann. Stünden im Horoskop alle Planeten in einer einzigen Konjunktion, ohne Gegenüber, ohne »Konkurrenz«, gäbe es keinen Bewußtseinszustand, denn wir hätten keine Möglichkeit, uns von »etwas« oder »jemanden« zu unterscheiden und somit das andere zu benennen. Das Leben wäre eine vollkommen unbewußte Einheit.

Jede Konjunktion wird vom Zeichen, in dem sie stattfindet, beträchtlich beeinflußt.

Analytische Aspekte

Diese werden so bezeichnet, weil wir die Wirkung der beteiligten Planeten meistens nicht als eine Einheit empfinden. Wir tendieren dazu, sie als separate, gegeneinander kämpfende Kräfte wahrzunehmen. Oft spüren wir den einen Planeten stärker als den anderen. Diese Aspekte werden auch als dynamische, disharmonische oder harte bezeichnet. Sie entstehen durch die mehrfache Teilung des Kreises durch 2.

Opposition – 180 Grad

Charakter: Spannung, gegeneinander wirken. Jede Kraft zieht an ihrem »Strickende«.

Durch die Teilung des Kreises in zwei Hälften erscheint ein Gegenüber. Die zwei Punkte, die dabei entstehen, befinden sich 180 Grad voneinander entfernt, im weitest möglichen Abstand auf dem Kreis. Die ursprüngliche Einheit der Kräfte hört auf. Die nun entstandenen Pole treten in eine Beziehung. Sie können sich miteinander vergleichen, gegenseitig konkurrieren und bekämpfen.

Das Problem der Opposition wurde bereits im Kapitel 4 bei der Polarität erwähnt. Die beiden Pole bedingen einander, gleichzeitig besteht eine Spannung zwischen ihnen. Sie sind Gegenpole, und als solche besitzen sie gegensätzliche Eigenschaften. Unser Bewußtsein wird im Augenblick der Teilung geboren. Ein Individuum weiß um seine Existenz, sobald es sein Gegenüber betrachtet, und nimmt seine Unterschiedlichkeit wahr. Wir reagieren aufeinander, also kann jeder in den Handlungen des anderen sich selbst erkennen, denn jeder steht dem anderen wie ein Spiegel gegenüber. Ohne das DU gäbe es kein ICH. Das Subjekt steht dem Objekt gegenüber.

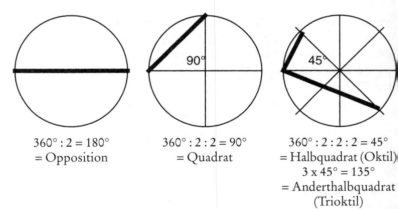

$360° : 2 = 180°$
= Opposition

$360° : 2 : 2 = 90°$
= Quadrat

$360° : 2 : 2 : 2 = 45°$
= Halbquadrat (Oktil)
$3 \times 45° = 135°$
= Anderthalbquadrat (Trioktil)

In der zyklischen Entwicklung erreicht das Planetenpaar in der Opposition den Höhepunkt seiner Beziehung. Wenn wir diesen Aspekt im Horoskop haben, besteht unsere Aufgabe darin, die

Charakterunterschiede der sich gegenüberstehenden Planetenkräfte zu verstehen und sich mit der Möglichkeit ihrer gegenseitigen Ergänzung zu befassen. Denn die Opposition wird dann zum Problem, wenn wir uns nur einem ihrer Enden zuwenden und das andere nicht leben bzw. verdrängen. Vielleicht lieben wir die eine Seite nicht, oder wir verstehen nicht, daß sie auch zu uns gehört, und suchen den Fehler anderswo (wir »projizieren« das Problem).

Der Herausforderung der Opposition müssen wir uns in offener und positiver Weise stellen. Tun wir das, kann die Dualität überbrückt werden und zu einer Einheit führen. Doch die einmal gefundene Lösung beseitigt die Schwierigkeit nicht ein für allemal. Weil sich Situationen in unserem Leben ständig verändern, zieht es uns immer wieder zum einen oder anderen Aspektende, und so werden wir wiederholt gezwungen, uns mit dem Problem der Opposition zu beschäftigen. Seine Verarbeitung schärft unser Bewußtsein*. Wenn wir jedoch ängstlich davonlaufen, kann dieser Aspekt zu einer nie erledigten Angelegenheit werden.

Quadrat – 90 Grad

Charakter: Bekämpfen, sich quer stellen: Eine Kraft bekämpft die andere / stellt sich quer zur anderen.

Durch die zweifache Teilung des Kreises entstehen zwei Oppositionen, zwei Achsen. Die eine Kraft steht im rechten Winkel zur anderen. Es entsteht ein Kreuz: das Symbol für Leiden, für unser Verhaftetsein in der materiellen Welt. Das Kreuz besteht aus vier Quadrataspekten. Diese verlangen einen höheren Grad an Bewußtheit als die Oppositionen, denn die damit verbundenen Themen schmerzen zuweilen noch mehr. Nur durch ständige Arbeit daran können wir uns von ihrer Qual befreien. Dabei lernen wir den Umgang mit diesen Fragestellungen und werden bereit für weiteres Wachstum. Ein Quadrat will, daß wir uns mit ihm dauerhaft beschäftigen, es ist unsere Lebensaufgabe.

---

* Dies ist das Prinzip der dialektischen Philosophie (Fichte, Hegel, Marx, Freire). Durch das Denken in Gegensatzbegriffen zur Erkenntnis und zum Aufheben der Gegensätze zu gelangen.

Die Themen der Quadrate melden sich im Leben oft durch Krisen, die wichtige Entscheidungen verlangen, deren Bewältigung aber unser inneres Wachstum unterstützt (griech. *krisis* = Entscheidung, entscheidende Wende).

In der **zunehmenden Entwicklungsphase** kann es sich um eine Art »Aktionskrise« handeln. Diese fordert zu Entscheidungen auf, die nach konkreter Durchsetzung in der materiellen Welt verlangen. Dabei soll die »Last« der Vergangenheit überwunden werden.

Das **abnehmende Quadrat** kann als eine »Bewußtseinskrise«, als ein bedeutsamer Schritt zur Individualisierung bezeichnet werden. Auch dieser erzwingt Entscheidungen; diesmal hingegen geht es um die Befreiung von der kollektiven Vergangenheit. Das heißt: verstehen, daß überlebte Ideen, Gedanken und überholte Strukturen abgeschüttelt werden müssen.

Halbquadrat und Anderthalbquadrat – 45 und 135 Grad

Charakter: Wie beim Quadrat, aber weniger stark

Diese Aspekte beinhalten eine ähnliche Thematik wie das Quadrat. Oft liegt die Schwierigkeit darin, daß das Zusammenwirken der zwei Planetenkräfte weniger stark ins Bewußtsein tritt als beim Quadrat. So besteht die Gefahr, daß wir in einer bestimmten Situation steckenbleiben, ohne die Herausforderung zu erkennen. Aufmerksamkeit ist nötig, um die Problematik zu entdecken und sie dann bearbeiten zu können.

In beträchtlichem Maße hängt es von uns selbst ab, wie intensiv wir die Krisen der harten Aspekte erleben. Auf jeder Entwicklungsstufe kommt es auf unsere rechtzeitige Entscheidung an, ob wir uns Neuem zuwenden oder ob wir das Alte festhalten wollen. Wählen wir das Neue, stellen wir uns der Herausforderung des Unbekannten. Wir geraten jedoch mit Sicherheit in die Krise, wenn wir die zweite Wahl treffen.

> Ein Beispiel kann die »Last« und die darin versteckte Lehr- und Wachstumsmöglichkeit beleuchten. Stellen Sie sich vor, ein Pianist lernt eine neue Partitur spielen. Es gibt darin schöne, harmonische und leichte Passagen, die er rasch fehlerfrei spielen kann, und

es gibt andere, die schwierig und disharmonisch sind und die er lange üben muß. Es gibt sogar eine, von der er denkt, daß sie nicht zu erlernen sei. Da beginnt er an ihr zu arbeiten, übt und bemüht sich pausenlos, und da geschieht ein »Wunder«: Er bewältigt sie, und nicht nur das, er liebt diese Passage von allen am meisten, und er spielt sie auch am besten. Durch diese Arbeit hat er etwas erreicht, was ihm bei nur leichten Aufgaben nicht möglich gewesen wäre. Es ist aber damit nicht für immer getan. Wenn er anfängt, sich auf seinen Lorbeeren auszuruhen und nicht mehr übt, geht das Können wieder verloren. So ist es auch mit den Quadraten: Sie sind unsere Lebensaufgaben, und dafür ermöglichen sie uns inneres Wachstum.

Synthetische Aspekte

Synthese heißt Zusammensetzung: Diese Aspekte, auch harmonische, fließende oder weiche genannt, verbinden die Kräfte zu einer Art »friedlicher Zusammenarbeit«. Sie entstehen durch die Teilung des Kreises durch drei und dann durch zwei.

Trigon – 120 Grad

Charakter: Kooperieren. Eine Kraft arbeitet mit der anderen zusammen.

Die 3 ist in Sagen und Märchen eine magische Zahl, wir begegnen ihr dort sehr oft: Ein Prinz muß drei Aufgaben lösen, eine von drei Prinzessinnen auswählen, es gibt drei Geheimnisse, drei verlorene Dinge, drei verhexte Brüder oder Schwestern, drei geheimnisvolle Wanderer und so weiter. Die Philosophie kennt These, Antithese und Synthese (die Polarität und ihre Vereinigung). Diese Dreiheit soll uns zur Ausgeglichenheit führen.

Im Falle der analytischen Aspekte müssen wir mit Wille und Entscheidungskraft die beteiligten Planetenprinzipien in Einklang bringen. Im Trigon ist dies gegeben: Wir fühlen, daß sie selbst nach Übereinstimmung trachten.

In einem Trigon können die Energien der beteiligten Kräfte ungehindert fließen. Das Trigon drückt Gunst, Ruhe, Zuversicht

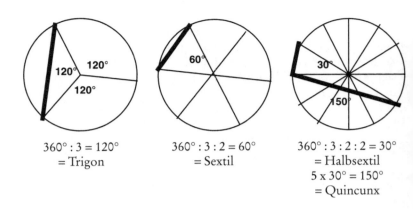

360° : 3 = 120°
= Trigon

360° : 3 : 2 = 60°
= Sextil

360° : 3 : 2 : 2 = 30°
= Halbsextil
5 x 30° = 150°
= Quincunx

und Genuß aus, es kann jedoch durch seine Passivität – wir müssen nichts anstreben – auch Symbol für Verwöhnung und Trägheit sein. Es kommt wiederum auf die Entfaltung des jeweiligen Egos an, wie die »Geschenke« des Trigons genutzt werden. Auch da steht die Entscheidung offen: Die Talente können genutzt werden oder aber brachliegen.

Sextil – 60 Grad

Charakter: Unterstützung. Eine Kraft unterstützt die andere.

Im Sextil wirkt nicht nur die Dreiteilung, sondern zusätzlich die Zahl **2**. Die Gunst der **3** ist polarisiert. Wir haben erfahren, daß es die Gegensätze geben muß, um Bewußtheit zu erlangen. So werden im Sextil gewisse Kräfte nicht nur begünstigt, sondern sie erleben auch ein schmerzliches Gespaltensein. Daraus folgt, daß beim Sextil die Gaben und Begünstigungen vorhanden sind, doch sie fallen einem nicht von selbst in den Schoß. Man muß sie also erkennen und nach dem Motto handeln: »Mensch, bemühe dich, und es wird dir geholfen!«

Halbsextil und Quincunx – 30 Grad und 150 Grad

Charakter: Unverständnis, Beunruhigung. Eine Kraft versteht die andere nicht.

Die Gunst des Trigons und des Sextils ist bei diesen Aspekten nur in geringem Maß vorhanden. Hier geht es um die Erkenntnis des Andersseins. Die Opposition drückt die komplementären, das

Halbsextil jedoch – und besonders das Quincunx – die unvereinbaren Gegensätze aus. Wir sehen, daß die beiden aspektbildenden Kräfte in zwei völlig unterschiedlichen Tierkreiszeichen stehen. Diese besitzen weder die Möglichkeit des Ergänzens noch eine gemeinsame Verwandtschaft. Die Zeichen haben sich »nichts zu sagen«. Im Falle des Halbsextils sind es zwei aufeinander folgende Zeichen, beim Quincunx zwei entfernte, aus unterschiedlichen Elementen und Wirkungsformen. Die »Gunst« besteht also darin, daß sich die Unvereinbarkeit nicht deutlich bemerkbar macht, sie wird oft nicht erkannt. Man entdeckt die Störung nicht – oder nicht rechtzeitig. Die Auswirkung – vor allem des Quincunx – ist mit einer Krankheit vergleichbar, die wir uns nicht erklären können, weil wir ihre ankündigenden Symptome nicht erkannt haben. Die Wirkung dieser Aspekte erkennen wir oft erst im Alter, wenn wir über einige Erfahrung mit uns selbst verfügen.

Andere Aspekte

Quintil und Biquintil – 72 Grad und 144 Grad

Charakter: Chance. Eine Kraft hat die Möglichkeit, aus dem Potential der anderen zu schöpfen.

Eine weitere Teilung des Kreises ist die durch **5**. Dabei entstehen das Quintil und sein Multiplikant mit 2, das Biquintil. Die Zahl **5** symbolisiert Kreativität: Diese Aspekte verbergen Ideen und schöpferisches Potential. Doch diese Gaben sind oft ungenutzte Angebote; der Durchschnittsmensch erkennt sie selten.

Nicht alle Aspekte haben die gleiche Intensität. Am deutlichsten spüren wir im Horoskop die sogenannten starken – Konjunktion, Opposition, Quadrat und Trigon – und das halbstarke Sextil. Als Hauptaspekte stehen diese im Zentrum der Aufmerksamkeit in der astrologischen Arbeit.

Der Orbis

Würden wir nur die genauen Winkel betrachten, wäre unser Horoskop an Aspekten sehr arm. Denn es kommt selten vor, daß zwei Planeten in einem Winkel stehen, der genau den obengenannten Graden entspricht. Wir müssen mit einer gewissen Ungenauigkeit rechnen. Die Astrologie definiert einen Gültigkeitsbereich, ein Von-Bis, in welchem der Aspekt wirksam ist.

Ein Beispiel: Eine Opposition ist ein Winkel von 180°. Nehmen wir an, wir finden im Horoskop den Saturn auf 20°30' Zwillinge und den Mond auf 22°42' Schütze. Die Differenz vom genauen Aspekt beträgt 2°12'. Das heißt, daß die Planeten in der Opposition mit einem **Orbis** von 2°12' stehen (lat. *orbis* = Kreis, Erdkreis). Wenn sich der schnellere Planet dem genauen Aspekt nähert, sprechen wir von einem **applikativen** Aspekt. Umgekehrt bezeichnen wir diesen, wie in unserem Fall, als **separativ**: Der Mond entfernt sich von der genauen Opposition mit Saturn.

In der Frage der Orbis-Größe sind sich die Astrologen oft nicht einig; es ist auch eine Sache des Gefühls oder der Erfahrung. Die folgende Tabelle stellt einen Überblick über die Aspekte mit den entsprechenden Angaben der Orben dar. Mein Vorschlag beruht einerseits auf den meistgebrauchten Orben und andererseits auf meiner Erfahrung. Sie können auch andere Orben hinzuziehen, wenn Sie feststellen, daß die Aspekte dabei wirken.

Aspekte im Überblick

Ein Beispiel für die theoretische Bestimmung eines Orbis:
Wir suchen den gültigen Orbis für die Konjunktion Mond/Venus.
In der folgenden Tabelle finden wir die entsprechenden Orben:

```
  Mond-Orbis für Konjunktion   = 9°
+ Venus-Orbis für Konjunktion  = 7°
                               = 16° : 2 = 8°
```

Der gesuchte mögliche Orbis beträgt 8°.

Symbol	Name	Aspekt	Orbis			Charakter
			SO, MO	ME, VE, MA	andere	
☌	Konjunktion	0°	9°	7°	5°	verschmelzen
☍	Opposition	180°	8°	7°	5°	Spannung
□	Quadrat	90°	7°	5°	4°	bekämpfen, quer stehen
△	Trigon	120°	7°	5°	4°	Kooperation
✶	Sextil	60°	5°	4°	3°	unterstützen
⊻	Halbsextil	30°	2°	1,5°	1°	sich nicht verstehen
⊼	Quincunx	150°	3°	2,5°	1,5°	beunruhigen
∠	Halbquadrat	45°	2°	1,5°	1°	wie Quadrat
⊡	Anderthalbquadrat	135°	3°	2°	1,5°	wie Quadrat
Q	Quintil	72°	2°	1,5°	1°	Möglichkeit geben
bQ	Biquintil	144°	2°	1,5°	1°	wie Quintil

Anregung

In unserer Welt erleben wir einerseits Spannungen, Konflikte und andere Schwierigkeiten, andererseits Freude und Wohlgefühl. Versuchen Sie, verschiedene zwischenmenschliche Beziehungen mit der Wirkung der Aspekte zu vergleichen.

Ein Beispiel aus eigener Erfahrung:
In einer Gruppe für psychologische Gespräche, die mehrere Personen umfaßte, hatte ich zu drei Kolleginnen besondere Beziehungen: Mit der einen gab es Spannungen und Rivalitäten, mit der zweiten außer Spannungen auch noch eine große Hemmung und Unfähigkeit zur Zusammenarbeit meinerseits. Die dritte Kollegin beschäftigte mich anfänglich nicht.
Nach einer Auseinandersetzung mit der ersten und einem darauf folgenden Gespräch stellten wir fest, daß wir sehr gegensätzlich waren. Dieser kurze und heftige Kampf und die Klärung hatten die Situation bereinigt, und ich spürte für einige Zeit Ruhe.
Mit der zweiten Kollegin klärte sich die Sache über längere Zeit nicht. Ich litt jedes Mal, wenn ich mitarbeiten sollte. Schließlich analysierten wir unsere Beziehung, aber dieses Gespräch brachte nur eine kurzfristige Erleichterung. Ich versuchte dann allein, eine Erklärung zu finden. Dabei habe ich viele meiner Eigenschaften »angeschaut«, analysiert, neu entdeckt und verstanden. Unser Verhältnis ist nicht wesentlich einfacher geworden, doch ich selbst habe durch diese Herausforderung viel gelernt und einen weiteren Schritt in Richtung Selbsterkenntnis gemacht.
Der dritten Kollegin hatte ich lange Zeit keine besondere Aufmerksamkeit geschenkt, bis ich feststellte, daß unsere Zusammenarbeit nie zu einem Resultat führte. Ich spürte für sie weder besondere Sympathien noch Antipathien, doch eine Unzufriedenheit begann zwischen uns zu wachsen, die ungeklärt blieb. Letztlich sind wir uns eher ausgewichen, statt uns zu treffen. Was zwischen uns stand, hat sich (für mich) nie geklärt.

Es ist sicher nicht schwer zu erraten, welche gegenseitigen Beziehungen hier zutage traten: Die erste Beziehung entspricht der Opposition, die zweite dem Quadrat, die dritte dem Quincunx. Zum Quincunx füge ich noch etwas hinzu: Ich hätte mich sicher dazu bewegen können, auch hier die Situation zu klären. Ich spürte jedoch die »Gunst« dieser Beziehung, eine gewisse Bequemlichkeit, in dem Sinne, daß es mir »auch ohne Klärung« eigentlich ganz gutging. Das hat verursacht, daß ich dem Problem ausgewichen bin.
Das Beispiel zeigt auch, daß wir in einem gewissen Rahmen einen freien Entscheidungswillen haben und daß es von uns selbst abhängt, was wir aus der Qualität der gegebenen Aspekte machen. Nur aus dem Horoskop auslöschen können wir sie nicht.

Kräftebeziehung:
Wer beeinflußt, wer wird beeinflußt?

In jeder Beziehung unterstehen die Beteiligten einer gegenseitigen Wirkung. Jede Seite lernt von der anderen, im guten wie im schlechten Sinne. Manchmal ist der Einfluß ausgeglichen, ein anderes Mal überwiegt der in irgendeiner Art stärkere Partner.

So ist es auch in den Beziehungen von Planetenpaaren, die sich in den Aspekten ausdrücken. Generell gilt, daß der langsamere Planet auf den schnelleren stärker wirkt als umgekehrt. Am schnellsten bewegt sich der Mond, und wie wir bereits wissen, stellt er den Teil in uns dar, der sich am leichtesten beeinflussen läßt: unser Gemüt, das auf alle Stimmungen unserer Umgebung reagiert.

Das obenerwähnte Schema stellt alle Planetenverbindungen dar. Wir können sie in drei Gruppen einteilen: gegenseitige Aspekte der persönlichen Planeten, Aspekte der persönlichen mit den kollektiven Planeten und gegenseitige Aspekte der kollektiven Planeten. Eine Zwischengruppe würden die gesellschaftlichen Pla-

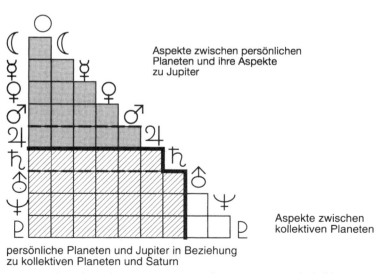

Jeder Planet kann mit einem anderen einen Aspekt bilden. Die gegenseitige Beeinflussung ist jedoch unterschiedlich.

neten Jupiter und Saturn bilden. Einfachheitshalber ordnen wir sie den Nachbargruppen zu, so wie es das Schema darstellt.

Gruppe 1: Hier sind die Unterschiede in der gegenseitigen Wirkung im Aspekt verhältnismäßig gering. Mond und Sonne sowie Venus und Mars stehen hier zueinander ausgeglichen. Sonst sind Mond und Merkur als die zwei schnellsten Planeten am meisten beeinflußbar, umgekehrt der Jupiter.

Gruppe 2: In der zweiten Gruppe, die schraffiert gezeichnet ist, sind die Einflußunterschiede sehr groß. Die Aspekte dieser Planeten zeigen sich im Horoskop als wichtig und charakterbildend. Die Grundnatur der persönlichen Planeten wird stark beeinflußt. (Aus diesem Grund sprechen wir z.B. bei Konjunktion Merkur / Saturn eher von gründlichem (SA) Denken (ME) oder ernsthafter (SA) Kommunikation (ME) als von denkender Gründlichkeit oder kommunikativer Ernsthaftigkeit.)

Gruppe 3: Analog zur Charakteristik der äußeren Planeten in den Zeichen wirken die Aspekte, die diese Planeten untereinander bilden, auf ganze Generationen. Bei Einzelpersonen werden die Aspektwirkungen vor allem dann spürbar, wenn sie mit einem empfindsamen Punkt im Horoskop zusammentreffen: z.B. der aspektbildende Planet berührt eine der Horoskopachsen oder steht mit einem wichtigen persönlichen Planeten in Konjunktion.

Bestimmung der Qualität der Planetenverbindung

Die nächste Aufgabe besteht darin, zu bestimmen, was für eine neue Einheit zwei Planetenkräfte zusammen hervorbringen. Mit anderen Worten: Wir wollen wissen, wie sich die Planeten im Aspekt gegenseitig beeinflussen. Gleich den Planetenprinzipien ist auch die neue Kraft in ihrem Ursprung wertneutral. Individuell erfahren wir sie jedoch oft auf positive oder auf negative Art, je nach unserer Auffassung, Entwicklung oder Situation.

Wie gehen wir vor?

• Zuerst bestimmen wir **die gemeinsame Wirkungsqualität** eines Planetenpaares, noch abgesehen vom Aspekt, der sie miteinander verbindet. Wir betrachten, wie die Planetenprinzipien der beiden Beteiligten zu einander stehen, und machen uns über ihre kombinierte und somit neue Wirkung ein Bild. (Beispiele der Prinzipien-Gegenüberstellung siehe Seite 200 und 204.) Die Herrschaft der Planeten in den jeweiligen Tierkreiszeichen, deren Zugehörigkeit zu den Elementen und die mythologischen Bilder der entsprechenden Götter können dabei behilflich sein.

• Nachdem die gemeinsame Planetenwirkung allgemein bestimmt ist, fragen wir uns: Wie wird die Planetenbeziehung durch **einen bestimmten Aspekt** (Trigon, Quadrat, Opposition oder andere) verändert? Dies kann mit Hilfe der Kurzcharakteristik der einzelnen Aspekte und Planeten ausgedrückt werden:

Ein Beispiel: **Mond-Mars**
Mond: Instinktive Grundstimmung, Gefühle
Mars: Selbstbehauptungswille, Aggression
1) Konjunktion: Der Selbstbehauptungswille *verschmilzt* mit der Grundstimmung.
2) Opposition: Der Selbstbehauptungswille *stellt sich gegen* die Grundstimmung.
3) Quadrat: Der Selbstbehauptungswille / Die Aggression *bekämpft* die Grundstimmung / die Gefühle.
4) Trigon: Der Selbstbehauptungswille *kooperiert* mit der Grundstimmung.
5) Sextil: Der Selbstbehauptungswille *unterstützt* die Grundstimmung.

• Von ihrem Prinzip her verhalten sich gewisse Planetenkräfte gegenseitig freundlich (z. B. Venus und Mond), andere vertragen sich weniger gut (z. B. Venus und Saturn). Diese Tatsache ist besonders bei der Konjunktion zu berücksichtigen: **Unterstützen oder behindern** die verbundenen Kräfte einander? Auch bei anderen Aspekten gilt es daran zu denken: eine Verbindung zwischen Venus und Saturn beispielsweise erfordert auch im Trigon eine bewußte Verarbeitung.

- Die sogenannten »guten« Aspekte werden nicht nur positiv und die »schlechten« nicht nur negativ wahrgenommen. Es kommt auf unsere innere Haltung dem Problem gegenüber an. Deswegen sollen wir nicht alle schwierigen Wesenszüge einem Quadrat oder einer Opposition und alle angenehmen einem Trigon oder Sextil zuschreiben, sondern die Frage stellen: **Welche Möglichkeiten gibt es hier?** Bis zu einem gewissen Grad hat jedes Individuum eine Wahl: Welche der Eigenschaften, die mir eine Planetenverbindung anbietet, will ich leben?

- Nachdem wir eine Planetenverbindung bzw. einen Aspekt, beschrieben haben, müssen wir daran denken, daß der Mensch nicht nur diesen einen im Horoskop hat. **In der ganzheitlichen Betrachtung ist die Aussage dieses Aspektes in bezug zur ganzen Deutung zu verstehen**, sie relativiert sich somit.

- **Die Entwicklung des Menschen** (wir können auch sagen sein Niveau, aber das klingt zu wertend) stellt einen wichtigen Faktor für die Art und Weise dar, wie er sein Horoskop beziehungsweise seine Aspekte lebt.

Auf den nächsten Seiten werden einige gemeinsame neue Qualitäten beschrieben, die bei der Verbindung von zwei Planeten entstehen. Die Möglichkeiten sind damit nicht ausgeschöpft, und so können Sie selbst überlegen, was noch zusätzlich in Betracht gezogen werden kann. Für Ihr weiteres Studium finden Sie am Schluß des Buches ein Literaturverzeichnis.

Übrigens: Die Benennung der gegenseitigen planetarischen Verbindung (also der neuen Qualität) stammt von mir. Versuchen Sie selbst eine andere Bezeichnung zu finden, und notieren Sie diese zu jedem Planetenpaar: Unter dem Titel »Qualität« steht dafür eine leere Zeile zur Verfügung.

Beziehung zwischen Sonne und Mond

Die unaufgelösten Dissonanzen im Verhältnis von Charakter und Gesinnung der Eltern klingen im Wesen des Kindes fort und machen seine innere Leidensgeschichte aus.
Friedrich Nietzsche

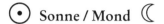

Qualität: • Die subjektive Existenz
           •

Mond und Sonne, die beiden Hauptlebenssymbole, vereinigen das Ur-Männliche und das Ur-Weibliche, das Sein als Bewußtheits- und das Fühlen als Instinktprinzip. In ihrer Begegnung verschmilzt der aktive Lebenskern und -wille mit dem inneren, lebendigen Rhythmus.

Diese Verbindung drückt unsere Erfahrung mit den männlichen und weiblichen Qualitäten aus, wie sie sich in unseren ersten Lebenstagen und -jahren in der Familie unter dem Einfluß von Vater und Mutter und ihrer gegenseitigen Beziehung geformt haben. Die Art des Sonne-Mond-Aspektes beschreibt, wie der Mensch als Neugeborener und als Kind seine Eltern subjektiv wahrgenommen haben mag. (Es beschreibt jedoch nicht ihre wirklichen Persönlichkeiten.)

Falls die Geburt nicht gerade bei der Konjunktion – Neumond – stattgefunden hat, ist es von Interesse nachzuprüfen, wann sich diese letztmals vor der Geburt eingestellt hatte: Ein Horoskop für diesen Augenblick drückt die Qualität des Sonne-Mond-Zyklus, in dem die Person zur Welt gekommen ist, aus. Die symbolische Bedeutung des Grades, in dem sich die Konjunktion befindet, kann uns dabei weitere Auskünfte geben.*

Die Beziehung zwischen Mond und Sonne im Horoskop ist immer wichtig, auch wenn sie keinen Aspekt miteinander bilden.

---

* Dane Rudhyar, Marc Edmund Jones und ältere Autoren wie z. B. Charubel sprechen jedem Grad des Tierkreises einen symbolischen Sinngehalt zu.

Jeder Mensch ist nämlich in einer der Mondphasen geboren; ihre Qualität wird zu einem unter vielen Faktoren, die ihn charakterisieren.

Sonne-Mond-Phasen

Ähnlich wie bei den Tierkreiszeichen, wo uns die Vorstellung einer Jahresreise bei der Beschreibung der Zeichen entsprechende symbolische Bilder geliefert hat, verfolgen wir nun den Mond auf seinem Lauf um die Erde. Während eines Monats erleben wir alle Mondphasen, d. h. seine verschiedenen Stellungen in bezug auf die Sonne. Die Qualität jeder Phase entspricht dem, was dabei mit Sonne und Mond symbolisch geschieht.

<u>1. Phase</u> – **Der Neumond-Typ,** 0° bis etwa 45°
Der Zyklus beginnt, die Samen keimen und neues Leben entsteht. Die entsprechenden Eigenschaften für die in dieser Periode geborenen Menschen heißen: instinktiv, spontan, begeisterungsfähig, sich als Einheit, ganzheitlich, einmalig fühlen mit der Überzeugung »So ist es«. Die eigene Haltung kann (und will) nicht mit einem inneren Abstand betrachtet werden. Eine Unterscheidung von Wollen und Fühlen, Bedürfnissen und realen Möglichkeiten sowie Handeln und Abwarten fällt schwer. Erst im **Halbsextil** wird allmählich die Verschiedenheit der Dinge erkannt. Das neu Kommende begeistert.

In dieser Haltung liegt etwas Kindliches, Undifferenziertes. Auch der neugeborene Mond ist »noch ein Kind«, und wie ein Kind braucht der Mensch seine Umgebung, die ihm hilft, sich selbst kennenzulernen.

<u>2. Phase</u> – **Sichelmond-Typ,** ab etwa 45° bis 90°
Am Anfang dieser Phase wird wie beim Neumond-Typ kindlich und pionierhaft gehandelt. Sie zeigt ein ständiges Ringen um etwas Neues an, um Verwirklichung potentieller Anlagen und Veränderung oder Verabschiedung des Vergangenen. Mit dem **Halbquadrat** kommt dann die erste Krise. Hier taucht Widerstand auf, und folgende Fragen stellen sich: Wie steht es mit meinen Erwartungen und den wirklichen Möglichkeiten? Wie gehe ich mit der Vergangenheit um? Das **Sextil** bringt auf diesem Weg die Sonne-Mond-Qualitäten wieder ins Gleichgewicht. Harmo-

nie tritt ein, das Instinktive und das Willensmäßige unterstützen sich gegenseitig. Die Qualität dieses Aspekts ist mit der des Trigons vergleichbar (siehe die nächste Phase).

3. Phase – **Erstviertel-Typ**, 90° bis etwa 135°

Nun heißt es, die Krise zu bestehen. Die Aktivität des jungen Mondes führt nach dem Ausruhen im Sextil zur Enttäuschung: Die Kraft erfährt, daß es keinen ewig ruhigen Zustand geben kann. Diese Phase bedeutet Auseinandersetzung mit einer hemmenden Beziehung der Sonne-Mond-Kräfte.

Das **zunehmende Quadrat** bedeutet Zwiespalt zwischen bewußt aktivem Tun und instinktivem Bedürfnis; Wollen und reale Möglichkeiten sind nicht ein und dasselbe. Das Motto kann heißen: »Das Leben ist nicht das, was ich will, sondern das, was ich habe«. Die Sonne und der Mond stehen zwar in der gleichen Wirkungsform, jedoch in verschiedenen Elementen, das heißt, daß die unbewußte Instinktwelt und das bewußte Ego Unterschiedliches verlangen. Dies kann zu Unsicherheit, Frustration, Stimmungsschwankungen und Entwicklungskrisen führen. Die Sonne als männlicher und der Mond als weiblicher Teil der Persönlichkeit können in dieser Verbindung bedeuten, daß auch die Beziehung zum anderen Geschlecht Schwankungen und Schwierigkeiten unterliegt, vor allem wenn die eigenen Probleme als die anderer Personen verstanden werden. Diese Phase stellt die Aufgabe, nicht auf einer widerspenstigen Haltung zu beharren, sondern bei sich selbst die Konflikte zu lösen und einen ausgewogenen Weg zwischen Verstand und Gefühl zu suchen. Die Bearbeitung dieses Aspekts bedeutet den ersten Schritt zur Individualisierung.

Das, was das Quadrat aus dem Lot gebracht hat, führt beim **Trigon** zu Ausgewogenheit. Es drückt das Gleichgewicht zwischen der bewußten Existenz und der unbewußten Instinktwelt aus. Da sich die zwei wichtigen Teile in diesem Aspekt gut vertragen, können sie zur richtigen Zeit Dinge geschehen lassen oder aktiv handeln und Sympathien bei den Mitmenschen erwecken. Das Männliche und das Weibliche stehen in Harmonie, und damit auch die jeweilige Beziehung zum anderen Geschlecht.

4. Phase – **Der Brachmond-Typ**, ab etwa 135° bis etwa 180°
Nach dem Trigon der vorhergehenden Phase bildet **der reifende Mond** mit der Sonne das Anderthalbquadrat und danach den Quincunx. Es gilt, sich auf einen Weg »von der Harmonie zum Suchen und Fragen« zu begeben.

Das **Anderthalbquadrat** symbolisiert wiederum eine Krise. Fragen nach dem Sinn des Seins steigen auf, verursacht durch das wachsende Ungleichgewicht der Kräfte.

Beim **Quincunx** bleiben diese krisenhaften Fragen oft ungelöst. Es kann sein, daß sich der von ihm betroffene Mensch nicht mit ihnen befassen will und lieber davonläuft, ohne subtile Hinweise auf Unstimmigkeiten wahrzunehmen.

5. Phase – **Der Vollmond-Typ**, ab 180° bis 135°
Der Vollmond-Stand, die **Opposition**, ist wie eine Ehe: Die Partner stehen sich gegenüber, sie können einander betrachten, einer spiegelt sich im anderen wie hier die Sonne im Mond. Beide Partner schauen einander in die Augen, sei es in der Liebe, sei es inmitten von Problemen, die zu lösen sind. Beide müssen die Gegensätzlichkeit aushalten, namentlich die geschlechtsbedingte.

Die Opposition verlangt nach Akzeptanz der eigenen Gegensätzlichkeit. Diese äußert sich in der Spannung zwischen der instinkthaften Einstellung und dem bewußten Wollen. Ähnlich wie beim Quadrat besteht die Tendenz zum Konflikt: »Ich will das Gegenteil von dem, was mein Gefühl mir sagt.«

Dieser Aspekt stellt eine Aufforderung dar, sich für die unbewußten Eindrücke nur so weit zu öffnen, wie sie der bewußte Teil verarbeiten kann. Die Objektivität des Betrachtens und das klare Bewußtsein, die dieser Aspekt mit sich bringt, können dabei behilflich sein.

Beim **Quincunx** bleibt der Konflikt meistens ungelöst. Hier gilt in etwa dasselbe, was bei der vorherigen Phase dargelegt wurde. Das Problem kann ewig unbefriedigend wirken.

Beim **Anderthalbquadrat** nähert sich gesetzmäßig wieder eine Krise. Bei diesem abnehmenden Aspekt kommt die Bewußtseinskrise zum Vorschein. Es geht um die Frage, wie der Mensch seine Ideen, Ideale und Träume mit der Realität verbindet.

6. Phase – **Der Aussaatmond-Typ**, ab etwa 135° bis etwa 90°
Diese Phase bedeutet Reorientierung und Bewußtseinsrevolution. Ideen und erworbenes Wissen wollen »ausgesät«, d. h. präsentiert oder weitergegeben werden. Neigungen wie imponieren, inspirieren, auf die Masse wirken werden unterstützt.

Am Anfang dieser Phase geht die Vollmond-Spannung in die Harmonie des **Trigons** über. Wie beim zunehmenden äußert sich das abnehmende Trigon durch die Ausgeglichenheit zweier Kräfte, wobei hier das Kreative von einem tiefen, intuitiven, ganzheitlichen Verständnis geprägt ist.

7. Phase – **Der Letztviertel-Typ**, ab 90° bis 45°
Die Saat reift. Etwas Neues wird vorbereitet. Ideologisch universale Prinzipien wollen »aus dem Himmel auf die Erde gebracht« und einer irdischen Verwendung zugeführt werden. Die Auseinandersetzung mit den Sonne-Mond-Prinzipien fördert eine neue »irdische« Orientierung auf der geistigen Ebene. In diesem Sinn wirken Reformer, Revolutionäre, eventuell auch Idealisten.

Wir begegnen wiederum den Problemen des Quadrats, wie in der zunehmenden Phase. Die Unterschiede des bewußten Wollens und der unbewußten Bedürfnisse kommen erneut zum Vorschein. Dieses **abnehmende Quadrat** veranlaßt, alles Unwesentliche abzulegen und das ganzheitliche Individuum anzustreben.

Im **abnehmenden Sextil** werden die Sonnen- und Mondkräfte in einen sich gegenseitig unterstützenden Zustand gebracht. Für diesen Aspekt gilt vieles analog zum Trigon.

8. Phase – **Der Balsamischermond-Typ**, ab 45° bis 0°
Wir kommen zum Ende des Zyklus, vergleichbar mit einem Lebensende, mit einem Übergang in etwas Neues. Der Mond geht am hellen Himmel auf, morgens, vor der Sonne. Somit wird er zum Symbol der Klarheit und der Geistigkeit, die er durch den Zyklusablauf gewonnen hat. Der in dieser Phase geborene Mensch besitzt bereits in seiner Jugend eine gewisse Weisheit und Wahrnehmungsfähigkeit, die ihn sensitiver macht als andere. Er kann in Beziehung zum Transzendenten stehen, er kann das Werdende spüren. Oft lebt er lebenslang in »Übergangsphasen«. Er ist der ständig Suchende, ein Prophet mit direktem Bezug zu Unerkennbarem und ewig Dauerndem.

Am Ende dieser Phase verschwindet der Mond und wir sehen ihn nicht. Nachts herrscht Dunkelheit. Was zwischen Sonne und Mond in dieser Zeit symbolisch geschieht, können wir nicht sehen; es bleibt in ein Geheimnis gehüllt wie das Entstehen jeden neuen Lebens.

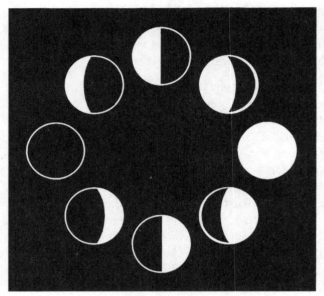

Die Mondphasen

Persönliche Planeten in Aspekten miteinander und ihre Aspekte mit Jupiter

☉ Sonne / Merkur ☿

Qualität: • Das denkende Subjekt, die Urteilskraft
• _____

Die Sonne und die inneren Planeten, Merkur und Venus, laufen im Tierkreis ständig beieinander, deshalb können sie nur wenige Aspekte zusammen bilden. Merkur entfernt sich von der Sonne nie weiter als 28 Grad; als Aspekt zwischen diesen beiden kann es nur die Konjunktion und ein schwaches Halbsextil geben. Doch abgesehen von den Aspekten kann der Merkur verschiedene Positionen zur Sonne einnehmen: Wenn er im Tierkreis vor ihr läuft, sehen wir ihn als Morgenstern – Prometheus –, wenn er nach ihr läuft, steht er als Abendstern – Epimetheus – am Himmel. In der erdnahen Konjunktion läuft er rückwärts.

Wie bereits erwähnt, steht Hermes auf dem Olymp im Dienste der Götter. Er ist anpassungsfähig, beweglich, und er ist fähig, sogar die Götter geschickt zu bestehlen. So wirkt der Merkur auch in unserem Horoskop: Im Aspekt mit einer anderen Planetenkraft paßt er sich an. Er übernimmt ihre Eigenschaften, also »entwendet« ihr etwas.

Wenn sich dieser Verstandes-Planet mit der Sonne verbindet, steht der denkende und logische Teil in uns immer »im Dienste« unseres Seins. Denken und Sein sind ein und dasselbe*. Wie es dem Charakter der Konjunktion entspricht, kann das Denken des betroffenen Menschen sehr subjektiv sein. Das logische Erkennen findet bei ihm keinen Abstand zum Subjekt: »Es darf

---

* Der französische Philosoph und Mathematiker René Descartes (1596–1650) ist Autor des berühmten Satzes »Cogito, ergo sum« (Ich denke, also bin ich) und Begründer des kartesianischen philosophischen Systems, nach dem nichts wahr ist, was die Logik nicht beweisen kann. In seinem Radix finden wir eine große Konjunktion von 5 Planeten und dem nördlichen Mondknoten im Widder: 3 Planeten und der Mondknoten befinden sich zwischen Sonne und Merkur.

nicht wahr sein, wogegen das Herz spricht«.* Vermutlich hält er die eigene Meinung für eine allgemeingültige Wahrheit und erkennt nur ungern andere Ansichten an.

Je genauer die Konjunktion wird, desto subjektiver werden die Gedanken. Das Tierkreiszeichen gewinnt an Einfluß; die Art des Denkens ist sowohl von ihm als auch von den Aspekten der Konjunktion zu anderen Planeten abhängig. Unterstützen diese Faktoren die Sonne (z. B. die Konjunktion befindet sich im Löwen und/oder bildet Aspekte mit Jupiter oder Mars), kann die sonnenhafte Spontaneität den Verstand überflügeln. Wird dagegen Merkur unterstützt, kann das Sein im Schatten der Logik stehen, so daß diese stärker als der spontane Lebenswille wird.

Bei entwickelten Menschen kann die enge Verbindung ein Bündnis zwischen dem Ich und seinem Sprachausdruck bedeuten: Das Resultat ist die Fähigkeit, gut und logisch eigene Gedanken auszudrücken.

Stehen die Planeten nicht in Konjunktion und jeder in einem anderen Zeichen, gewinnt der Verstand an Objektivität.

Merkur-Prometheus färbt ihn progressiv, intuitiv, schlau, analog und reformierend bis rebellisch; bei ihm gilt: »Zuerst erfahren, dann überlegen«. In der Verbindung mit Merkur-Prometheus nimmt die Sonne die Gestalt von Dionysos, dem fröhlichen und frei denkenden Gott, an. Läuft Merkur rückwärts, stellt er sich gegen Instinkte und Emotionen, die nicht zur Vernunft passen, weil sie nicht rational differenzieren können. Die Logik kann umkehren, ein »rückwärtiges« Denken auslösen, d. h. das Denkresultat steht vor dem Gedankenprozeß, wie es bei Erfindungen zuweilen der Fall ist.

Merkur-Epimetheus ist konservativ, logisch, analytisch und zweckdienlich bis berechnend. Hier steht die Überlegung vor der Erfahrung. Die Sonne zeigt sich in dieser Verbindung als Apollo: ruhig, traditionell und vornehm. Läuft der Merkur rückwärts, ist das Denken introvertiert, subjektiv. Die Kommunikation kann erschwert sein, denn es wird weitgehend »mit sich selbst« kommuniziert, in einem eigenen »Denkparadies«.

---

* Thomas Ring: Astrologische Menschenkunde, Band 3, Seite 258

☉ Sonne / Venus ♀

Qualität:
- Das harmonische Wesen, die verkörperte Liebe
-

Die Venus kann mit der Sonne nur eine Konjunktion, ein Halbsextil oder ein Halbquadrat bilden. Wie Merkur kann sie als Abendstern, Hesperos, oder Morgenstern, Phosphoros, erscheinen und in der unteren, d. h. erdnäheren Konjunktion rückläufig sein.

Ihre Verbindung bedeutet, daß das Sein (Sonne) sich mit sinnenhafter Wahrnehmung, Schönheit, Genuß und Geschmack (Venus) verknüpft.

Diese Verbindung, besonders in der Konjunktion, bewirkt, daß Menschen lieb, friedvoll, harmonisch sind, ästhetisch wirken können und sich möglicherweise künstlerisch betätigen. Überdies lösen sie ein großes Bedürfnis nach Liebe, Kontakten und Kommunikation aus, Geselligkeit wird von Takt und Diplomatie begleitet. Allgemeine Beliebtheit kann die Folge sein.

Negativ gelebt, ist es in diesem Fall möglich, daß die genannten Eigenschaften nicht selbstverständlich sind, trotzdem aber angestrebt und unbewußt zu erreichen versucht werden. Liebe kann dann zu Koketterie oder zur Klammer werden, Kunst zu Kitsch, der Wunsch nach Harmonie zur Bequemlichkeit. Ein entwickeltes Individuum ist jedoch fähig, auch in diesem Fall harmonische Züge zu erwerben: Zum Beispiel können Takt und Höflichkeit bewußt erlernt werden, widersprüchliche Gefühle zu künstlerischer Auseinandersetzung anregen. Wenn die übrigen Aspekte nichts anderes anzeigen, unterstützt die Disharmonie den Drang, um jeden Preis der Ruhe und der Harmonie zu frönen und allen Schwierigkeiten aus dem Weg zu gehen. Auch Genußsucht und egoistische Selbstliebe können eine Rolle spielen.

Venus-Phosporos ist eine »junge« Kraft, begeistert, spontan, unbesonnen, intuitiv und kreativ, begünstigt Gefühlsverbindungen, Trägerschaft neuer Ideen, Visionen und emotionaler Werte. Ist diese Venus rückläufig, kann sie einen radikalen Widerstand gegen Emotionen bewirken. Diese zu spüren ist zwar angenehm, das Mißtrauen überwiegt jedoch, vor allem nach einer eventuellen Enttäuschung.

Venus-Hesperos ist nicht so unmittelbar, sie wertet aus Sicht der Ästhetik, bei ihr gilt: »Zuerst empfinden, dann erleben oder sich binden«. Sie baut auf das Erprobte, sie verbindet aufgrund der Idee, der Tradition und der Philosophie. Ist diese Venus rückläufig, sind ihre Attribute »verdreht«. Ihr Werten kann bis zur Askese führen, oder sie mißt den Dingen zu große Bedeutung bei und stellt diese über die spontanen Lebensbedürfnisse.

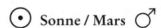

Qualität: • Das kämpferische Sein, die Männlichkeit
• _____

Sonne	Mars
Sein, Existenz, Zentrum	Richtung, Ziel
Lebenswille	Tatkraft, Trieb
Selbsterfüllung	Selbstüberwindung
Lebenskraft, Gesundheit	Leistung
Ichbewußtsein	Egoismus
Ausstrahlung	Sexualverhalten
Spontaneität	Spontaneität
Gleichmäßigkeit	Impuls
Mut	Tapferkeit
Herrscher, Autorität	Kämpfer
Vater	Liebhaber

Die Sonne repräsentiert unseren Lebenswillen, den »Motor« und Antrieb; Mars den triebhaften Tatendrang. Ihre Verbindung beinhaltet eine starke Dynamik und den Wunsch nach Wirkung. Die Sonne herrscht im Löwen, Mars im Widder, beide Zeichen gehören zum Feuerelement. Ein cholerisches Temperament geht damit einher.

Diese Verbindung unterstützt Entschlossenheit und Durchsetzungswillen, Unternehmungslust, spontane Entscheidungen und Risikofreude, denn das Sein, mit Triebenergie verbunden, hat weder Zeit noch Lust, sich um- oder zurückzuschauen. Damit kann auch eine gewisse »Rück-Sichts-Losigkeit« verbunden sein. Dieser Mensch hat stets ein Ziel vor Augen. Die Energie, die dazu führt, ist vorhanden, die Leistung ausgewiesen, ebenso das Gefühl des eigenen Rechts auf die erwünschte Handlung.

Es kann jedoch auch so viel Energie vorhanden sein, daß sie ständig nach Verausgabung sucht. Daraus können sich Eigensinn, Voreiligkeit, Sturheit, Aggressivität oder Streitsucht entwickeln, was unter Umständen die Gesundheit beeinträchtigt. Die sexuelle Kraft, besonders beim Mann, wird durch diese Planetenverbindung verstärkt.

In dieser Konstellation liegt möglicherweise die Aufgabe, Energie und Triebe bewußt zu leiten. Körperliche Arbeit, Sport oder Aktivitäten, die Unternehmungsgeist, Impulse, schnelle Reaktionen und Entscheidungen erfordern, können dabei hilfreich sein.

☉ Sonne / Jupiter ♃

Qualität: • Die Weisheit, die Vornehmheit

• _____

Der Lebenswille tritt in bezug zum Sinngebenden. Der König verbindet sich mit dem Hohepriester. Wiederum kommen zwei Planetenkräfte zusammen, die im Feuerelement herrschen. Statt der Hitzigkeit des Mars verknüpft sich das Sein mit dem Streben nach dem höheren Sinn und den Visionen des Jupiters.

Die Sonne-Jupiter-Aspekte fördern eine optimistische und fröhliche Lebenseinstellung, Jovialität und Großzügigkeit. Beim entwickelten Individuum zeigen sich Vornehmheit und ethische Qualitäten, jedoch fehlt es auch nicht an Eigeninitiative, Ehrgeiz und Machtwillen. Es ist eine Verbindung, die Astrologen als »Glück« bezeichnen.

Im negativen Sinne kann diese Konstellation zu Rechthaberei, Verschwendung und arroganten Handlungen führen oder zu Größenwahn im Sinne von: »Ich (Sonne) kann mir alles erlauben (Jupiter)«. Die eigene Meinung, die eigene Philosophie und den eigenen Glauben um jeden Preis durchsetzen zu wollen, ist eine Gefahr.

In dieser Verbindung liegt die schöne Aufgabe, mit positivem Denken und Optimismus andere zu unterstützen. Umgekehrt kann bei Überheblichkeit eine Portion Demut und Eigenkritik nicht schaden.

☾ Mond / Merkur ☿

Qualität: • Die »sprechende« Instinktwelt, der fühlende Denker
• _____

Mond und Merkur sind zwei Kräfte mit entgegengesetzten Funktionen: die unbewußt fühlende und die bewußt denkende.

Es kommt auf die Position der Verbindung in den Tierkreiszeichen und Häusern an, welche von diesen Kräften sich stärker zeigt. Demnach kann entweder die denkende Funktion auf Kosten der Gefühle (denken statt fühlen) oder die fühlende Funktion auf Kosten des Denkens (den eigenen Gefühlen nachgehen statt zu überlegen) aktiv sein. Das Gemisch von Wasser und Luft, das diese Planetenkräfte vertritt, gibt ihrer Verbindung einen instabilen Boden: Folgen davon sind Vielseitigkeit und Veränderungslust, auch Unkonzentriertheit und Inkonsequenz.

Die harmonische Wirkung dieser Kräfte unterstützt das Bedürfnis (und die Fähigkeit) die eigenen Emotionen in Wort und Schrift auszudrücken und auch die Gefühlswelt allgemein zu verstehen. Das Unbewußte ist darauf eingestellt, zu lernen und Neues zu erfahren. Damit einher geht die Fähigkeit, »instinktiv« vieles zu begreifen und nachzuahmen. Die Gefühle werden beim Lernen und Kommunizieren stimuliert. Da Merkur das Denken, Sprechen und Schreiben und der Mond das Angeborene repräsentieren, ist der Schritt zum Erfinden phantastischer Geschichten klein.

In der Disharmonie zieht eine der Planetenkräfte mehr Aufmerksamkeit auf sich oder beide melden sich gleichzeitig und heftig. Eine lunare Launenhaftigkeit äußert sich, in diesem Fall von Merkur ausgelöst, als Redeschwall, Klatsch oder unnötig kompliziertes Begründen des eigenen Verhaltens – oder aber als beleidigtes Schweigen. Die Phantasie kann Unwahrheiten unterstützen, denn unter dem emotionalen Einfluß sieht die Wirklichkeit jedes Mal anders aus. Solche Subjektivität beeinträchtigt auch das Entscheiden und die Realitätswahrnehmung.

Die Aufgabe dieser Verbindung könnte im Verständnis für beide Prinzipien bestehen, indem sich der Mensch sagt: »Meine Gefühle brauchen Platz, und den will ich ihnen auch einräumen – jedoch nicht soviel, daß ich nicht mehr denken kann.«

☾ Mond / Venus ♀

Qualität: • Die Frau, die Anmut
• _____

Dies ist die weibliche Konstellation par excellence. Abwartend verbindet sich der unbewußte Instinktkern mit dem Wunsch nach Harmonie und Liebe. Luna, Herrscherin im Wasserelement, repräsentiert die gefühlvolle Reaktion; Venus, Herrscherin im Erd- und Luftelement, steht für die Empfindung und die passende Bindung. Die Mond-Venus-Verbindung tritt für eine passiv-abwartende Wahrnehmung der Liebe ein, macht angenehm und liebevoll und fördert ein Flair für Schönheit, Harmonie und Kunst. Weibliche Eigenschaften werden kopuliert: Sinn für Heim und Geborgenheit, Geduld und Friedlichkeit.

Im positiven Fall wirken Anmut, erotische Ausstrahlung und häufig auch persönliche Schönheit. Weitere Eigenschaften sind: ein ordentliches Heim, gepflegt und mit Geschmack eingerichtet, Widerwille gegen Disharmonie und eine Feinfühligkeit, die sanfte, von anderen Menschen ausgehende Wellen spüren läßt, was diplomatisches oder wenigstens adäquates Reagieren begünstigt. Menschen mit dieser Konstellation erleb(t)en ihre Mutter vorwiegend harmonisch.

Wirkt in dieser Planetenverbindung die Dissonanz stärker, kann das Schwierigkeiten bedeuten, die eigene Mutter in ihrer Doppelrolle als Mutter und Frau ganzheitlich wahrzunehmen. Vielmehr wird sie unbewußt als zwei in sich getrennte Persönlichkeiten erlebt. Das Erotische stimmt dann mit dem Gefühls- und Familiensinn nicht überein: Liebe kann sich schwer mit dem verbinden, was erotische Anziehung und Lust provoziert. Es entstehen wechselweise Spannung und Hemmung der Gefühle, die nach einem entsprechenden Ausdruck suchen. Eine Lösung gelingt am besten durch Umwandlung der Disharmonie in eine andere, »sublimierte« (d. h. verfeinerte, erhabene) Form, z. B. in Tätigkeiten im sozialen Umfeld oder – sehr oft – in künstlerischer Gestaltung.

Mond und Venus werden von den Geschlechtern auf unterschiedliche Art erlebt. Im Horoskop einer Frau sagen sie aus, wie sie ihre Weiblichkeit spüren und wie sie sich als Frau fühlen mag. Ein Aspekt zwischen den beiden Planeten kann eine Art Gebundenheit an die Mutter anzeigen: Wie diese sein zu wollen, ist eine eventuelle Folge, oder sie abzulehnen und ihren Gegenpol darzustellen, eine andere, auch wechselweise beides ist möglich. Je nach den Gefühlen herrscht »eine Frau sein wollen« vor oder wird die eigene Weiblichkeit abgelehnt, eventuell auch die Mutterschaft, bewußt oder unbewußt. Auch beim Mann können wir eine Beziehung zur Mutter erahnen. Wir finden hier das Abbild seiner weiblichen Eigenschaften und sein Wunschbild der Frau. Eine gründliche Analyse der Mond- und Venus-Stellung im Horoskop kann helfen, die unbewußte, gefühlsmäßige Vorstellung einerseits von der Mutter und andererseits von einer sexuell anziehenden Partnerin verständlich zu machen.

☾ Mond / Mars ♂

Qualität: • Der instinktive Drang nach Durchsetzung
 •

Mond	**Mars**
Instinkte	Durchsetzungstrieb
Stimmung	Tatkraft, Impuls
Passivität	Aktivität
Kind, Mutter	Mann
Traum	Tat
Empfänglichkeit	Aggressivität
gebären	vernichten
Gefühl	Leistung
Erwartung	Entscheidungskraft
Heim, Wurzeln	Kampfbereitschaft, Fluchttrieb
Beeinflußbarkeit	Ego-Wille
Unbewußtes	Zielbewußtsein
Reaktion	Aktion

Die zielgerichtete Kraft begegnet der Instinktwelt. Luna, die Herrscherin im Wasserelement, wird durch den feurigen Mars erhitzt, die Grundstimmung des betroffenen Menschen ist erregt. Der Mars agiert, der Mond reagiert. Mehr als bei anderen werden Handlungen unter diesen Kräften Stehender unbewußt gesteuert. Die Mondkräfte, die der ständigen Wandlung unterstehen, erleben wechselhafte Wellen von Hitze und Kälte. So äußern sich auch Gefühle und Reaktionen oft mit einer cholerischen Neigung. Es kommt auf die Entwicklung der Person an, wie sie eine solche Gefühlswelt verarbeitet.

Harmonisch manifestiert sich diese Verbindung als energische Durchsetzung der instinktiven Wünsche. »Automatisches« Reagieren auf gegebene Verhältnisse, ohne Zögern, und entsprechendes Handeln werden unterstützt: Wir können es Improvisationsgabe nennen. Ein Mißerfolg kann aber das cholerische Temperament anheizen. Das allerdings etwas kindhafte Motto mag heißen: »Ich bin halt so.« Diese Konstellation fördert die Neigung, ständig etwas zu unternehmen und etwas nachzujagen, um Bedürfnisse des eigenen Naturells zu befriedigen, wie auch fest entschlossen und unerschrocken Bedürftige zu beschützen.

Die schwierige Seite der Verbindung äußert sich in einer gewissen Unberechenbarkeit: Bedürfnisse können triebhaft durchgesetzt werden wollen. Sich mit der Lage oder mit Gefühlen anderer zu beschäftigen dürfte schwerfallen, im Gegenteil: Was Schutz oder Geborgenheit braucht, fordert zum Angriff heraus. Da sich die Stimmungen in dieser Verbindung wie der Mond ständig wandeln, ist es von Fall zu Fall schwierig zu erraten, welchen Weg der instinktive Durchsetzungsdrang einschlägt. Aggression und Wut können wirken, jedoch kurzfristig wieder verfliegen, und zwar ohne irgendeinen Gedanken an verursachte Verletzungen zu verwenden. Wo Ziele und Erwartungen vorhanden sind, reizt jede Behinderung die Ungeduld.

Als Aufgabe erweist sich das Bewußtmachen des eigenen hitzigen Temperaments. Es ist wichtig zu begreifen, daß Wutausbrüche andere verletzen können. Auch wenn »es nicht so böse gemeint« ist, sind es die anderen, die solche Handlungen ertragen müssen.

☽ Mond / Jupiter ♃

Qualität: • Die optimistische Einstellung
• _____

Das Natürliche in uns, unsere Instinktwelt und Reaktionsart, verbindet sich mit einer sinnvollen Ganzheitsschau. Die Natur des Mondes ist passiv; in seinem Bereich wollen wir uns nicht aktiv beschäftigen, sondern wir befinden uns in einer offenen, abwartenden Stellung, und das, was wir aufnehmen, drücken wir durch unsere Stimmung aus. So fördert die Mondkraft instinkthaftes Gespür für den richtigen Augenblick, für die richtige Reaktion und damit für das Wahrnehmen des Glücks. Was daraus resultiert, ist jedoch von der Energie anderer Horoskopfaktoren abhängig.

Im positiven Fall kann sich einfach ein Glücksgefühl einstellen, ohne Anspruch auf Erfolg oder Berühmtheit. Häufig verbreiten sich hoffnungsvolle Zukunftserwartung und Optimismus in der Umgebung solcher Personen. Sie sind vorwiegend zufrieden gestimmt und genießen allgemeine Beliebtheit oder sogar Popularität (wenn andere Teile des Horoskops auf ähnliches hindeuten). Güte, Hilfsbereitschaft, Religiosität, Großmut und die Fähigkeit, Phantasie zu entwickeln, sind weitere Charakteristika dieser Verbindung.

Negativ ausgedrückt, können Nachlässigkeit, Spießbürgertum, Bequemlichkeit und Genußsucht auftreten oder die Vorstellung, in einer wunderbaren Zukunft und in unerfüllbaren Visionen zu leben, und damit das Gefühl, daß das Glück »gepachtet« werden kann. In der obenerwähnten positiven Äußerung wird es einfach gespürt, hier jedoch wird es unbedingt erwartet, aktiv angestrebt und oft im Genuß gesucht oder in leichtsinnigem und übertriebenem Glauben an die Zukunft, ohne selbst dazu beizutragen; nicht selten in der Vorstellung, daß die anderen sich um die eigene Zufriedenheit kümmern sollten.

Das Potential dieser Verbindung kann dem Menschen einen sinnvollen Hintergrund für Glücksgefühle im täglichen Leben geben. Falls er mehr erwartet, tut er gut daran, sich folgende Frage zu stellen: »Was brauche ich, um zufrieden zu sein?« und sich dann bewußt zu beschränken.

☿ Merkur / Venus ♀

Qualität: • Die Künstlerin, der sinnliche Denker
• _____

Unter den Strahlen der Sonne verbindet sich Merkur mit Venus. Diese beiden Planeten können außer der Konjunktion zusammen nur einen Hauptaspekt bilden, das Sextil. Zwischen ihnen entstehen keine »harten« Aspekte, deshalb kommen sie meistens gut miteinander aus. Merkur ist das denkende und bewußtmachende Prinzip, der praktische Verstand; Venus empfindet und beurteilt, was schön und was unschön ist, und sucht Disharmonien auszugleichen. In ihrer Verbindung mit Merkur wird das Harmonische vom Denkenden durchdrungen, was Kunst- und Formverständnis, Takt, Rücksicht und gutes gesellschaftliches Benehmen bedeuten kann, weil das Ästhetische bewußt erlebt werden will.

Andererseits wird dem Denken eine andere Ebene, die des sinnenhaften Genusses und der Ästhetik, beigefügt. Das Resultat ist »die Harmonie des Wortes«, also schriftstellerische Kunst, und »Klugheit des Auftretens«, die Diplomatie. Diese Verbindung schenkt Anmut und Sinn für Schönheit sowie eine gewisse Leichtigkeit im Ausdruck. Sie trägt wenig Konflikte in sich. Im schwierigeren Sinne kann sie den Menschen mit einer gewissen Ziellosigkeit (da Merkur an zuviel verschiedenem interessiert und Venus nicht tatkräftig, sondern eher bequem ist) und Eitelkeit versehen. Zudem beinhaltet sie ein Schwanken zwischen Nützlichkeit und Schönheitsempfinden.

☿ Merkur / Mars ♂

Qualität: • Der hitzige Gedanke, die durchdachte Aktivität
• _____

Der Kriegsgott Ares (Mars) trifft sich mit dem klugen Vermittler Hermes (Merkur). Während Mars nach Kampf um des Kampfes Willen verlangt, erhält er in der Verbindung mit Merkur die Möglichkeit von dessen Kultivierung. Tatkraft bindet sich mit Verstand und Intelligenz.

Die harmonische Seite dieser Verbindung unterstützt im Menschen die Fähigkeit zu zweckvollen und Intelligenz beanspruchenden Arbeiten, durchdachtes Schaffen, zweckmäßig eingesetzte Energie, geistesgegenwärtiges und flexibles Denken und rasches Umsetzen in die Tat. Feurige Diskussionen werden angeregt, Verteidigung der eigenen Meinung anderen gegenüber stimuliert. Eine solche Person kann sehr aktiv und geistig beweglich sein.

Doch selten wird die »Grobheit des Ares« von Diplomatie begleitet. Übertreibung, Neigung zur Streitlust, Eigensinn, Reizbarkeit und Voreiligkeit sind die disharmonische Seite der Verbindung. Das Durchsetzen eigener Meinungen und Kritiklust verraten einen kämpferischen und kritisierenden, eventuell sarkastischen, undiplomatischen Zug: Schwierigkeiten mit den Mitmenschen können die Folge sein. Hingegen löst Kritik anderer zuweilen tiefe Beleidigung und vehemente Verteidigung mit Gegenargumenten aus. Die Nerven – sie gehören symbolisch in Merkurs Gebiet – können leicht überspannt und gereizt werden.

In der disharmonischen Äußerung dieser Konstellation mag die Herausforderung liegen, sich des eigenen Handelns bewußt zu werden und es anzuschauen, zu analysieren und dann zu disziplinieren. Auch ein Versuch, sich in andere zu versetzen und an ihrer Stelle zu versuchen, die Kritik und Ironie auszuhalten, kann förderlich sein.

☿ Merkur / Jupiter ♃

Qualität: • Der gesunde Menschenverstand, Zweck und Sinn
• _____

Merkur und Jupiter repräsentieren das Denken und die Philosophie, Klugheit und Weisheit. Wir können diese Beziehung als eine Art »Abkommen« verstehen, etwa im folgenden Sinne: »Durch deine Vielfältigkeit, deine Tendenz, überall zu sein, und die Fähigkeit, die gesammelten Daten zu registrieren, wirst du, Merkur, Fakten beschaffen und ich, Jupiter, werde dann schauen, ob sie dem Leben einen Sinn geben. Denn das Sinnlose ist nicht lebensfähig.« Merkur funktioniert hier wie ein Computer, dem die Weisheit, in deren Dienst er steht, überlegen ist.

Im positiven Sinne unterstützt diese Verbindung nicht in erster Linie den Gedanken an den persönlichen Nutzen, sondern vielmehr an das Allgemeinwohl. Da dies meistens eher mit einem weiten als mit einem kurzen Blick nach vorne geschieht, stellt sich nicht selten Erfolg ein. Gedankliche Problemlösungen werden mit dauerhaften traditionellen und ethischen Werten verbunden. Optimismus, Freundlichkeit und Glaube an die eigenen Leistungen erwecken Sympathie. Der gesunde Menschenverstand hat die Oberhand.

Im disharmonischen Sinne kann der Denkstil so großzügig sein, daß etliches übersehen wird, was besonders bei wichtigen Entscheidungen Schwierigkeiten verursachen kann. Denn Jupiter interessieren keine Details. Ihm ist es wichtiger, immer den Schein der Würde zu wahren. Daraus können groß (Jupiter)-maulige (Merkur) und übertriebene Versprechungen resultieren, um deren Einhaltung sich zu kümmern jedoch Nebensache ist. Merkur möchte analysieren und die Details beschreiben, während Jupiter die sinnvolle Ganzheit betrachtet. Diese Kräfte begünstigen eine Tendenz zu subjektivem Urteilen im Sinne von: »Ich weiß alles am besten« und damit sowohl zu Selbstbetrug als auch zur Täuschung und Irreführung anderer. Die Aufgabe in dieser Verbindung besteht darin, die beiden Tendenzen zu vereinigen und das Denken zu überprüfen, bevor ein allzu großartiger Plan gestartet wird.

♀ Venus / Mars ♂

Qualität:
- Die Sexualität
- _____

Die Verbindung von Venus und Mars ist eine erotische. Wir erinnern uns, daß diese mythologischen Gestalten in der Antike ein bekanntes Liebespaar darstellten. Liebe, die in den Bereich der Venus gehört, vereinigt sich mit Sexualität, dem Gebiet des Mars. Venus, die die weibliche Seite des Liebesaktes darstellt, sehnt sich nach Zärtlichkeit und nach unendlichen Liebesspielen; sie ist es, die eine angenehme Atmosphäre schafft und in vollen Zügen genießt. Mars, der Eroberer und Aggressor, vertritt die harte Seite der Liebesbeziehung: die Energieverausgabung, die zur Vollendung des Aktes führt. Es ergibt sich ein symbolisches Bild der Vereinigung von Mann und Frau.

Beide Geschlechter, Frauen und Männer, tragen sowohl den weiblichen als auch den männlichen Teil der Sexualität in sich. Jeder von uns hat Venus und Mars im Horoskop, jeder von uns kommt mit Sexualität in Kontakt. Wie wir diese jedoch erleben, kommt auf die Stellung dieser beiden Kräfte an. Im allgemeinen kann die Frau die Venus-Anteile leichter und natürlicher ausdrücken als der Mann, umgekehrt der Mann die marsischen.

So wie Mars im Geburtsbild des Mannes gestellt ist, bildet sich die Art seines sexuellen Verhaltens aus. Die Eigenschaften seiner Venus projiziert er gerne in das weibliche Gegenüber: Er kreiert für sich das innere Bild »seiner« Frau so, wie er sie sich wünscht. Doch er selbst lebt die Venus-Eigenschaften auch, er kann zärtlich und verletzlich sein, sich verlieben, genießen oder seine Venus-Energie in der Kunst ausdrücken.

Bei der Frau beeinflußt die Venus ihr weibliches Verhalten. Mars in ihrem Horoskop weist einerseits auf die Art ihrer Durchsetzungskraft, andererseits auf ihre männlichen Eigenschaften und ihren männlichen Anteil an der Sexualität. Wie beim Mann die Venus, gibt der Mars in Zeichen und Haus zusammen mit den Aspekten Auskunft über ihr männliches Wunschbild.

Im harmonischen Fall ergänzen sich diese Kräfte gegenseitig: Das Hingebungs- und Venushafte wird aktiver, das Kämpferische hingegen verfeinert, die sinnliche Anziehungskraft gesteigert.

Der Reiz besteht auch im Falle einer Disharmonie. Er gewinnt dadurch noch an Dynamik, und die Spannung wächst. Die Verbindung von Venus und Mars im Radix der betroffenen Person macht die Sexualität zu einem Lebensthema. Doch diese Tatsache allein garantiert nicht, daß sich die Beziehung zum anderen Geschlecht reibungslos gestaltet. Oft ganz im Gegenteil: Durch die sexuelle Spannung werden Unstimmigkeiten in der Partnerschaft gerne ignoriert; sie melden sich dann, wenn der Liebesrausch verebbt.

Je mehr Schwierigkeiten diese Verbindung bereitet, desto stärker ruft sie nach einer Auseinandersetzung mit dem Thema. Wenn der Venus-Mars-Mensch vorwiegend nur eine Seite des Aspektes lebt, stehen Hingabe und Energieverausgabung nicht im Gleichgewicht. Dann fühlt er sich entweder unbefriedigt, weil irgend eines seiner Bedürfnisse unerfüllt bleibt, oder er verlangt unbedingt nach Erfüllung und mißachtet dabei die Wünsche seines Gegenübers. Als Folge kann die gegenseitige Anziehung von Konflikten abgelöst werden, eventuell kann sie sich sogar in eine abstoßende Kraft verwandeln.

Diese Verbindung fordert dazu auf, beide Seiten des Aspektes zu leben und für ihr Gleichgewicht zu sorgen. Fragen wie: »Was brauche ich in der Liebe? Und was braucht mein Partner oder meine Partnerin? Kann ich sie oder ihn verstehen?« und umgekehrt: »Kann ich meine Wünsche und Bedürfnisse klar äußern, stelle ich sie nicht zurück? Bin ich mir ihrer überhaupt bewußt?« können nützlich sein.

♀ Venus / Jupiter ♃

Qualität: • Glück, »la vie en rose«
•

In der überlieferten Astrologie heißt es, zwei Glücksplaneten verschmelzen zu einer Einheit. Bringt ihre Verbindung dem Menschen wirklich das Glück? Venus sorgt für tägliche Zufriedenheit und Harmonie, Jupiter strebt nach einem »großen« Glück.

Im positiven Sinne sorgt letzterer für das richtige Maß, denn das Glücksgefühl finden wir nicht im Maximum, sondern im Optimum. Die Entwicklungsstufe der jeweiligen Person ist für den Umgang mit dem »Guten« ausschlaggebend. Diese Verbindung fördert Freundlichkeit, Liebesfähigkeit, Großzügigkeit und gute Umgangsformen. Harmonische und beständige Bindungen erlauben, das Leben nach der eigenen Vorstellung zu genießen. Beliebtheit kann in diesem Sinn Glück und Zufriedenheit bescheren. Auch die Umgebung soll harmonisch sein. Disharmonisches und Ordinäres wird verschmäht, jedoch nicht bekämpft (ohne einen anderen, entsprechenden Aspekt im Horoskop), es kommt eher zum Rückzug. Die künstlerische Ausdrucksfähigkeit wird unterstützt.

Venus repräsentiert die Liebe, Jupiter die Ausdehnung und »Erfüllung«. So stachelt dieser Aspekt dazu an, sich zu »füllen«, zu übertreiben, viel zu essen und zu trinken. Besonders eine unerfüllte Liebe kann dazu verführen, sich etwas »einzuverleiben« als Liebesersatz. Eine andere disharmonische Äußerung dieser Verbindung besteht in zu großen und unrealistischen Hoffnungen und Glückserwartungen. Die Suche nach Anerkennung und Gefallen kann übertriebene oder gar verschwenderische Großzügigkeit auslösen. Es besteht die Gefahr, die Welt durch eine allzu rosarote Brille zu betrachten und sowohl den eigenen Wert als auch den der Nächsten unrealistisch einzuschätzen.

Liebe und Kunst unterstützen die Hoffnung und geben damit dem Leben einen Sinn; sie sind wichtig, damit sich der Mensch glücklich fühlt. Wie oft kann die Kunst Unglücklichen helfen! Bei schwierigen Umständen, im Krieg, in Gefangenschaft oder in einer anderen hoffnungslosen Situation bewirkt ein Lied, ein Gedicht oder ein liebevolles Wort oft wahre Wunder.

♂ Mars / Jupiter ♃

Qualität: • Das sinnvolle Tun

• _____

Mythologisch werden diese beiden Planeten durch Zeus und dessen unbeliebten Sohn Ares vertreten. Zeus ist der größte Gott, der Beliebtheit und Respekt genießt; Ares mit seiner Kampflust erregt meistens Verachtung. In dieser Verbindung übergibt Jupiter Mars einen Teil seiner Weisheit, indem er dem Kampf einen höheren Sinn verleiht. Die Symbolfigur für die positiv wirkende Kombination dieser beiden Kräfte dürfte die antike Göttin Athene sein. Auch sie ist eine Kriegsgöttin, doch ihre Kämpfe führt sie weise und überlegt, und somit werden sie meistens vom Sieg gekrönt ohne unnötiges Blutvergießen.

Beide Planeten sind Herrscher in einem Feuerelement, beide sind dynamisch und stellen eine Antriebskraft dar. Zum Leistungstrieb gesellt sich Würde: Ein Mensch mit dieser Konstel-

...lation strebt nicht ungestüm nach dem Ziel, sondern er schreitet zu seiner sinnvollen Vollendung.

Im positiven Sinne gewinnt das Tun einen fröhlichen, optimistischen Zug. Aktionen und Entscheidungen werden von der jupiterhaften Energie positiv unterstützt: am richtigen Ort, an der richtigen Stelle und im richtigen Moment eingreifen.

Die Spannung zwischen diesen zwei Prinzipien kann sich auf unterschiedliche Arten ausdrücken. Ein Beispiel sind extreme Leistungen, wobei die Einschätzung der eigenen Kräfte nicht der Realität entspricht. Ansprüche können zu hoch sein, und ein allzu großer Optimismus kann die Grenzen der Möglichkeiten übersehen lassen. Dies ist oft die negative Äußerung der jupiterhaften Kraft: Das »Konto« wird überzogen. Manch einer kann für seine eigenen Meinungen und den eigenen Glauben dogmatisch, kämpferisch und intolerant auftreten und für den »heiligen Krieg mit Kreuz und Schwert« allzeit bereit sein.

In dieser Konstellation ist angesagt, Toleranz und Disziplin in Verausgabung und Lenkung der eigenen Energie zu lernen. Und da es an Selbstkritik eher mangelt, sollte die Fähigkeit entwickelt werden, das eigene Tun aus innerer Distanz zu betrachten.

Saturn und die kollektiven Planeten im Aspekt mit persönlichen Planeten und Jupiter

☉ Sonne / Saturn ♄

Qualität:
- Das gehemmte Sein, Lebendigkeit und Selbstzweifel
- _____

Im Kapitel über die Planeten wurde dargelegt, daß die verschwenderische Lebensenergie eine Bremskraft braucht, die sie in ihre Grenzen weist. Wir finden Saturn in jedem Horoskop; besteht jedoch ein Aspekt zwischen Sonne und Saturn, wird diese Bremse besonders stark gespürt. Auseinandersetzung mit der Realität und mit dem Bewußtsein, daß diese Beschränkung existiert, ist angesagt. Saturn herrscht im materiellen Bereich, und so ergibt sich das symbolische Bild, als stieße die vitale Sonne »an eine Wand«. Dies kann den Antrieb auslösen, sich der Materie zu bemächtigen. Mühelos geht das zwar nicht, dafür winken Festigkeit, Beharrlichkeit und Standhaftigkeit: Eigenschaften, die das Streben nach gesellschaftlicher Position und materiellen Gütern mit Erfolg zu krönen helfen. Vermutlich wird schon früh verlangt, im Leben Verantwortung zu übernehmen.

Im positiven Fall erfordert diese Verbindung Auseinandersetzung mit der realen Seite des Lebens. In den Tag hineinleben ist nichts. Zur materiellen Absicherung wird das Leben in der Regel so organisiert, daß das Stoffliche, das Saturn regiert, den Weg zu Hab und Gut oder Sachwissen bahnt. Dabei sind die von der Gesellschaft anerkannten Strukturen behilflich; eine Fähigkeit, sich darin gut zu orientieren, ist meistens gegeben. Die Materie kann als Leiter zum Emporklimmen dienen, um »jemand« zu sein und eine Autorität zu werden. Geduldige und methodische Arbeit sowie die Erfüllung der Pflichten unter Berücksichtigung des Bewährten unterstützen den Werdegang zur reifen und zuverlässigen Persönlichkeit.

Im negativen Fall fehlt es an vitalem Antrieb; das Leben (wo Autoritäten als mächtig gelten) wird mit Angst betrachtet, der Mensch fühlt sich grundlos schuldig und lebt asketisch oder vereinsamt, was ihm gesundheitlich zusetzen kann. Melancholische Zustände und Lebensangst, oft aus dem Gefühl heraus, den Pflichten nicht gewachsen zu sein und zu versagen, stimmen pessimistisch und mißtrauisch. Die Vergangenheit wird oft als eine hoffnungslos verlorene »schöne Zeit« betrachtet, die nie wiederkehrt. Andererseits kann die Materie ein hohes Selbstwertgefühl vermitteln, deswegen wird Besitztum begehrt.

Doch es ist möglich, aus den schwierigen Erfahrungen zu lernen, das schöne Verlorene als Beispiel für eine zukünftige Möglichkeit zu betrachten und aus harten Lebensprüfungen gestärkt hervorzugehen. Dann können die positiven Eigenschaften dieser Verbindung überhandnehmen.

☉ Sonne / Uranus ♅

Qualität: • Das unverbundene Sein, der Narr

  • _____

Der Herrscher im Löwen trifft den Herrscher im Wassermann, das Feuerelement bindet sich mit der fixen Luft. Die uranische Kraft rüttelt an den Grundfesten des Seins. Die irdische Existenz durchbricht die traditionell erlaubten Grenzen. Dort, wo der saturnische Mensch das Überlieferte verehrt, dort, wo er Autoritäten und Statuten bewundert oder fürchtet, lehnt sich der uranische gerade dagegen auf. Dieser verlangt in seinem Lebensstil nach Freiheit und Bindungslosigkeit, sein Tun nach ungewöhnlichen Methoden. Die »göttlichen«, spontanen Einfälle des Uranus wollen ins Leben integriert sein. Hellhörigkeit für neue Ideen formen Menschen der Zukunft. Statt dem Bewährten wirken die Blitze der Intuition, das Unerwartete und Originelle und der Drang nach Freiheit und Unabhängigkeit.

Es kommt auf die Entwicklung des Menschen an, wie er damit zurechtkommt. Ein Reformer nutzt seine intuitiven Gaben, um der Welt etwas Neues zu bescheren wie Verbesserungen des Bestehenden oder Erfindungen; ein notorischer Querulant ist innerlich unruhig und unberechenbar und geht stets rebellierend durch sein Leben.

☉ Sonne / Neptun ♆

Qualität: • Das ungeschützte Sein, das transzendente Wesen

  • _____

Hier verbindet sich das individuelle Sein mit der Sehnsucht nach Einheit mit dem Universum. Um einen solchen »Traum« zu verwirklichen, öffnet sich das Innere des Menschen und nimmt Phantasien, Illusionen und alles auf, was scheinbar nicht in den Alltag hineingehört. Entsprechendes Benehmen mag von der Umgebung oft mißverstanden werden. Der Schutz der eigenen Persönlichkeit wird dadurch geschmälert: Die Grenzen sind offen, jedermann ist eingeladen einzutreten. Da die Sonne für unsere körperliche Gesundheit und Neptun für das Auflösen, das Zersetzen und die Transzendenz zuständig ist, kann sich der Körper durch Feingefühl und Empfindsamkeit auszeichnen.

Im positiven Fall macht diese Konstellation empfänglich für Mystisches und Visionäres. Möglicherweise entwickelt sich ein Gespür für das Außersinnliche und ein Interesse an allem, was über die Grenzen unserer »normalen« Welt hinausweist. Phantasie, Kreativität und künstlerische Tätigkeit wachsen auf fruchtbarem Boden. Ob jedoch wirklich etwas Konkretes kreiert wird oder ob es bei der Inspiration bleibt, ist von anderen Aspekten im Horoskop abhängig.

Außerdem unterstützt diese Verbindung Träumereien, Unentschlossenheit und Unfähigkeit, das Leben zu organisieren und Verantwortung zu übernehmen, was zu Minderwertigkeitsgefühlen führen kann. Das charakterliche Rückgrat kann schlecht ausgebildet sein, Unaufrichtigkeit und Unzuverlässigkeit sind dann die Folgen. Da es schwierig ist, zwischen Wahrheit und Traum zu unterscheiden, kann eine trügerische Welt aufleben, in der Phantasie oder in der Realität. Den Weg zwischen Realität und Phantasie zu finden, die beiden unterscheiden zu lernen und sich zu fragen, was man will und was man verantworten kann, dürfte die Herausforderung dieser Konstellation sein.

☉ Sonne / Pluto ♇

Qualität: • Die Macht, die unbequeme Wahrheit

• _____

In der Verbindung Pluto-Sonne, besonders in ihrer Konjunktion, übernimmt das Sein die Eigenschaften des Pluto. Der von uns am weitesten entfernte Planet ist die kollektive Kraft, die Umwandlung verlangt. In der Regel sträuben wir uns jedoch dagegen; wir wollen an unseren Gewohnheits- und Denkmustern festhalten und auch nicht zulassen, daß sich die Umwelt umgestaltet. Durch Machtausübung, Kontrolle und Manipulation möchten wir die

Welt so einrichten, wie wir sie uns wünschen, statt uns ihrem Entwicklungsfluß anzupassen.

Die Königin im Märchen vom Schneewittchen stellt ein Musterbeispiel für die Pluto-Wirkung dar. Die Gefühlsseite dieser Frau ist stark und mit Machtgier erfüllt, sie will um jeden Preis regieren; wenn dies mit Schönheit nicht möglich ist, dann mit böser Macht. Täglich befragt sie ihren Spiegel: »Spieglein, Spieglein an der Wand, wer ist die Schönste im ganzen Land?« Solange der Spiegel sie nennt, ist sie zufrieden. Dann aber entsteht etwas Neues, denn eines Tages antwortet der Spiegel: »Frau Königin, Ihr seid die Schönste hier, aber Schneewittchen ist tausendmal schöner als Ihr.« Weil die Königin so etwas nicht akzeptieren will, versucht sie mit Hexerei und schwarzer Magie die Veränderung rückgängig zu machen und die Situation wieder so herzustellen, wie sie gewesen ist. Die plutonische Metamorphose ist jedoch unausweichlich: Schneewittchen wird erwachsen und die Königin, die ihre Macht mißbraucht hat, vernichtet sich selbst.

Die Verbindung Sonne-Pluto stellt den Menschen immer eine Macht gegenüber. Vermutlich tauchen schon in der Kindheit Autoritätsfiguren auf, und immer wieder gibt es im Leben Konfrontationen mit Macht und Ohnmacht bei zwischenmenschlichen Beziehungen. Es kann der eigene innere Machtanspruch sein, der den Menschen zwingt, sich den anderen gegenüber mächtig zu verhalten; andererseits kann er fremden Autoritäten ausgeliefert sein, die ihn unterdrücken. Doch meistens möchte er die Macht und Kontrolle selbst und ständig in den Händen halten, wie auch immer er sie ausüben mag. Er zögert nicht, auch in die intimsten Sphären seiner Mitmenschen einzudringen, sei es mit Liebe, Betreuung, Fürsorglichkeit, Ratschlägen, Problemen, Haß oder Neid, so daß er sie beinahe ihres Platzes zum Leben beraubt. Seine starken Gefühle zwingen ihn, seinen Willen ohne Rücksicht auf die Folgen durchsetzen zu wollen. Damit entstehen manche Schwierigkeiten, denn dieser Druck kann für die anderen unerträglich werden.

Im positiven Sinne ist dieser Mensch ein Reiniger. Symbolisches Bild für diese Planetenverbindung ist die Sonne, wenn sie in die Unterwelt – in das Reich Plutos – eintaucht. Da werden Dinge beleuchtet, die sonst verdeckt oder verdrängt bleiben. Sie werden plötzlich »klar« und »sie kommen ans Licht«, infolgedessen können sie gesehen, bereinigt, belassen oder beseitigt werden. Die Wahrheit ist nicht immer angenehm, doch es ist oft nötig, ihr in die Augen zu schauen.

Diese Konstellation stimuliert den Einsatz der Kräfte für die Verbesserung der Lebensbedingungen anderer und für den Kampf gegen Ungerechtigkeit, denn sie bewirkt die Fähigkeit, zu spüren, »wo der Schuh drückt«. Zähigkeit hilft mit schwierigen Situationen fertigzuwerden; das Verständnis für das Unausweichliche und die Bereitschaft sich zu wandeln, um das Alte, das nicht mehr lebendig ist, hinter sich zu lassen, wachsen.

Da es der Pluto-Kraft nicht fremd ist, schwierigen Fragen auf den Grund zu gehen, unterstützt sie die Fähigkeit, die Probleme der Machtthematik zu begreifen. Die Autoritäten können als positiv wirkende Personen betrachtet werden, die man weder fürchten noch ablehnen muß, sondern von denen man lernen kann; die eigene Macht kann in die Richtung gelenkt werden, wo sie hilft oder aufbaut.

☾ Mond / Saturn ♄

Qualität: • Die Selbstbeherrschung

• _____

Kindheit trifft auf Alter, Weichheit auf Härte, die offene Seele auf die Materie. Die instinktiven Bedürfnisse und Träume suchen ihre Einordnung in die reale Welt. Beide Kräfte vertreten die Mutter und ihr Verhalten dem Kind gegenüber: einerseits ihre Weichheit und Liebe, andererseits ihr Grenzensetzen in der weltlichen Realität. Beide Kräfte haben mit unserem Erbe zu tun, mit der Natur in uns, der Instinktwelt sowie mit der Tradition, die sich in uns fortsetzt. Der materielle Saturn baut eine Grenze um den gefühlvollen Mond: Der individuelle Lebensrhythmus stößt auf die feste Ordnung. Die Seele paßt sich der Wirklichkeit an.

Im harmonischen Fall treffen wir auf einen Menschen, der sich instinktiv nach dem richtet, was allgemein als korrekt gilt. Vorsicht und Zurückhaltung, Pflichtbewußtsein und die Bereitschaft, Verantwortung zu übernehmen, zählen zu den positiven Auswirkungen. Entsprechend passen sich die spontanen Wünsche an. Das eigene Heim ist die »Burg«, und wenn im Horoskop nichts anderes dagegen spricht, wird die Familie im traditionellen Sinn geführt. Die saturnischen Qualitäten bilden Festigkeit, Beständigkeit und Durchhaltevermögen aus, Dinge von dauerhaftem Wert werden geschätzt. Sie begünstigen die Trägerschaft der beständigen Werte. Diese »Festigkeit« kann jedoch manchmal so fest sein, daß die emotionelle Atmosphäre rundum wahrzunehmen Schwierigkeiten bereitet. Die betroffene Person hat Probleme, das verletzbare Innere zu zeigen, vielleicht aus Furcht vor Kränkung, aus Scheu oder wegen Hemmungen. Sie fühlt sich oft unverstanden und einsam und darum sucht sie festen Boden in der Vergangenheit. Mißtrauen und Angst, vielleicht nach schmerzlichen Erlebnissen in der Jugend, bringen den Menschen dazu, sich selbst über das jeweilige Problem zu stellen und alles, was mit der Gefühlswelt zu tun hat, abzulehnen. Vorsicht, Verlangen nach Sicherheit, Sorgen und eine vorsichtige bis pessimistische Einstellung sind weitere Äußerungen dieser Verbindung.

Und doch können Träume und Wünsche mit den Bedingungen der realen Welt sowie die Vergänglichkeit der Stimmungen mit dauerhaften Wahrheiten verknüpft werden. Oft gelingt es in Berufen, wo eine sachliche Erscheinung, konkrete Fragestellungen und hohe Leistung wichtig sind, Qualitäten dieser Konstellation zur Geltung zu bringen.

☾ Mond / Uranus ⛢

Qualität: • Die unberechenbaren Gefühle
• _____

Um diese Verbindung zu verstehen, stellen wir uns am besten ein neugeborenes Kind in seiner Beziehung zur Mutter vor. Es ist ihr auf Gedeih und Verderben ausgeliefert und seine Natur erwartet von ihr Schutz in Form ihrer Einheit mit ihm. Im Falle von Saturn haben wir eine Mutter, die versucht, ihre Aufgabe ernst und pflichtbewußt zu erfüllen, oder eine, die keine liebevolle Beziehung zu ihrem Baby pflegt. Die uranische hingegen betrachtet ihre Mutterrolle als eine unter vielen in ihrem Leben. Einmal sorgt sie sich um ihr Kind mit voller Kraft, ein anderes Mal ist sie abwesend oder gleichgültig; jedenfalls wird es ständig auf irgendeine Art überrascht und schockiert. Das kleine Menschlein erwirbt die Erfahrung von Verwirrung, ständiger Überraschungen und Unzuverlässigkeit. Worauf kann es sich verlassen? In seiner Seele nistet sich das Muster ein, daß allem, was man spürt, zu mißtrauen ist. Eine Person mit dieser Konstellation zweifelt generell an Gefühlen, und zwar sowohl an eigenen als auch an fremden. Der Wunsch nach Geborgenheit bleibt unterernährt, das instinkthafte, naturgemäße Verhalten wird durch die Intuition, den »Blitz des großen Geistes«, ersetzt. So vermag dieser Mensch eher allgemeine geistige Strömungen wahrzunehmen, als in der Gegenwart die innere Stimme zu vernehmen.

Im harmonischen Falle sind bei Personen mit dieser Konstellation die Stimmungen sehr wechselhaft. Der uranische »Gedankenblitz« schätzt die Atmosphäre ein und nimmt sympathische oder antipathische Wellen auf, die dann die Stimmung dieses Menschen prägen. Es ist möglich, daß eher das Ungewöhnliche oder das »Verrückte« seine Gunst erwirbt. Sein Gefühlsleben gleicht dem, was er in der Kindheit erfahren hat: unberechenbar und extrem. Vor allem braucht er für sich viel freien Raum. Sein Zuhause ist irgendwo »auf dem Weg in die Freiheit«, in Gefühlsbindungen verlangt er unabhängig zu bleiben, und er gesteht anderen dasselbe zu. Er ist ein guter und toleranter Kamerad, bei dem jedoch auch gelten kann, »aus den Augen – aus dem Sinn«.

Im disharmonischen Falle können die beschriebenen Eigenschaften so extrem werden, daß die Sehnsucht nach einer engen Bindung für diesen Menschen nicht in Erfüllung gehen kann, auch wenn er meint sich eine solche zu wünschen. Die Freiheit wird für ihn zum Muß. Er sollte jedoch nicht das Schicksal anklagen und den Fehler bei anderen suchen: In Wirklichkeit stößt er seine Mitmenschen durch seine unbeherrschten Reaktionen ab. Meistens wird er von Personen angezogen, die in einer ebenso extremen Gefühlswelt leben wie er. Er mag sich überall und nirgendwo daheim fühlen, und wenn er ein Zuhause hat, will er dort je nach seiner Stimmung kommen und gehen können.

Seine Aufgabe dürfte darin bestehen, seine Gefühle verstehen zu lernen, dann vermag er eine Portion Disziplin in ihre Äußerungen zu bringen. Andererseits muß er sich auf ein wechselvolles Leben einstellen und mit diesem umgehen können.

☾ Mond / Neptun ♆

Qualität: • Die Beeinflußbarkeit

•

Der Mond, Herrscher im Wasserzeichen Krebs, tritt in eine Verbindung mit dem Neptun, dem Herrscher im Wasserzeichen der Fische. Die Offenheit, die Aufnahmebereitschaft und die Instinktnatur des Mondes wird mit der transzendenten Offenheit, Gelassenheit und Unklarheit des Neptun verbunden. Beide Kräfte wirken im Unbewußten: der Mond im individuellen, Neptun im kollektiven. Der Mond reagiert auf die Stimmung in der Umgebung – Neptun öffnet die Grenzen der Persönlichkeit so, daß sich die Sensibilität des Menschen steigert: Er läßt sich beeinflussen.

Während das Mondhafte unter dem Uranus-Einfluß geistigintuitiv handelt, zeichnet sich die Neptun-Mond-Verbindung durch Ahnungen, Vorstellungen und Visionen aus. Dem Unbewußten des Menschen steht ein unendliches Umfeld von phantastischen und mystischen Erscheinungen zur Verfügung, die ihn bereichern. Doch der Aspekt selbst bringt eine gewisse Trägheit oder Bequemlichkeit mit sich, ein »Laisser-faire«.

Diese Verbindung kann im harmonischen Fall Feinfühligkeit für alles Phantastische und Mysteriöse bedeuten; sie wird zu einer Antenne für die »Stimmen aus dem All«. Der Mensch ist fähig, eine weitere Welt neben der »normalen« mit ihrem Streben nach materiellen Vergnügungen und Sicherheiten wahrzunehmen. Da Neptun die individuelle Grenze öffnet, ist der Mensch instinktiv bereit, anderen in ihrem Leid und in ihrer Freude zuzuhören und beizustehen.

Die schwierigere Seite dieser Konstellation kann sich darin äußern, daß von ihr betroffene Personen den realen Boden unter den Füßen verlieren. Sie können leicht ausgenützt werden, wenn sie sich zu sehr öffnen, und »Nein« zu sagen fällt ihnen schwer. Die Einstellung »Ich bin immer für dich da« hindert sie, ihre individuellen Bedürfnisse wahrzunehmen und durchzusetzen. Oder die Phantasiewelt kann überwiegen. Der Mensch fühlt sich dann zu mystischen und mysteriösen Erfahrungen hingezogen und läuft Gefahr, sich auf eine immerwährende Flucht vor der Wirklichkeit zu begeben. Da seine erträumte Welt zu schön ist, erlebt er in der Realität Enttäuschungen, fühlt sich unverstanden und seine Sehnsucht nach ihr wächst. Eine Art Rausch zieht ihn an. Wenn keine gegenteilige Konstellation im Radix vorhanden ist, können Unordentlichkeit und Vernachlässigung der alltäglichen Pflichten Folgen sein. Beide Kräfte dieser Verbindung regieren im Unbewußten und neigen zur Introversion: Diese Person kann wirklich unverstanden sein, weil ihr Gefühlsleben für die anderen unklar bleibt (Neptun = Schleier = Nebel).

Entwicklungsstufe und Bewußtheitsgrad der Person spielen in der Äußerung dieser Konstellation eine große Rolle. Wenn sie weiß, daß sie dazu neigt, sich von der Realität zu entfernen, sollte sie sich mit ihr näher auseinanderzusetzen, mitunter auch indem sie mit wirklichkeitsbezogenen Menschen verkehrt. Es tut ihr auch gut, sich in bestimmten Situationen klarzumachen, was sie eigentlich braucht, und entsprechend zu handeln: z.B. »Nein« zu sagen.

☾ Mond / Pluto ♇

Qualität: • Die Gefühlstiefe

•

Die menschliche Instinktnatur, die für alle Stimmungen aus der Umwelt offen ist, fühlt sich unter der zwingenden Art des Pluto unter Druck. Im Falle des Uranus erlebt das Kleinkind die Mutter oder eine andere Bezugsperson als unzuverlässig, im Falle des Pluto hingegen als mächtige Persönlichkeit, die ihm keinen freien Raum zugesteht. Es kann Gegenstand einer allzu überwältigenden Liebe oder eines anderen starken Gefühls sein, im positiven wie im negativen Sinne. Es nimmt diese Gegebenheit als Tatsache hin, denn es hat keine Wahl. Ohne sich dessen bewußt zu sein, wiederholt es im Erwachsenenalter diese Kindheitssituation und versucht, seine Mitmenschen zu beeinflussen und sie zu zwingen so zu sein, wie es sie sich wünscht. Andererseits fühlt sich diese Person unbewußt zu Menschen hingezogen, die sie auf ähnliche Art behandeln.

Alles, was mit Emotionen zusammenhängt, ist für sie eine Entweder-Oder-Situation. Da sich diese in ihr in der ganzen weiten Skala abspielen, von der kühlen Abweisung bis zur kraftvollen Umklammerung, lebt sie ihre Freund- und Liebschaften sehr intensiv. Um die Beziehungen nicht zu verlieren, wie sie fürchtet, versucht sie ihre Nächsten zu kontrollieren. Wird sie enttäuscht, kann ihre Liebe in Haß oder totale Gefühlskälte umkippen. Die Sexualität spielt in ihrem Leben eine beachtliche Rolle, denn in ihr kann sie ihr Verlangen nach Situationen, die mit Macht oder Ohnmacht zu tun haben, direkt stillen. Pluto liebt das Extreme: Der von ihm beeinflußte Mensch kann beherrschen wollen oder aber beherrscht werden – beides bis zur völligen Unterwerfung und Abhängigkeit.

Das »Gefühlsgedächtnis« dieser Person ist ausgeprägt. Liebe und Zuneigung, andererseits persönliche Verletzungen bleiben in ihr genau registriert. So steht es in ihrer Macht, entweder andere in die Knie zu zwingen oder für sie einzustehen und ihnen in ihrer Entwicklung zu helfen. Tiefenpsychologie ist ein Gebiet, mit dem sie ihre Macht als Hilfe für andere einsetzen kann.

Wie Phönix aus der Asche aufersteht und verwandelt zum Himmel aufsteigt, wie der Märchenprinz nach dem Tod mit Hilfe der Liebe schöner und jünger zum Leben erwacht, so stark ist das Wandlungspotential dieser schwierigen Verbindung. Da der Mensch oft gefühlsmäßig für vieles, was ihn verletzt, anderen die Schuld zuschiebt, könnte es zu seiner Aufgabe gehören, seine Gefühlsmuster anzuschauen, um zu begreifen, daß er selbst es ist, der sie so intensiv lebt. Wenn er die eigene Macht nicht mißbraucht, an andere mit Toleranz herantritt und ihnen ihren Raum zugesteht, spürt er die positiven Seiten dieser Verbindung stärker: Er erlebt eine differenzierte Gefühlswelt, die anderen nicht zugänglich ist, die er aber Mitmenschen, zu denen er Vertrauen hat, vermitteln kann. Damit wächst er seelisch auch selbst.

☿ Merkur / Saturn ♄

Qualität: • Die ernsthafte Kommunikation
• _____

Der jugendlich begeisterte und allseitig interessierte Merkur begegnet dem ernsten und strengen Saturn. Diese zwei Planetenkräfte haben etwas gemeinsam: Sie sind realitätsbezogen und beschäftigen sich nicht mit Gefühlen. Die saturnische Seite überläßt der merkurischen etwas von ihrer Seriosität, so daß sie diese stabilisiert und vertieft; umgekehrt erhält das Saturnische eine Portion Geistigkeit und verliert dabei etwas von seiner materiellen Schwere.

Es kommt auf die Entwicklung des Menschen an, was aus dieser Verbindung wird. Beim einen kann das Denken tief und gründlich sein, das Gedächtnis gut, die Logik hervorragend und sachlich. Beim anderen sind diese gebremst und begrenzt und somit ist seine Kommunikationsfähigkeit behindert. Ist es nicht oft so, daß unser Denkvermögen verlangsamt und der verbale Ausdruck gehemmt ist, wenn wir alles genauestens im Gedächtnis behalten oder alles perfekt beherrschen wollen? Im harmonischen Fall unterstützt diese Verbindung die Urteils- und Auffassungsgabe. Phantasie beiseite: Dieser Mensch sammelt zuerst Daten und sortiert sie, dann überprüft er die Tatsachen, und erst dann gibt er eine »gut begründete« Aussage von sich. Seine intellektuelle Tätigkeit entwickelt sich auf dem realen Boden und sein Denkprozeß bedient sich eines praktischen Verfahrens: »Eins nach dem anderen!« Seine Gründlichkeit, Zuverlässigkeit und Gewissenhaftigkeit, gepaart mit einer systematischen Arbeitsweise, werden im Beruf sehr geschätzt. Weil die Logik Oberhand hat, bringt der Mensch mit dieser Verbindung wenig Verständnis für gefühlsbetontes Denken auf.

In der Disharmonie stellt sich Saturn Merkur als ein Hindernis für dessen Kommunikationsfreude gegenüber. Die saturnische Seite möchte alles perfekt, gründlich und genau machen, so daß der Mensch meint, er könne »es« nie schaffen. Daraus entsteht Angst, die ihn an seiner Meinungsäußerung hindert, denn es scheint ihm, daß die anderen alles besser wissen und können als er. Beim ersten Mißerfolg, der meistens gar nicht auf einem Mangel an Kenntnissen, sondern auf seinem zaghaften und unsicheren Auftreten beruht, fühlt er sich in seinem Minderwertigkeitskomplex »bestätigt« und zieht sich noch mehr zurück. Jede Kritik empfindet er als unerträglich, aber gerade deshalb fühlt er sich der Kritik anderer ausgesetzt. Somit projiziert er seine eigene Unsicherheit auf die Umgebung. Vermutlich hat er in seiner Kindheit Situationen erlebt, in denen seine intellektuellen Leistungen »nie gut genug waren«. Seine Unsicherheit kann sich in einem Sprachfehler äußern, z. B. in Stottern. Solche Menschen gelten oft als scheu.

Die Herausforderung besteht darin, das eigene Selbstvertrauen aufzubauen und mehr an sich selbst als an die Meinung anderer zu glauben. Ich möchte gerne meine Jugendfreundin als Beispiel nennen, die sich so äußerte: »Ich sage mir in jeder Situation: Ich kann einfach alles.«

☿ Merkur / Uranus ⛢

Qualität:
- Der göttliche Gedanke, die Intuition
-

Hier treffen sich zwei Herrscher der Luftzeichen: Kräfte, die über das Denken regieren. Wir können uns dies bildlich als eine Begegnung des menschlichen und des göttlichen Geistes vorstellen, wobei ersterer von der »göttlichen Idee« bereichert wird. Das zweckmäßige und praktische Denken erreicht eine höhere Oktave der Erleuchtung und der plötzlichen und unerwarteten Ideen. Diese Art bildet einen Gegensatz zu Merkur-Saturn.

Im positiven Sinn fallen die Eingebungen auf fruchtbaren Boden, wo sie realisiert werden können. Der Verstand wird von der Intuition gefördert: Der unter dieser Verbindung Stehende hat eine rasche Auffassungsgabe, innovative Ideen und Fähigkeiten für Erfindungen. Sein zukunftsorientierter Geist unterstützt das Verständnis für die neuesten wissenschaftlichen Forschungen, besonders in der Technik. Toleranz und Originalität begleiten seine Fähigkeit, Kritik zu üben und Probleme zu erkennen.

In der problematischen Äußerung wird das Denken beschleunigt, die Betrachtungsweise extremer und ausschweifender. Daraus kann Ungeduld erwachsen und manchmal mag der Mensch durch zu rasche Einfälle gedanklich zu weit nach vorne springen, so daß er dann »zurückkrebsen« muß, um den Anschluß wiederzufinden. Er mag der Überzeugung sein, daß allein seine Vorstellungen richtig sind, und sich gegen die Ideen anderer sträuben, ohne zu prüfen, ob sie auch etwas an sich haben. Zerstreut und von einer Menge genialer Einfälle belastet, ist er selten ein guter Zuhörer; eher unterbricht er die anderen, weil er von den eigenen Gedanken in Anspruch genommen ist. Sein Geist und seine Nerven leben in ständiger Anspannung.

Doch kann diese Person aus der Verbindung viel gewinnen: klares Denken, Originalität und neue Ansichten. Es ist vor allem von ihrer Entwicklungsstufe abhängig, wie fähig sie ist, die Art ihrer Gedankenabläufe zu begreifen und mit ihnen zu leben, sie unter Umständen zu disziplinieren. Weiter ist es für sie wichtig, das Denken der anderen zu akzeptieren und ihnen ihr Recht auf eine eigene Meinung zuzugestehen.

☿ Merkur / Neptun ♆

Qualität: • Die Wahrnehmung des Feinstofflichen
 • ───────────────

Das individuelle Denken begegnet der grenzenlosen Subtilität. Der menschliche Geist befindet sich im Nebel der unklaren Gefühle oder, anders gesehen, in einem glückseligen Zustand der Verbundenheit mit dem Kosmos. Was wird gedanklich verarbeitet? Was wird bewußt? Die Welt des Neptun ist unbekannt und geheimnisvoll und verlangt Sensibilität. Wenn sich der Verstand zu ihr gesellt, wird die betreffende Person versuchen, diese Welt nach einem logischen Maßstab zu begreifen.

Leute mit einem Merkur-Neptun-Aspekt haben die Fähigkeit, nicht in Begriffen, sondern in Bildern zu denken. Im symbolischen Sinn können wir uns einen Raum vorstellen, in dem es eine Menge von Ideen, Gefühlen, phantastischen Bildern, Farben und mysteriösen Dingen gibt. Hier hat das Merkurische die Möglichkeit, nach Inspiration zu greifen, diese ins Bewußtsein zu bringen und zu verarbeiten. Der Mensch mit einer solchen Verbindung kann ein Vermittler zwischen dieser und jener Welt sein. Doch auch in der zwischenmenschlichen Beziehung ist er fähig, sich geistig »in den Raum einer anderen Seele« zu begeben und zu spüren, wonach sich diese sehnt und wie sie sich fühlt. Er vermag ihren Zustand in Worte zu fassen, doch auch die nonverbale Kommunikation gebraucht er oft, die für ihn ein noch wirksameres Mittel ist.

Wird diese Verbindung disharmonisch gelebt, drückt sich die Person oft unklar aus. Ihre Phantasie kann trügerisch und weltfremd sein, die Wünsche und Träume entfernen sich von der Realität, ihre Ideen fliegen ins Irrationale. Ein anderes Mal denkt sie einfach an »nichts«. Es fällt ihr schwer, Wahrheit und Unwahrheit zu unterscheiden, denn in der Neptun-Welt ist alles Wirklichkeit. Nicht selten erinnern ihre Reden an ein Schwimmen oder gar Ertrinken im unendlichen Ozean.

Merkur-Neptun-Menschen werden in der konkreten Welt oft dazu aufgefordert, ihre gedanklichen Zusammenhänge zu überprüfen und sich zu fragen, wo die Realität endet und die Phantasie anfängt. Es tut ihnen gut, wenn sie ihre Tätigkeiten in einem Umfeld wählen, wo sie die Eigenschaften dieser Verbindung einsetzen können. In der Kunst – Musik, Malen oder Erzählen –, Esoterik, Psychologie und in allen Gebieten, in denen Phantasie und eine rege Traumwelt von Vorteil sind, kann ihr Naturell Großes leisten.

☿ Merkur / Pluto ♇

Qualität: • Die Macht des Wortes
• _____

Die Mythologie erzählt, daß eine der Aufgaben des Hermes (Merkur) darin besteht, die Verstorbenen ins Reich des Hades (Pluto) zu begleiten. Er sammelt ihre Seelen ein und bringt sie ins Unterirdische. In dieser Funktion hat Merkur Plutos Reich kennengelernt.

Auch Menschen mit einer Merkur-Pluto-Verbindung »tauchen in diese Welt ein«; ihre Rationalität wird von Tiefsinn bereichert.

Vermutlich nimmt ein solches Kind Gebote und Verbote dann besonders wahr, wenn sie mit dem Verstand zu tun haben: »Das darfst du nicht denken!«, »So mußt du denken!«, so daß es die Macht und den Verstand miteinander verknüpfen lernt. Andererseits wird in ihm die Neugierde für Geheimes, besonders für Unerlaubtes, geweckt. Wir können uns die Gedankenwelt dieses Menschen wie die eines Detektivs vorstellen, der nach Verstecktem und Verbotenem Ausschau hält und versucht, der Wahrheit auf die Spur zu kommen.

Die harmonischen Aspekte zeichnen sich durch eine Denkweise aus, die mit Intensität und Neugierde das zu erfahren sucht, was den anderen verborgen bleibt. Der Intellekt wird durch die Leidenschaft voran getrieben nach dem Motto: »Ich muß es wissen, weil ich dafür ein tiefes Gefühl der Zu- oder Abneigung verspüre.« Dadurch wächst ein Interesse an Dingen und an Berufen, die von Geheimnissen umhüllt sind, wie Esoterik, Kriminalistik, Medizin, Psychologie, oder an Berufen, in denen das Wort mächtig ist, wie Anwälte oder Redner, die Massen überzeugen können. In der Kommunikation will der Mensch eine starke Wirkung erzielen, um die Macht seiner Worte zu spüren.

Bei disharmonischen Aspekten überwiegt die Tendenz, mit Gewalt eigene Meinungen durchsetzen zu wollen. Ein Gespräch kann für eine solche Person nur dann interessant sein, wenn sie dominiert und überzeugt. Da Merkur die Art ausdrückt, wie wir an unsere Probleme aus intellektueller Sicht herangehen, kann die Person sich ziemlich außergewöhnlicher Methoden bedienen, beispielsweise der Geheimnistuerei, um nichts von sich preisgeben zu müssen. Mit Mangel an Toleranz, dafür aber mit Nachdruck und Leidenschaft, versucht sie, die Mitmenschen von der Richtigkeit ihrer eigenen Lösungen und Meinungen zu überzeugen.

Bei allen äußeren Planeten, besonders jedoch bei Pluto, gilt es, die verliehene Kraft nicht zu mißbrauchen, denn Gewalt erzeugt wieder Gewalt. Deswegen ist es für die betroffene Person wichtig, zu versuchen, in die Struktur der menschlichen Beziehungen hineinzuschauen. Diese Fähigkeit hat sie: Merkur kann analysieren, Pluto in die Tiefe gehen und alles Nötige erfahren. Es tut ihr gut, diese positiven Seiten der Verbindung zu nutzen, um ihre

gene Verhaltensweise gedanklich zu ordnen und zu betrachten.
Denn das Gefühl der Macht, oder umgekehrt der Ohnmacht,
schwächer wird und sich mehr Anerkennung für die Meinung der
anderen einstellt, dann hat sie einen wichtigen Schritt in Richtung
Problemlösung getan.

♀ Venus / Saturn ♄

Qualität: • Die Vernunftehe
• _____

In dieser Verbindung begegnet die schöne, lustvolle Muse dem alten, vorsichtigen Greis. Venus sucht Schönheit, Liebe und Lust – Saturn mahnt zu Vorsicht und Nüchternheit. Venus möchte sich spontan ausdrücken, jetzt und hier – Saturn überlegt, was ihm seine Erfahrung rät und was für die Sicherung der Zukunft nötig ist. Venus will geben und nehmen – Saturn sparen. Doch sie haben ein gemeinsames Interesse: eine dauerhafte Bindung aufzubauen. Wie kann diese aussehen, wenn sie beiden gerecht werden will?
Im positiven Sinne wirkt hier ein Hang zu Ernsthaftigkeit im Liebesleben, zu Wirklichkeitssinn, Zurückhaltung, Nüchternheit und Pflichtbewußtsein. Ähnlich wie bei der Saturn-Mond-Verbindung mag sich eine Person mit dieser Konstellation in ihrer Zuneigung eher reserviert zeigen, was von anderen als Schüchternheit verstanden werden kann. Wunsch nach Liebe und Genuß wird von Standhaftigkeit, Treue und realistischen Erwartungen begleitet. Doch die Reserviertheit herrscht nicht nur im emotionellen Bereich: Auch in materiellen Dingen walten meist Sparsamkeit und Vorsicht. Vielleicht wird eine Partnerschaft aufgrund praktischer Erwägungen eingegangen. Da zum Saturn Attribute wie Pflicht, Beschränkung und Verantwortung gehören, geschieht es in dieser Konstellation nicht selten, daß sich von ihr betroffene Personen mit kranken, armen oder sonst bedürftigen Menschen verbinden, die auf ihren dauerhaften Beistand angewiesen sind.
In allen Aspekten mit Saturn sind Behutsamkeit und Mißtrauen versteckt, die den Menschen raten, achtsam und vernünftig zu sein. Diese äußern sich jedoch stärker, wenn die Verbin-

dung disharmonisch gelebt wird. Möglicherweise dreht sich e[in]
Teufelskreis: Ohne Glauben an sich selbst als liebenswerte Pers[on]
und an die eigene Attraktivität zieht sich der Mensch zurück, w[as]
dann verweigerte Zuneigung oder Liebe von anderen zur Fol[ge]
haben kann. In diesem Fall kann es passieren, daß ihn die saturn[i]sche Angst genau dort hinbringt, wovor er sich fürchtet. Um d[en]
unerwünschten Situationen aus dem Weg zu gehen, hält er si[ch]
an das, was er kennt: an die Erfahrung, an bewährtes Vorgeh[en]
und an überlieferte Traditionen. Stereotypes Verhalten statt Spo[n]taneität können für ihn typisch sein. In manchen Fällen verzicht[et]
er auf Liebesbeziehungen gänzlich.

Welche Aufgabe mag diese Verbindung auferlegen? Sich z[u]
überwinden und kompensatorisch eine lustige und leichtsinni[ge]
Person zu spielen nützt nichts, denn das wahre Naturell meld[et]
sich über kurz oder lang trotzdem. Vielmehr sollen die positiv[en]
Seiten dieser Konstellation bewußt gelebt werden, denn Lieb[e]
mit Verantwortung zu verbinden ist eine wertvolle Eigenscha[ft].
Wenn der Mensch so verantwortungsbewußt ist, daß er glau[bt]
unfähig zu sein, eine persönliche Beziehung zu leben, könnte [er]
vielleicht dort wirken, wo die ernste Seite dieser Verbindung g[e]radezu verlangt wird: z. B. im sozialen Bereich, in beruflicher Z[u]sammenarbeit oder in dauerhaftem Einsatz der Hilfe am Näc[h]sten.

> »Die Zeit, die du für deine Rose verloren hast, sie macht deine
> Rose so wichtig« ... »Die Menschen haben diese Wahrheit vergessen«, sagte der Fuchs. »Aber du darfst sie nicht vergessen. Du bist
> zeitlebens für das verantwortlich, was du dir vertraut gemacht
> hast. Du bist für deine Rose verantwortlich ...« »Ich bin für meine
> Rose verantwortlich ...«, wiederholte der kleine Prinz, um es sich
> zu merken.
>
> Antoine de Saint-Exupéry, Der kleine Prinz

♀ Venus / Uranus ♂

Qualität: • Die freie Liebe
 • _____

Venus' Sinn für Ruhe, Dauerhaftigkeit und Genuß wird von der uranischen Kraft in Schwung gebracht, beschleunigt und gesteigert. Originalität der Liebesäußerung und des Geschmacks sowie eine Beziehung zu moderner oder avantgardistischer Kunst werden in der Venus-Uranus-Verbindung gefördert.

Wenn die beiden Kräfte kooperieren, unterstützen sie ein Gefühl von Freiheit im Liebesleben. Der Uranus verleiht Faszination und Anziehungskraft. Eine Beziehung soll wie ein Feuerwerk aufflammen, wie elektrischer Strom funken, sie soll ungewöhnlich, groß, extravagant, ideal und immer wieder »neu« sein. »Normales« und Alltägliches erweckt Langeweile. Die Erfindungsgabe des Uranus belebt die Liebschaften. Das Angenehme wird in nervenkitzelnden Erlebnissen empfunden: Ein Witz, weil er auf einer Spannung von Unerwartetem beruht, ist ein Beispiel dafür. Fahle und farblose Situationen sind uninteressant. Selbst freizügig und improvisationsfreudig, ziehen solche Menschen gerne ähnliche Leute an: Sie sollen mitmachen, um zum Reiz des Geschehens beizutragen.

Falls sich die beiden Kräfte bekämpfen, wächst die Kluft zwischen dem Anziehenden und dem Unverbindlichen. Die davon betroffene Person lebt ständig in diesem Dilemma, und es kommt auf ihre Entwicklung an, wie sie dieses löst. Jedenfalls spricht die Konstellation gegen dauerhafte Beziehungen und Treue, hingegen für Erfindertum im sexuellen Bereich bis zur Exzentrizität. Eine andere Variante kann sein, der Liebe überhaupt zu entsagen, weil das »Gesuchte« nicht existiert. – Unangebrachte Späße können die Mitmenschen verletzen. Ungeduld und Überspannung begleiten die Genußwünsche: Werden diese nicht erfüllt, kommt es leicht zu Gefühls- und Wutausbrüchen; werden sie hingegen zufriedengestellt, verschwindet das Interesse zusammen mit der Spannung. Eines der geeignetsten Gebiete für die kreative Umgestaltung dieser Kräfte ist die Kunst.

Die Herausforderung dieser Konstellation mag darin liegen,

sich seiner Art der Gefühle bewußt zu werden und zum Verständnis zu gelangen, daß Zeiten der Entspannung nötig sind. Und daß eine dauerhafte Bindung möglich ist, wenn der Venus-Uranus-Mensch in seinem Rahmen viel Raum haben kann und wenn er lernt, daß in einer sich entwickelnden Beziehung auch ständig etwas Neues zu finden ist.

♀ Venus / Neptun ♆

Qualität: • Die Liebessehnsucht

• _____

Neptun versetzt uns in eine außersinnliche, illusorische Welt, in die Welt der Phantasie und der Irrealität. Harmonie, Sensibilität und Vorstellungskraft kennen keine Grenzen: Die persönliche Liebe wendet sich dem Ideal zu oder sie erweitert sich zur All-Liebe.

Die Liebesempfindung ist für die Person mit dieser Verbindung »heilig« und beglückend, solange sie »im siebten Himmel« schwebt. Der Gegenstand der Verehrung ist für sie etwas Höheres, Ideales, die Beziehung wird zu etwas Heiligem und duldet keine »Entweihung«. Solange der angebetete Mensch diese Heiligkeit halten kann, bleibt er in jeder Hinsicht, auch sexuell, anziehend. Jedoch niemand ist ideal und unantastbar, und so wird oft die Liebeserwartung von einer Enttäuschung gefolgt.

Eine harmonische Verbindung stimuliert Phantasie, Empfindsamkeit, Hingabe und Opferbereitschaft. Der venushafte Wunsch nach Lust, gekoppelt mit der Sehnsucht nach dem Unfaßbaren, malt die Liebeswelt in bunten Farben aus. Das Romantische, Mystische und vom Alltag Entfernte beflügelt die Phantasie. Da Venus die Kunst begünstigt, wird das Musische angesprochen: Das Neptun-Gebiet ist voller Inspiration, sei es für die Musik, die Malerei, den Tanz, das Dichten oder die Filmkunst. Die zartfühlende Seele ist für alles Vollkommene offen, sie verschließt sich jedoch den Grobheiten der materiellen Welt.

In der Disharmonie steigt das Verlangen nach der himmlischen Liebe bis zur Selbsttäuschung sowie eine Neigung, an ein selbstrfundenes Ideal zu glauben, wenngleich dieses in der Realität gar nicht vorkommt. Aus diesem Grunde wird oft unbewußt der Gegenstand der Verehrung so gewählt, daß er unerreichbar bleibt: verheiratet, zu weit weg, abweisend usw. Der Kult um Filmstars kann eine solche Wahl sein. In der Phantasie, auf Distanz, kann eine Traumgestalt der idealen Vorstellung bestens entsprechen. Wenn dieser »Himmel« nicht anders zu haben ist, hilft der Griff nach Rauschmitteln.

Die Neptun-Venus-Verbindung unterstützt einerseits das sexuelle Verlangen, denn die Vorstellungskapazität ist beträchtlich. Andererseits darf oder kann das Ideal kaum berührt werden, und so besteht die Möglichkeit, daß sich der betroffene Mensch wahllos anderen Befriedigungen hingibt und sein Liebesobjekt platonisch vergöttert. Religion kann ein Ersatz sein für den unerfüllbaren Wunsch nach der vollkommenen und idealen Liebe. Und da Neptun täuscht und benebelt, haben Sekten zuweilen leichtes Spiel.

Diese Konstellation stellt die Aufgabe, sich der eigenen Tendenz, die Partner als Gottheiten anzubeten und sie so mit dem eigenen Erwartungsdruck zu überfordern, klarzuwerden. Eine weitere ist, sich bewußt zu machen, wer das Gegenüber ist und daß es so, wie es ist, eine reale Persönlichkeit darstellt. Vollkommene Ideale zu haben ist schön, und es ist nicht nötig, sie aufzugeben, doch Menschen in unserem täglichen Leben besitzen ihre persönliche Schönheit, auch wenn diese »nur« irdischer Natur ist.

♀ Venus / Pluto ♇

Qualität:
- Das leidenschaftliche Begehren, die Abgründe der Liebe
- _____

Die schöne Aphrodite trifft den Herrscher der Unterwelt. Die Liebe empfängt tiefe, dunkle Töne des Leidens und der Leidenschaft. »Normale«, oberflächliche Bindungen genügen dem Menschen mit dieser Verbindung meistens nicht: Ein Ablauf der Be-

ziehung, wie es in unserer bürgerlichen Gesellschaft üblich is
(sich kennenlernen – spazierengehen – ins Kino gehen – gemein
sam Ferien verbringen – heiraten und Kinder haben), kann nich
befriedigen. Die Tiefen der Leidenschaft wollen ausgelotet sein
auf Gedeih und Verderb. Zudem zwingt der Pluto immer zun
Wandel. In Verbindung mit der Venus betrifft dies die Liebes
beziehung.

> Das französische Märchen »Die Schöne und das Biest« erzählt von einem Vater, der einem Biest versprach, seine Tochter zu schicken, um es für seine Dienste zu entgelten. Käme sie nicht, müßte der Vater sterben. Die schöne Bella liebt ihren Vater, und so ist sie einverstanden auf die Burg des Biestes zu gehen, obwohl sie damit ihr eigenes Leben riskiert. Nach anfänglichem Schrecken empfindet sie Sympathie für das Biest, so, wie es ist, mit seiner Häßlichkeit und tierischen Trieben, denn sie stellt fest, daß es sie liebt, obwohl, oder gerade weil es sie zwingt, zwischen Liebe und Tod zu entscheiden. Durch ihre Zuneigung und ihr Mitleid geschieht etwas Unerwartetes: Das Biest verwandelt sich in einen schönen Prinzen. Doch auch Bella wandelt sich innerlich. Sie erfährt, daß nicht die äußere Schönheit, sondern die innere Tiefe entscheidend ist, damit ein Wunder geschieht.

Pluto ist der Herrscher der Unterwelt und als solcher nich
gewillt, sich auf irgendeine Art zu verschönern. Er übt Zwang
aus, in »tiefen Gewässern zu schwimmen«, um alle Gefühle ken
nenzulernen wie Haß, Eifersucht und Machtgier. »Mich zu
lieben, wenn ich nett zu dir bin, ist nichts Besonderes. Abe
erträgst du mich, wenn ich böse und unbequem bin? Dann bis
du meine Auserwählte, und ich bin bereit, auch von dir vieles zu
ertragen und treu zu dir zu stehen.« Eine leichte Beziehung be
deutet dem Pluto-Venus-Menschen nichts; er prüft ständig, was
sie zu ertragen vermag. Nicht geliebt werden wird als Ableh
nung oder gar Haß verstanden. Zwischenwerte wie z.B. die
Gleichgültigkeit gibt es nicht. Scheinzustände werden schnell al
solche erkannt und auf keinen Fall akzeptiert. Lieber nichts al
ein lauwarmes Verhältnis. Eine einmal beendete Beziehung is
tot und es hat keinen Sinn vorzuschlagen: »Laß es uns nochmal
probieren«.

Wenn die Kräfte dieser Aspekte nicht zusammenspielen, kann der Betroffene eine andere Person zur Liebe zwingen, stark eifersüchtig sein und sie in seinen Besitz nehmen wollen. Ablehnung oder Befreiungsversuche gelten für ihn selbstverständlich als unvermeidliche Schwierigkeiten in einer Beziehung.

Die Pluto-Venus-Verbindung stellt wahrlich schwierige Aufgaben. Die Pluto-Kraft ist in jeder Liebesbeziehung mit dabei und verlangt nach Erfahrung ihrer Tiefen. Doch die Kontrolle der anderen und der auf sie ausgeübte Zwang, wenn die Liebe um jeden Preis verlangt wird, verbraucht viel Kraft und macht alle Betroffenen unfrei. Es ist wichtig zu wissen, daß Liebe nicht erzwingbar ist: Sie kommt, wenn wir sie am wenigsten erwarten und wenn wir innerlich frei sind, sie zu empfangen.

♂ Mars / Saturn ♄

Qualität: • Die Geschwindigkeit und die Bremse
• _____

Was passiert, wenn eine schnelle Kraft mit einer schweren und langsamen in Verbindung tritt?

Wir können uns zwei Bilder vorstellen. Im ersten sehen wir die zielgerichtete Bewegungsenergie auf einen materiellen Widerstand stoßen. Diese verwandelt sich in Wärme, Reibung entsteht, es bremst, quietscht, kracht: Dies ist der Versuch, den Widerstand zu brechen, ein Bild der Gewalt. – Das zweite zeigt uns die Energie im Dienste der Materie: Sie schiebt, hebt, schleift, formt, trägt: Sie arbeitet. Doch in beiden Fällen vermißt der Mars seine Bewegungsfreiheit. Diese Verbindung verleiht deshalb oft den Eindruck, der Betroffene müsse mehr Kraft aufwenden als die anderen, um etwas zu erreichen. Eine gewisse Derbheit bis Grobheit ist dabei nicht ausgeschlossen.

Da der Mars auch für das sexuelle Verhalten steht, symbolisiert diese Verbindung Einschränkungen auf diesem Gebiet, besonders beim Mann. Wie erfahre ich meine Sexualität? Wieviel bin ich fähig zu geben? Wieviel Vertrauen habe ich zu meinem Gegenüber/zu Frauen? Welche Ängste erlebe ich in der Beziehung?

All dies sind Fragen, die er sich unbewußt stellt. Ängste und Minderwertigkeitsgefühle sind nicht selten. Manchmal sind sie »nach außen« nicht klar bemerkbar, denn »es funktioniert alles«, doch der Mensch, vor allem der Mann, behält innerlich etwas für sich, das er »nicht preisgeben« will oder kann. Aus Angst etwas Neues zu riskieren, kann er zu dauerhaften Verbindungen neigen.

Die harmonische Äußerung zeigt sich u.a. in einer gründlichen und gut geplanten Arbeitsweise. Die marsische Seite, Unternehmungslust und Initiative, wird von der Verantwortung, Gründlichkeit und Ausdauer des Saturn bereichert, allerdings auch von dessen Angst und Vorsicht. Das Gleiche gilt, wenn der Mensch gegen etwas oder jemand im Kampf steht: Er überlegt und erwägt, erst dann schlägt er zu. Der Saturn erlaubt nicht, etwas zu riskieren.

Wie der oben genannte Widerstand stellt sich im negativen Fall die saturnische Kraft kalt und kompromißlos dem Willen und den Trieben des Menschen entgegen. Je nach persönlichem Niveau und anderen Aspekten kann sich eine Tendenz entwickeln, hart bis brutal und nachtragend zu sein, nichts zu vergessen und nichts zu verzeihen. Entschlossenheit und Wille können durch Ängste und Mahnungen gebremst werden, andererseits trotz allem Widerstand sich doch durchsetzen wollen, ohne auf einen günstigen Zeitpunkt zu warten.

Natürlich hängt die Äußerung der Aspekte zwischen Mars und Saturn wiederum von der Entwicklung der Person ab und braucht eine bewußte Verarbeitung. Das Verständnis für die beiden oben geschilderten Darstellungen kann dem Menschen einen Weg zum Meistern dieser problematischen Verbindung aufzeigen.

♂ Mars / Uranus ⛢

Qualität: • Die beschleunigte Kraft

• _____

Der große Geist Uranus, verbunden mit dem drängenden Mars, bildet ein mit der Bewegungsenergie geladenes Bündnis. Beide haben einen Pfeil im Symbol, beide laufen neuen Zielen entgegen:

Mars im Sinne unseres Willens, Uranus in eine unbekannte, geistige Welt. In ihrer Verbindung entwickeln sie eine hemmungslose Energie und einen unbändigen Freiheits- und Unabhängigkeitsdrang.

Damit fordern sie Freiheit im Handeln, lösen eine Menge Einfälle aus, aber auch Unlust sich unterzuordnen. Mars und Uranus im Aspekt können der Originalität eine gute Ausgangslage bieten: ein Gedankenblitz wird in die Tat umgesetzt. Deswegen begegnen wir in ihrer harmonischen Äußerung dem Erfindergeist, vor allem auf technischem Gebiet. Mut und Entschlossenheit begleiten ihn. Hingegen liegt der Person mit dieser Verbindung kontinuierliche, routinemäßige Arbeit nicht.

Die disharmonische Auswirkung unterstützt widersprüchliches Handeln, Eigensinn, Ungeduld, Opponieren um jeden Preis oder gar Gewalt. Der davon betroffene Mensch kann durch unbedachtes und impulsives Handeln sich selbst Schaden zufügen, wenn er z.B. in Wut gerät und damit vernichtet, was er vorher aufgebaut hat. Dem Mars ist die Diplomatie zu umständlich, für den Uranus unnötig, so kann die Direktheit dieser Person verletzend sein. Wie sich alle diese Eigenschaften konkret äußern, ist von ihrer Entwicklung abhängig. Mars-Uranus-Aspekte werden oft mit Unfällen und plötzlichen Wendungen in Zusammenhang gebracht, denn Vorsicht und Erhaltung des Bestehenden sind nicht ihre Stärken. Besonders die dynamischen Aspekte reizen dazu, die eigene Kraft auf die Probe zu stellen mit Geschwindigkeit, Spannung, Wagemut. Ein Stuntman ist ein Prototyp dafür.

Mars repräsentiert die männliche Seite der sexuellen Energie, Uranus die Beschleunigung und Faszination. Ihre Aspekte können die sexuelle Anziehungskraft und Erregbarkeit intensivieren, besonders beim Mann.

Mittels seiner Intuition führt Uranus zu neuen Ideen. Diese wollen so umgesetzt werden, daß sie der Menschheit dienen, und daß dabei Gefühle und Würde der anderen respektiert werden.

♂ Mars / Neptun ♆

Qualität: • Die subtile Energie
 • _____

Mit Hilfe der marsischen Kraft möchten wir uns durchsetzen. Wie aber können wir das, wenn die Ziele unklar sind, wenn sie unerreichbar weit entfernt liegen oder wenn es überhaupt keine gibt? Wie wirkt eine Kraft des Wollens in einem Raum, der einen Willen überhaupt nicht kennt? Denn im Gebiet des Neptun gibt es nur den einen, glückseligen Zustand der All-Verbundenheit. Wir können uns drei mögliche Auswirkungen dieser Verbindung vorstellen.

– Wirkt Mars stärker, unterstützt er das Schmieden großer Pläne, das Anstreben phantastischer Ziele und die Initiative für vielerlei Projekte, seien sie ausführbar oder nicht. Er stimuliert Idealen entsprechendes Handeln zu deren Verwirklichung. Er veranlaßt Menschen, gute Dienste in helfenden Berufen zu leisten oder sich in der Kunst zu betätigen. – Neptun hüllt Gefahren, die bei Energieverausgabungen entstehen können, in Nebel: Deshalb steht dem mutigen Handeln des Mars nichts im Wege. Nicht selten finden wir Mars-Neptun-Aspekte bei Sportlern, besonders bei Wettkämpfern, die nicht nur Mut (Mars) brauchen, sondern die sich auch der Ungewißheit (Neptun) stellen müssen, die jedes Spiel begleitet.

– Hat in dieser Verbindung Neptun mehr Kraft, wird das marsische Prinzip geschwächt. Körperliche oder psychische Labilität, unklare Ziele und Wünsche, irrationale Ängste, Ungewißheit, Visionen, Verträumtheit und Selbsttäuschungen (sich »im Nebel« verlieren) sind mögliche Folgen.

– Eine weitere mögliche Äußerung dieser Verbindung ist das Interesse für Okkultes und Übersinnliches. Da unsere materielle Welt für die Neptun-Menschen uninteressant und phantasielos zu sein scheint, kann ihre Durchsetzungskraft, gepaart mit Intuition und sensibler Wahrnehmungsfähigkeit, in diese Richtung gelenkt werden. Die neptunische Energie ist nicht leicht kontrollierbar; wer sich der eigenen Verantwortung für sein Handeln auf diesem Gebiet nicht bewußt ist und nicht immer wieder überprüft, wohin er zielt, kann leicht dort landen, wo er nicht hin wollte.

> Der Zauberlehrling im Gedicht vom Johann Wolfgang von Goethe ist ein gutes Beispiel dafür: Der Jüngling will die außersinnlichen Kräfte in seinen Dienst nehmen, doch weil er das Zauberwort vergessen hat, ist er nicht fähig, sie im Griff zu halten; ohne die Hilfe seines Meisters würde er von ihnen überwältigt.

Beiden Geschlechtern verleiht diese Verbindung sexuelle Phantasie und verspricht unbegrenzte erotische Erlebnisse: alle Arten von sexuellen Empfindungen bis hin zum Verführen oder Verführtwerden. Je nach dem Niveau des Menschen werden diese Gaben unterschiedlich erlebt. Die Konstellation verfeinert die männliche Erscheinung des »starken Geschlechts« und macht es geheimnisvoll und verführerisch. Da die Filmkunst unter die neptunische Symbolik fällt (sie vermittelt uns ein trügerisches Bild der Wirklichkeit), finden wir die Mars-Neptun-Aspekte bei manchen Filmschauspielern, die einen anziehenden Männer-Typus darstellen, z.B. bei Jean Marais (Konjunktion), Gérard Philippe (Opposition), Jean Paul Belmondo (Konjunktion), Gary Cooper (Sextil), Marlon Brando (Quincunx), Paul Newman (Trigon) oder Marcello Mastroianni (Opposition).

♂ Mars / Pluto ♇

Qualität: • Die Energiekoppelung, die sexuelle Energie

• _____

Mars kämpft direkt, der selbstkontrollierte Pluto wartet, bis seine Kräfte gesammelt sind. Er setzt sie dann ein, wenn die Zeit reif ist. Mars vernichtet, um Neuem Platz zu machen – Pluto läßt sterben, um Altes in Neues umzuwandeln. In allen Aspekten der beiden steckt also eine enorme Kraft, die sowohl konstruktiv als auch destruktiv wirken kann. Wie wird sie vom Individuum eingesetzt?

Die Mars-Pluto-Verbindung kann den Wunsch hervorrufen, etwas Großes zu leisten, sei es in der Arbeit, im Kampf, im Sport oder im Sex, denn diese geballte Energie muß umgesetzt werden. Die Kraft kann dem betroffenen Menschen ein Gefühl vermitteln, er sei gezwungen dies oder jenes zu tun – manchmal ohne genau zu wissen, warum – als würde er auf ein Ziel hingetrieben.

Im positiven Sinn unterstützt diese Konstellation wirklich große und unermüdliche Leistungen, so daß die unverwüstliche Energie in allgemeines Staunen versetzen kann. Sich für den Krieg freiwillig zu melden, anspruchsvolle Sportarten zu betreiben, körperliche oder geistige Schwerarbeit zu leisten und zwar immer gründlich: Dazu sind Menschen mit diesen Aspekten fähig. Doch muß ein emotioneller Anlaß, ja sogar eine Leidenschaft dafür vorhanden sein.

Im negativen Fall können Pluto und Mars eine Neigung fördern, vom Kollektiv Vorteile für das Ego gewinnen oder gar erzwingen zu wollen, indem die Macht, die diese Verbindung verleiht, ausgenutzt wird. Das kann allenfalls mit Härte und Grausamkeit unter Verwerfung menschlicher und sozialer Werte geschehen, oft von Wut, Zorn und anderen intensiven Gefühlsäußerungen begleitet.

Pluto und Mars sind Herrscher im Skorpion, beide symbolisieren die sexuelle Energie. Sie bewirken, daß die Sexualität zu leben einen starken Persönlichkeitsanteil ausmacht, unter Umständen verbunden mit viel Zwangs- und Machtausübung. Gleichzeitig fördern sie eine Tendenz, die anderen in Besitz zu nehmen und unter Kontrolle zu halten, oder – ähnlich wie bei Venus-Pluto-Aspekten – selbst zum Opfer solch manipulierenden Machtgebarens zu werden.

Eine der bedeutungsvollen Aufgaben dieser Konstellation ist, an die große Verantwortung zu denken, die der Charakter dieser Aspekte erfordert. Eine so starke Energie wie diese kann viel Gutes aufbauen, aber auch großen Schaden anrichten.

♃ Jupiter / Saturn ♄

Qualität: • Das Glück als Einsicht in die Notwendigkeit
• _____

Während Jupiter nach Ausdehnung der Kräfte strebt, möchte Saturn alles in Grenzen halten. Während Jupiter zuversichtlich in die Zukunft schaut, richtet sich Saturns Blick zurück in die Vergangenheit. Jupiters Großzügigkeit und Freude steht der saturnischen Askese und Vorsicht gegenüber. Die Botschaft dieser Verbindung könnte lauten: »Mensch erwäge, daß alles seine zwei Seiten hat, daß jedes Licht seinen Schatten wirft und daß alles Gute von Bösem begleitet wird.« Beide Kräfte vertreten die Gerechtigkeit: Jupiter im Sinne gerechten Handelns, Saturn im Sinne des Gesetzes, der Gesetzestreue. Wirkt Jupiter stärker, überwiegt die philosophische Einsicht; dominiert Saturn, wird die Seite der Pflicht betont. Ihre Konjunktion können wir uns als »Glück im Unglück« oder als »Unglück im Glück« vorstellen, je nach dem, welcher der beiden das letzte Wort hat. Jedenfalls fällt dem Menschen mit dieser Verbindung selten etwas in den Schoß, besonders bei den disharmonischen Aspekten. Als gesellschaftliche Planeten haben beide doch etwas gemeinsam: den traditionellen Hintergrund.

Im positiven Sinne bewirkt diese Konstellation eine »weise Betrachtung (Jupiter) der Realität (Saturn)«. Im Schutz der traditionellen Werte entwickelt sich der geistige Horizont. Der Entwicklung entsprechend kann sich die Person auf der Suche nach einer neuen Weltanschauung befinden.

Im disharmonischen Fall könnte jedoch eine Art Unzufriedenheit mit Erbe, Tradition und Glauben herrschen. Weil die beiden Planeten sinngemäß gegensätzlich sind, treten oft Erfolg und Mißerfolg wechselhaft ein und zwingen den Menschen, sich dazwischen zurechtzufinden, sein Selbstvertrauen zu stärken und eine eigene Lebensphilosophie zu entwickeln.

Aus dieser Konstellation erwächst die Aufforderung, das Sinnvolle zu suchen, die Gerechtigkeit zu verteidigen und auf die Relativität des Guten und des Bösen aufmerksam zu machen sowie anderen als Beispiel vorzuleben, daß eine weise Entwicklung der eigenen Persönlichkeit (Jupiter) im Einklang mit Realität (Saturn) und Tradition (Jupiter und Saturn) möglich ist.

♃ Jupiter / Uranus ⇧

Qualität: • Die göttliche Idee, der glückliche Zufall
• _____

Jupiter symbolisiert Zukunftsvisionen, Hoffnungen und den Sinn des Lebens. Uranus hat die Fähigkeit, in Gedanken unabhängig von Raum und Zeit überall zu sein. Sind diese zwei Kräfte vereinigt, bringt der Jupiter etwas Humanität in das kühle, abstrakte Verhalten des Uranus. Ihre Verbindung kann Befreiung bedeuten, die aber auf traditionellem Boden steht. Diese Konstellation fördert beispielsweise einen leichten Umgang sowohl mit der herkömmlichen Technik als auch mit allen Neuerungen.

Eine andere Folge ihres Zusammenwirkens kann sein, daß dem Glück (Jupiter) eine Zufallskomponente (Uranus) beigestellt wird, was die Bereitschaft fördert, Risiko einzugehen und auf sein Glück zu vertrauen.

Optimismus, Zukunftserwartungen, Intuition, erfinderische Begabung, humanitärer Reformergeist und revolutionäre Tendenzen sind Charakteristika dieser Verbindung. Keine Situation bringt diese Leute aus der Fassung; mit Witz und Improvisationsgabe kommen sie immer zurecht – und halten sich deswegen für gescheiter als die anderen.

In der Disharmonie dürfte das Andersdenken und das Anders-Sein-Wollen dominieren. Die Ideen können zu radikal, zu voreilig und unrealisierbar sein, die Toleranz jedoch gering, Einfälle und Meinungen anderer zu akzeptieren. Statt humorvoll ist dieser Mensch ironisch, seine Risikobereitschaft wächst ins Tollkühne, er strotzt vor Ungeduld und Nörgelei.

Die Jupiter-Uranus-Konstellation beinhaltet ein enormes Potential für neue, humanitäre Ideen; doch hängt es von anderen Aspekten im jeweiligen Horoskop ab, ob und wie diese verwirklicht werden.

♃ Jupiter / Neptun ♆

Qualität:
- Der Traum vom Glück, das scheinbare Glück
-

Glücksgefühl und Hoffnung gehören zu den wichtigsten Faktoren in unserem Leben. Wer möchte nicht glücklich sein! Die jupiterhafte Kraft will das optimale Wohlbefinden in der ganzheitlichen Entwicklung unseres Individuums finden, die Kraft des Neptun will uns aus der unerträglichen Einsamkeit des Individualismus hinausführen. Anders gesagt: »Ich möchte mich so entfalten, daß meine individuellen Kräfte im Einklang mit anderen wachsen; indem ich ein Individuum bin, werde ich bewußt ein Teil des Kollektivs, mein Glück teile ich mit allen.« Eine Utopie! Denn dieser unbewußte Wunsch kann nur ein Traum bleiben! Im Falle dieser Konstellation wird dessen Erfüllung in unserer Kultur eher im Zustand des Rausches jenseits der eigenen Persönlichkeitsgrenze gesucht.

Außer dem Sinn für Okkultes und Metaphysisches ermöglicht die neptunische Uferlosigkeit zu spüren, woher eine Hilfe oder Unterstützung kommen könnte. Möglicherweise rechnet die Person mit dieser Verbindung manchmal mit »guten Zufällen« und ist bereit, Risiken einzugehen. Auch steht sie anderen großzügig bei, doch eher aus moralischer Überzeugung als aus freundschaftlichen Gründen, oft ohne die Grenzen des Möglichen zu sehen. Der Glaube ist für sie wichtig. Sie sucht den Sinn des Seins in Religionen oder anderen spirituellen Glaubensgemeinschaften.

Idealismus und große Pläne, die Welt zu verbessern, entschwinden oft in Unklarheit, wie und mit welchen Mitteln diese erreicht werden können. In dieser Verbindung sind viele unrealisierbare Vorstellungen zu finden. Ideale und Wirklichkeit können so weit verschmelzen, daß sie nicht voneinander zu unterscheiden sind. Das Streben nach Vollkommenheit animiert zu großen Versprechungen und Hilfsangeboten, die das Glücksgefühl vermitteln, doch diese Verbindung verleiht nicht die nötige Energie, das alles einzuhalten. Das unklare Einschätzen der aktuellen Situation kann zu Gutgläubigkeit führen, zur Verschwendung der eigenen Güter oder/und zu Handlungen, die andere derart verwirren, daß sie sich betrogen fühlen oder daß sie gar – unbeabsichtigt – regelrecht betrogen werden.

Diese Verbindung zu leben könnte darin bestehen, anderen das Verständnis für eine weite, transpersonale Welt zu offenbaren, für die Menschheit zu arbeiten, sich sozial zu betätigen oder sich in der Religion zu engagieren. Auf diesen Gebieten kann die betroffene Person ihre feinfühlige Veranlagung zur Geltung bringen. Hingegen ist es wichtig, dies bewußt und nicht als Flucht zu tun. Allgemein gilt: das Glück in der Nähe, nicht in der Ferne suchen, damit es sich realisieren läßt.

♃ Jupiter / Pluto ♇

Qualität: • Die tiefsinnige Kraft, das Machtstreben

• _____

Hier verbinden sich Herrscher zweier Welten: derjenige der Lebenden und derjenige der Toten. Die helle Welt begegnet der dunklen. Die eine Kraft will den Sinn der Ganzheit erfassen, die andere die tiefen Schichten des Unbewußten ausloten. Ist Sinn in diesen Tiefen zu finden? Kann die Wahrnehmung der versteckten Leidenschaften und der geheimen Beweggründe zur Entfaltung beitragen?

Äußert sich diese Verbindung positiv, zeigt sie sich in einem ausgeprägten Gerechtigkeitssinn, der befähigt, sich für eine gute Sache, die der Gesellschaft dient, überzeugend einzusetzen. Das Gefühl für Recht und Unrecht steigt aus dem Unbewußten auf und läßt intuitiv spüren, wann etwas stimmt und wann nicht. So wird im richtigen Augenblick das Richtige getan, glänzend geführt und organisiert. Diese Konstellation beinhaltet viel Kraft und viel kreatives Potential, das »in den Tiefen« ruht und sich in einer Krisensituation sofort mobilisiert.

In der negativen Auswirkung kann die Gerechtigkeit von einem stark subjektiven Standpunkt betrachtet werden, so daß es mehr darum geht, was der betreffende Mensch selbst für Recht oder Unrecht hält. Die zwanghafte plutonische Kraft ist fähig, die eigene Wahrheit und die eigene Weltanschauung fanatisch zu verbreiten, ideologische Ziele massenhaft zu propagieren, gleichzeitig andere Philosophien und andere Denkrichtungen zu unterdrücken. Ein mittelalterlicher Inquisitor ist der Prototyp dieser negativen Kraft.

Wie bei allen Aspekten mit den transsaturnischen Planeten besteht auch hier die Aufgabe darin, sich immer wieder zu erinnern, daß die kollektiven Werte nie für Ziele des eigenen Ego eingesetzt werden dürfen, sondern umgekehrt, daß sie mit den eigenen Kräften unterstützt werden sollen.

♄ Saturn / Uranus ⛢

Qualität: • Die alte und die neue Welt
  • _____

In der Mythologie verliert Uranos durch Kronos (Saturn) seine Körperlichkeit. Somit wird sein Geist befreit. Kronos, als Hüter der Tradition und der Vergangenheit, bleibt an das Erdhafte gebunden.

Doch haben diese einander entgegenwirkenden Kräfte etwas Gemeinsames: Sie schaffen in der Ganzheit Ordnung. In Synthese gelebt, helfen sie Entwicklung zu unterstützen. Das Alte wird anerkannt und statt weggeworfen neu gewertet. Der Freiheit werden Grenzen gesetzt. Der Uranus-Saturn-Mensch ist fähig, sich im Rahmen der Realität frei zu fühlen. Intuition und Originalität, bereichert von einer Portion Nüchternheit, finden ihre Konkretisierung in Technik, Mathematik, Naturwissenschaften und nicht zuletzt in der Astrologie. Der Sinn der beiden Kräfte für Einordnung und die Beziehung des Uranus zum Kollektiven verleiht Organisationstalent, besonders in der Arbeit mit Gruppen.

Lebt der Mensch jedoch die Kräfte disharmonisch, fällt es ihm schwer, alte und neue Werte sowie Unabhängigkeit und Verbindlichkeit unter einen Hut zu bringen. Oft wird das Traditionelle zu schnell verworfen, bevor das Neue genügend aufgebaut ist. Die Freiheit wird zur Pflicht. Andererseits reizt diese Konstellation dazu, sich gegen alles Neue zu sträuben und sich gegen jede unbekannte Situation abschirmen oder absichern zu wollen.

Wenn sich dieser Mensch jedoch für eine Reform einsetzt, nimmt er eine harte Stellung gegenüber anderen ein, die ihm nicht zustimmen.

Die Aufforderung dieser Verbindung besteht darin, das Traditionelle in das Moderne zu übertragen und die Erfahrungen aus dem Blickpunkt des Neuen anders zu bewerten.

♄ Saturn / Neptun ♆

Qualität: • Die unklare Wirklichkeit

•

Saturn begrenzt, Neptun löst Grenzen auf. Es ist eine Gegenüberstellung der Wirklichkeit und der flüchtigen Phantasie. Wir können uns eine von Dunst überzogene Landschaft vorstellen, die von der Sonne beleuchtet in rätselhafter Schönheit erscheint. Wir können auf dem festen Boden gehen und dennoch das Geheimnisvolle wahrnehmen. Ist der Nebel jedoch dicht, kriegen wir Angstzustände, wir fühlen uns eingeengt und können leicht den Weg verlieren. Die Aspekte wirken im Sinne dieser beiden Bilder.

Im positiven Fall ist es dem betroffenen Menschen möglich, die unbekannte Welt, die er mittels Phantasie, Inspiration und Weitblick wahrnimmt, kreativ auszudrücken und ihr eine Form zu verleihen. Gespür, Visionen, gegebenenfalls hellseherische Fähigkeiten kann er »auffangen« (z.B. in der Meditation) und konkretisieren und, falls noch anderes im Horoskop Kunst anzeigt, es schöpferisch zum Ausdruck bringen. Durch die saturnische Ausdauer und Gründlichkeit möchte dieser Mensch die neptunischen Geheimnisse entdecken und von ihnen Gebrauch machen.

Im negativen Fall können statt der Inspiration Täuschung und Verwirrung eintreten. Wenn jedes Ende des Aspektes separat für sich gelebt wird, trennen sich die beiden Welten voneinander und es entsteht eine Kluft zwischen der realen und der unwirklichen Welt. Mißtrauen der Umgebung gegenüber, die »täuscht«, Krankheiten (meist psychosomatischen Ursprungs) und Ängste können Folgen sein.

Alle Neptun-Aspekte beinhalten viele Unklarheiten, bei denen der Mensch selbst oft nicht weiß, woran er ist. Mutig den eigenen Konflikten in die Augen zu schauen, sie eventuell mit anderen zu besprechen, kann manches objektivieren, erklären und beseitigen.

♄ Saturn / Pluto ♇

Qualität: • Die kollektive Arbeit, die Schwerarbeit
• _____

Hier treffen sich zwei Kräfte, die generell Schwierigkeiten symbolisieren. Beide machen uns auf unsere beschränkten Möglichkeiten aufmerksam. Saturn, der letzte klassische Planet, der »Hüter der Schwelle«, und Pluto, der (bis heute) letzte Planet unseres Sonnensystems. »Mensch, hier sind deine Grenzen, wage nicht weiterzugehen!« heißt das Motto. Der Saturn veranlaßt uns, unser Erbe, die Tradition und die Vergangenheit, auf unseren Schultern zu tragen. Der Pluto stellt eine höhere Macht dar.

Die starke Energie Plutos wird in dieser Verbindung in Arbeit umgesetzt, die sich durch große Leistungen (Pluto), Ausdauer (Saturn) und wenn nötig Entsagung (Saturn) auszeichnet. Während die Mars-Saturn-Verbindung die individuelle Leistung erbringt, wird diese in der Pluto-Saturn-Verbindung im kollektiven Rahmen verrichtet. Eine höhere, unpersönliche Macht (z.B. Staatsmacht, Massenpsychose, Krieg, Naturkatastrophen) kann dazu zwingen, bestimmte Aufgaben zu übernehmen – oder sie erschwert die individuelle Arbeit. So bilden sich Eigenschaften aus wie Strenge, Selbstdisziplin, Ausdauer, Verbissenheit, Fanatismus oder Gewalt.

Wie sich dies äußert, ist davon abhängig, an welcher Stelle im Horoskop sich der bestimmte Aspekt befindet und wie weit entwickelt die Persönlichkeit ist. Wie bei allen Aspekten, die Schwierigkeiten bedeuten, sollte dieser Mensch als seine Aufgabe verstehen, die Verantwortung für sein Handeln und Verhalten zu tragen.

Aspekte der kollektiven Planeten

⛢ Uranus / Neptun ♆

Qualität: • Die allumfassende Liebe in der geistigen Welt
 •

Wenn wir uns Uranus als eine höhere Oktave des Mars und den Neptun als eine höhere Oktave der Venus vorstellen, entsteht – wie bei Venus und Mars – das Bild einer Liebesbeziehung. Wenn wir Uranus als eine höhere Oktave Merkurs und Neptun als eine des Jupiters betrachten, wird diese Beziehung geistig erleuchtet. Zusammen können wir diese Verbindung als »allumfassende Liebe in einer geistigen Welt« bezeichnen.

Uranus herrscht im Luft-, Neptun im Wasserelement. Ihre gemeinsame Wirkung macht offen für Wahrnehmungen des Unbewußten und für Gebiete, die das Geistige mit dem Seelischen verbinden.

Beide Kräfte sind bezeichnend für den Charakter der »neuen Welt«, wie sie in vielen Visionen erscheint. Uranus hat die Grenzen der alten Welt durchbrochen. Kurz nach seiner Entdeckung erhoben sich Stimmen nach der Gleichstellung aller Menschen. Im 20. Jahrhundert, ungefähr seit dem zweiten vollendeten Umlauf nach seiner Entdeckung, hat die westliche Welt in dieser Richtung wesentliche Fortschritte erzielt. Wie im Kapitel über Uranus beschrieben ist, haben aber auch diese ihre Schattenseiten.

Uranus und Neptun in ihrer Verbindung unterstützen Wahrnehmungsfähigkeit, Feinfühligkeit und Intuition der entsprechenden Generation. So ist es nicht nur für das Individuum, sondern für die ganze Menschheit wichtig, wie mit der Qualität dieser Kräfte umgegangen wird. Im Jahre 1993 trafen sich die beiden Planeten im Zeichen des Steinbock in Konjunktion. Die Personen, die in dieser Zeit geboren wurden, werden besonders stark spüren, daß sie sich mit Uranus-Neptun-Themen realitätsgerecht (Steinbock) auseinandersetzen müssen.

Im individuellen Horoskop unterstützt diese Verbindung die Intuition und Sensibilität. Der Uranus erleuchtet mit seinem

Gedankenblitz diese geistig fruchtbaren Neptun-Sphären und holt sich dort Ideen. Je nach der Position dieser Kräfte im Horoskop kann der Mensch sehr intuitiv sein und auf mystische Wahrnehmungen reagieren.

⛢ Uranus / Pluto ♇

Qualität: • Der Umbruch

• _____

Pluto und Uranus sind Kräfte, die mit Erneuerung zu tun haben. Beide wollen das Alte abbauen. Uranus hat Ideen, Pluto zwingt uns, durch stetige Wandlung den Naturgesetzen zu folgen. Es kommt darauf an, ob die Menschheit die Ideen Uranus' und die transformierende Kraft Plutos zu Leben fördernden Zwecken einsetzt oder ob sie zum Profit einer Minderheit mißbraucht werden. Denn Pluto ist die Kraft, die alles vernichtet, was auf Unwahrheit beruht.

Die letzte Konjunktion dieser zwei Planeten ereignete sich von 1963 bis 1968 in der Jungfrau. Die Generation der in dieser Zeit geborenen Menschen befindet sich heute im aktiven Alter und ist im Arbeits- und Kulturprozeß der Gesellschaft eingegliedert. Von ihr wird es abhängen, in welche Richtung sich unsere Welt entwickelt.

Die Uranus-Pluto-Verbindung verlangt nach Unabhängigkeit, die Jungfrau nach Verantwortung und Arbeit, die äußeren Planeten symbolisieren das Kollektive. Obwohl diese Menschen das Bedürfnis nach Emanzipation und Individualisation des eigenen Lebens spüren, ist es wichtig, daß sie sowohl persönliche als auch kollektive Verpflichtungen verantwortungsbewußt erfüllen.

In individuellen Horoskopen machen sich diese Aspekte dann bemerkbar, wenn sie einen persönlichen Planeten oder eine Achse berühren. Was für die ganze Generation gilt, gilt damit ganz besonders für das Individuum. Es kann Träger einer neuen Idee sein und fähig, diese zu nutzen oder durchzusetzen.

♆ Neptun / Pluto ♇

Qualität: • Das Übersinnliche

•

Ungefähr seit den sechziger Jahren bewegt sich Pluto im Gleichschritt mit Neptun. Diese beiden entferntesten Planeten bilden ein Sextil bis ins 21. Jahrhundert hinein.

Neptun und Pluto regieren in den Zeichen, die dem Element Wasser zugehören. Ihre harmonische Verbindung am Übergang ins neue Jahrtausend kann bedeuten, daß wir anfangen, uns mit geistigen und seelischen Fragen zu beschäftigen (Neptun), und daß wir lernen müssen, das Materielle loszulassen oder zumindest uns weniger stark daran zu klammern (Pluto). Die Tatsache, daß es immer weniger Platz auf unserer Erde gibt, fördert diesen Auftrag. Wir haben die Wahl, das Verständnis für diese Themen zu entwickeln und damit die Spezies Mensch zu erhalten – oder sie zu vernichten.

Diese Verbindung bringt eine Sensibilisierung für das Übersinnliche (Neptun) und Unausweichliche (Pluto) mit sich. Die transformierende Kraft des Pluto kann neue Formen des Zusammenlebens stimulieren. Um anders leben zu können, müssen wir uns auf Umwandlungen einstellen. Diese Kräfte haben mit dem Verborgenen zu tun. Möglicherweise wird daraus viel Neues in unser Bewußtsein aufsteigen.

Fragen und Anregungen

- *Versuchen Sie, einige Aspekte selber zu deuten. Gewiß entdecken Sie noch Eigenschaften, die hier nicht erwähnt sind.*
- *Vervollständigen Sie die Deutung der Aspekte mit der Charakteristik der Tierkreiszeichen, in denen die Planeten stehen. Bestimmt nimmt der/die Horoskopeigner/in ein Trigon von zwei Planeten im Element Wasser anders wahr als im Element Feuer und ein fixes Quadrat anders als ein veränderliches.*
- *Suchen Sie aus dem Buch die Aspektbeschreibungen zu Ihrem Horoskop und versuchen Sie, diese in eine ganzheitliche Persönlichkeitsbeschreibung zu integrieren.*

9. Astrologische Häuser

Vom Himmelsraum zu den Häusern

Die Planeten in den Tierkreiszeichen und ihre gegenseitigen Aspekte stellen das Bild derjenigen Energien dar, die jeder von uns zum Zeitpunkt der Geburt bekommen hat. Obwohl dieses Bild bereits viel aussagt, ist das Horoskop nicht vollständig. Es fehlt ihm noch eine Dimension, die des Raumes.

Wir knüpfen hier an das Kapitel 2 an, in dem die Orientierung im Raum behandelt wurde. Das Horoskop stellt den Weltraum so dar, daß der Mensch in seiner Mitte steht. Wenn wir von unserem Standpunkt aus zum östlichen Horizont blicken, schauen wir zum Aszendenten hin; drehen wir uns nach Westen, wissen wir, daß dort der Deszendent liegt. Hoch über uns befindet sich der höchste Punkt des täglichen Sonnenweges, das MC, und unter uns, dem MC gegenüber, der tiefste Punkt der Ekliptik, das IC. Durch die Horizont- und die Meridian-Achse ist der Raum in je zwei Hälften – bzw. in vier Quadranten – unterteilt. Die Positionen der Planeten in diesen Hälften tragen zur Charakterisierung des Menschen bei.

Doch um das Individuum genauer zu erfassen, brauchen wir eine differenziertere Raumbeschreibung als uns die Hälften, eventuell die Quadranten, erlauben. Deshalb wird der Raum –

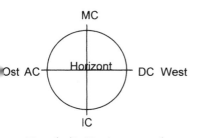

Durch die Horizont- und Meridian-Achse wird der Raum in vier Quadranten geteilt.

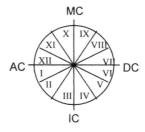

Die Teilung des Raumes in zwölf Abschnitte ergibt die Häuser.

»das Himmelsgewölbe« – in zwölf Sektoren eingeteilt, die in der Astrologie **Häuser** oder auch **Felder** genannt werden. Ihre Zählung fängt beim Aszendenten an und erfolgt gegen den Uhrzeigersinn.

Die Häuser symbolisieren **Themenbereiche**, in denen sich unser Leben abspielt. Sie zeigen, **wo die Planetenenergien wirken**.

Jeder von uns kommt mit allen diesen Bereichen in Kontakt, doch nicht alle erleben jeden auf die gleiche Art. Wir wissen, daß sich das Lebensthema von Mensch zu Mensch unterscheidet. Bei den einen steht die Familie im Zentrum des Interesses, bei anderen nimmt die berufliche Karriere viel Platz ein. Wir treffen Leute, die mit einem leeren Geldbeutel studieren oder ihr Leben lang reisen. Wir finden andere, für die gerade Geld und Besitztum das Wichtigste ist. Die einen genießen ihr Leben, während andere sich für ihre Mitmenschen aufopfern.

Die Bereiche, die uns während unseres Lebens am meisten beschäftigen, werden vor allem von den Häusern repräsentiert, die von mehreren Planeten besetzt sind.

Die Häuser beschreiben jedoch nicht nur Gebiete – »Kulissen« – des Geschehens. Da wir mit unserer Umgebung ständig im gegenseitigen »Dialog« stehen, beeinflussen wir unsere Umwelt. Umgekehrt übt diese auch Einfluß auf uns aus – wir lernen von

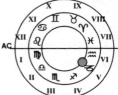
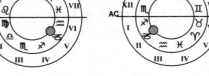

Planet im Zeichen   Planet im Zeichen und im Haus

Bild links: Ein Planet befindet sich im Steinbock.
Bild Mitte: Beim Aszendenten Jungfrau, wie in unserem Beispiel, steht der Planet im 5. Haus. Das heißt, die steinbock-betonte Planetenkraft manifestiert sich auf dem »Schauplatz« des 5. Hauses.
Bild rechts: In einem ein paar Stunden später erfaßten Horoskop steigt am Ost-Horizont das Zeichen Schütze auf. Der Planet im Steinbock befindet sich zu dieser Zeit im 2. Haus. Die Position des Planeten in bezug auf das Tierkreiszeichen hat sich kaum verändert.

ihr. Von diesem Standpunkt aus gesehen sind die Häuser charakterbildend. Je mehr wir bereit sind, uns zu entwickeln, desto mehr »lernen« unsere Planetenkräfte, das Potential zu nutzen, das uns die Häuser anbieten. Die Häuser stellen Bereiche dar, die wir im Laufe unseres Lebens selbst erforschen, um dann die daraus erworbenen Erfahrungen in unseren Charakter zu integrieren. Dies ist unser Lernprozeß.

Wie die Häuser entstehen

Die Teilung des Himmelsraums in die Häuser ist mit derjenigen des Tierkreises in die Zeichen vergleichbar. Der Tierkreis beginnt mit dem Frühlingspunkt und ist dann in zwölf gleich große Abschnitte unterteilt. Der erste ist der Widder.

Die Häuserfolge beginnt mit dem Aszendenten, denn dies ist das Zeichen, das zum Zeitpunkt der Geburt am Horizont des Geburtsortes aufsteigt. Von diesem individuellen Punkt aus erfolgt dann eine Kreisteilung in zwölf Abschnitte, die jedoch von Horoskop zu Horoskop verschieden sind.

Der Tierkreis entspricht bildhaft dem Jahreslauf der Sonne. Alle Planeten durchlaufen ihn ihrer eigenen Geschwindigkeit entsprechend. Die Häuser dagegen entstehen durch die scheinbare Drehung des Tierkreises um die Erde. Der tägliche Weg der Sonne gibt uns über diese Bewegung klare Auskunft. Der Tierkreis verändert fortwährend seine Position in bezug auf die Erde und somit auch in bezug auf den Horizont des Geburtsortes. Mit dem Erstellen des Horoskops erfassen wir einen Zustand des Himmels, der sich schon im nächsten Moment verändert. Es ist sicher nachzuvollziehen, daß die Häuser im Horoskop eine individuellere Ebene darstellen als die Tierkreiszeichen.

Wenn wir den Tierkreis als einen »himmlischen«, kollektiven Schicksalsweg bezeichnen, können wir die zwölf Lebensbereiche, die mittels der Häuser dargestellt werden, einen »irdischen«, individuellen Weg nennen.

Die Häusersysteme

Es gibt mehrere Methoden der Raumteilung, die unter Astrologen kontrovers diskutiert werden. Die vier Punkte, die die Horoskop-Hauptachsen bestimmen – AC, DC, MC und IC – sind eindeutig definierbar. Bei der weiteren Teilung können wir uns jedoch an keine festen Angaben mehr halten.

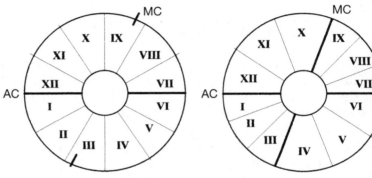

Äquale Häuser: In diesem Beispiel befindet sich das MC im 9. Haus.

Ungleich große Häuser, die durch die Teilung der Quadranten entstehen. Das MC wird zur Spitze des 10. Hauses.

Am einfachsten ist das System der **äqualen Häuser**. Beim Aszendenten beginnend, wird der »Himmelsraum« in zwölf gleich große Abschnitte von je 30 Grad unterteilt. Bei dieser Teilung beginnt das 10. Haus nicht am MC, wie bei den anderen Systemen.

Übrigens: Die Punkte, an denen die Häuser anfangen, nennen wir **Häuserspitzen**.

Die heutzutage gebräuchlichsten Systeme – **Placidus-, Koch-, Campanus-** und eventuell auch das **Regiomontanus-System** – beruhen auf einer Dreiteilung der vier Quadranten. Da die Philosophie der Raumteilung bei den Systemen unterschiedlich ist, gründet jedes auf einer anderen mathematischen Methode. Dementsprechend differieren oft die Spitzen der Häuser, die nicht an den Achsen beginnen. Bei diesen Systemen sind die Größen der Häuser ab etwa 60° nördlicher bzw. südlicher Breite extrem un-

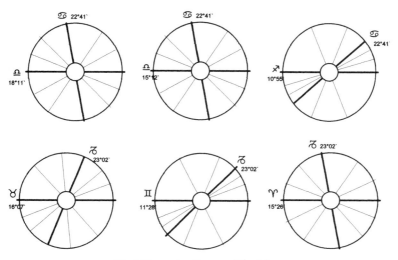

Die Häuser im System Placidus.
Betrachten Sie die Unterschiede im Sommer und im Winter. Zur gleichen Tageszeit und bei der gleichen geographischen Länge befindet sich das MC immer im gleichen Grad des Tierkreises. Der AC verändert sich je nach geographischer Breite.
Oben: 1.6.1964, 15h, östliche geographische Länge 14°25'.
Unten: 1.12.1964, 15h, östliche geographische Länge 14°25'.
Geographische Breiten von links nach rechts: 1) 47°05' N, 2) 60° N, 3) 60° S.

gleich: Die Meridianachse neigt sich sehr stark zum Horizont (siehe Bild oben). Trotzdem werden sie in unseren geographischen Breiten dem Äqualsystem gegenüber bevorzugt, denn die unterschiedlichen Häusergrößen tragen zur Individualität des Horoskops bei.

Die Wahl eines Systems steht jedermann frei. Es empfiehlt sich jedoch bei einem einmal ausgewählten System zu bleiben. In diesem Buch wird die Teilung nach Placidus angewendet.

Die Häuser in Beziehung zu den Zeichen

In ihrem Grundcharakter erinnern die Häuser an die Tierkreiszeichen. Auch sie weisen einen Bezug zu den Elementen auf und äußern sich auf drei verschiedene Arten, wie aus der folgenden Tabelle ersichtlich ist.

Häuser, ihre Analogie zu Tierkreiszeichen und ihre natürlichen Herrscher:

Häuser	persönliche (Feuer)	spirituelle (Luft)	materielle (Erde)	psychische (Wasser)
Eckhäuser (kardinal)	1. Haus Widder Mars	7. Haus Waage Venus	10. Haus Steinbock Saturn	4. Haus Krebs Mond
folgende Häuser (fix)	5. Haus Löwe Sonne	11. Haus Wassermann Uranus	2. Haus Stier Venus	8. Haus Skorpion Pluto
Endhäuser (veränderlich)	9. Haus Schütze Jupiter	3. Haus Zwillinge Merkur	6. Haus Jungfrau Merkur (Chiron)	12. Haus Fische Neptun

Die Häuser und ihre Herrscher

Wie in den Tierkreiszeichen üben auch in den Häusern bestimmte Planetenkräfte mehr Einfluß aus als andere. Herrscher oder Regent in einem bestimmten Haus ist der Planet, der das an der Häuserspitze stehende Zeichen regiert. Wenn in einem Haus ein weiteres Zeichen enthalten ist, wird dessen Herrscher zu einem Mitherrscher.

Als natürlicher Hausregent gilt der Herrscher des Zeichens, das mit dem Haus von Natur aus korrespondiert. So entspricht das 1. Haus dem Widder, deshalb regiert hier Mars. Die natürliche Herrscherin im 2. Haus ist Venus usw. Im 6. Haus können wir Chiron, den Lehrer und Heiler, als Regent mitberücksichtigen.

Gliederung der Häuser nach ihrer Wirkungsform

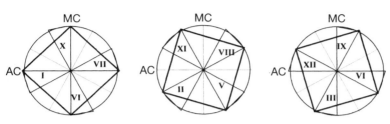

Die Teilung der Häuser gemäß ihrer Wirkungsform entspricht der Zeichenteilung: Kardinale oder Eckhäuser, fixe oder folgende Häuser und veränderliche oder Endhäuser.

Häuser, die an den Achsen beginnen, nennen wir **Eckhäuser**. Sie haben einen **kardinalen** Charakter. Die Gebiete, die sie repräsentieren, sind für uns die wichtigsten: Durchsetzung der eigenen Person (1. Haus), Wurzeln (4. Haus), Partnerschaft (7. Haus) und Beruf (10. Haus). Wenn wir hier gut verankert sind, fällt es uns leichter, uns mit den Themen der anderen Häuser auseinanderzusetzen.

Ihnen folgen andere, die wir logischerweise **folgende Häuser** nennen. Sie haben einen **fixen** Charakter. In ihren Bereichen wollen wir uns stabilisieren, etwas behalten oder in einer Situation verbleiben. Im 2. Haus ist es das Materielle; dazu gehört auch unser Körper. Das 5. Haus repräsentiert das Ego; das Ichgefühl behalten wir ein Leben lang. Im 8. Haus verharren wir gerne in gegebenen Lebenssituationen, wodurch wir in eine Krise geraten können. Im 11. Haus sind es Ideen und Ansichten, an denen wir festhalten möchten.

Häuser, die an ihrem Ende die Hauptachsen berühren, werden **Endhäuser** genannt. Ihr Charakter ist **veränderlich**. Nach ihnen beginnt ein neuer Quadrant mit einem kardinalen Haus und damit ein neues Thema. In den Endhäusern werden wir aufgefordert zu lernen. Wir müssen uns anpassen und für Neues den Weg vorbereiten: im 3. Haus durch Kontakte, Denken und Kommunikation, im 6. Haus durch Arbeit und den Rhythmus des Alltags, im 9. Haus durch das Erkennen sinnvoller Zusammenhänge, im 12. Haus durch die Erkenntnis, daß nichts ewig dauert.

Gliederung der Häuser analog zu den Elementen

Persönliche Häuser

Wenn wir gegen den Uhrzeigersinn durch das Horoskop gehen, begegnen wir am Aszendenten dem **1. Haus**. Es ist ein persönliches Haus von kardinaler Natur, ein Eckhaus. Im Sinne des Aszendenten drückt es aus, wie wir zur Außenwelt stehen, wie wir auf unsere nächste Umgebung wirken und wie diese uns sieht. Das kann bedeuten, daß das Ich starken Einfluß auf seine Umgebung ausübt und daß es sich mit seinen Äußerungen behaupten kann.

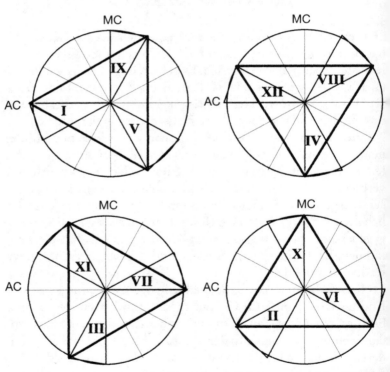

Bei der Gliederung der Häuser analog zu den Elementen entstehen durch die Verbindung der Häuserspitzen jeder Gruppe vier Dreiecke. Jedes berührt einmal eine Hauptachse: die persönlichen Häuser am AC, die psychischen am IC, die spirituellen am DC und die materiellen am MC.

Das nächste persönliche ist das **5. Haus**. Dieses drückt aus, auf welche Art der Mensch sein Ego entwickelt. Es entspricht dem Tierkreiszeichen Löwe, und sein natürlicher Herrscher ist die Sonne. Damit wird es zu einem Bereich der Großzügigkeit und Freude: Kreativität, Spiele, Freundschaften, Liebschaften und das Kindliche in uns wollen zum Ausdruck kommen. Dazu braucht es Freiheit, denn analog der Wirkung der Sonne können wir alle diese Qualitäten nur dann entwickeln, wenn uns nichts daran hindert und nichts zur Vorsicht mahnt. In diesem Haus gilt: Wer wagt gewinnt.

Das letzte persönliche ist das **9. Haus,** ein Endhaus. Dieses steht für die höchste Ego-Entwicklung, für unsere Eingliederung in den ganzheitlichen Zusammenhang und das Erkennen der Sinnhaftigkeit unseres Lebens. Dies ist möglich, wenn wir zu höherem Wissen gelangen, aber auch wenn wir Glauben, Hoffnung und Liebe entwickeln.

Psychische Häuser

Wie bei den persönlichen Häusern begegnen wir auch hier dem ersten psychischen Haus an einer der Hauptachsen, diesmal am IC. Die im Feuerelement regierende Sonne und der im Wasserelement regierende Mond bilden unseren subjektiven Hauptkern. Das **4. Haus** ist das natürliche Gebiet des Mondes. In unserem Heim, in dem wir verwurzelt sind, beginnt sich unser Gefühlsleben zu entwickeln.

Das zweite psychische Haus ist das **8.** In seinem Gebiet erleben wir die Grenze zwischen Leben und Tod. Wir spüren die höchsten Gipfel unserer Gefühle und deren tiefste Abgründe. Hier stoßen wir kompromißlos auf das »Stirb-und-Werde«; Selbstüberwindung und Transformation sind angesagt.

Im letzten dieser Häuser, dem **12.**, fühlen wir die Sehnsucht nach Zugehörigkeit zur kollektiven Psyche. Hier stehen die Ego-Wünsche nicht mehr im Vordergrund. Unser Leben hat in den »Gewässern des Mutterleibes« angefangen, und wir beenden es hier, im »Ozean der Ganzheit«, wo wir uns auf das vorbereiten, was als nächstes folgt.

Spirituelle Häuser

Das erste spirituelle Haus, dem wir nach dem Aszendenten begegnen, ist das 3., ein Endhaus. Um lernfähig zu bleiben, wird von uns Anpassung verlangt. Wir lernen sprechen, indem wir andere Menschen nachahmen. Die Kommunikation unterstützt Kontakte zu unserer nächsten Umgebung, in der Schule müssen wir in Kontakt mit Gleichaltrigen treten. Dieses Haus fördert das Denken, die Sprachfähigkeit und die Eingliederung in die menschliche Gesellschaft.

Das nächste spirituelle Haus, das 7., beginnt an der Achse beim Deszendenten. Als kardinal markiert es ein wichtiges Gebiet im Horoskop. Wir Menschen sind von Kontakten abhängig: Es ist schwierig, allein zu leben. Dieses Haus zeigt uns den Teil in uns, der nach einer Paarbindung »sucht«. Dort sind unsere »Sensoren« verborgen, mit denen wir nach einem Partner oder einer Partnerin Ausschau halten. Die Ich-Du-Begegnung bedeutet für uns den Höhepunkt der Kommunikation.

Im letzten spirituellen, im 11. Haus, suchen wir geistigen Austausch. Hier ist die Idee wichtig, die uns mit anderen verbindet. Wir treten mit Gleichgesinnten in Kontakt. Der natürliche Herrscher Uranus unterstützt die Freiheit des Geistes und möchte uns aufgrund übereinstimmender Ideen in eine Bruderschaft führen. (Goethe nennt sie »Wahlverwandtschaften«.)

Materielle Häuser

Das erste materielle Haus ist das 2. Haus. Unsere Aufgabe hier entspricht der fixen Qualität. Wir halten uns instinktiv an alles Materielle, das wir zur Erhaltung unseres Körpers brauchen. In diesem Bereich herrscht Venus, die Sinnlichkeit und materielle Annehmlichkeiten zu genießen versteht. Und wie beim Venus-Prinzip geht es hier um »werten« und »Werte«; dazu gehört auch unsere Einstellung zum Eigenwert.

Vor dem Deszendenten nähern wir uns dem 6. Haus. In seinem Bereich helfen wir der Qualität des 2., indem wir unsere materiellen Dinge verdienen. Hier ist die alltägliche Arbeit und die Anpassung an gegebene Umstände angezeigt. Damit hängt auch die Sorge um unseren Körper zusammen: Wenn wir krank werden, können wir unserer Arbeit nicht nachgehen. Auf der anderen Seite stärken wir durch einen geregelten Tagesablauf unsere Gesundheit.

Der Schritt zum materiellen 10. Haus führt zum MC. Wir befinden uns an der Hauptachse, die in die Öffentlichkeit zielt. In diesem Bereich geht es nicht mehr um unsere subjektive Wahrnehmung, sondern um die objektive materielle Realität. Es ist das höchste Haus des Horoskops, das Ziel unserer Selbstverwirklichung im gesellschaftlichen Rahmen. Mittels unseres Berufes, der eine Berufung sein kann, erreichen wir eine bestimmte Stellung in der Gesellschaft und geben ihr etwas von uns. Dafür werden wir von ihr entlohnt. Doch der Herrscher Saturn läßt uns wissen, daß ohne Anstrengung und Verantwortung in diesem Haus keine Früchte reifen.

Die zwölf Häuser: Beim Horoskopdeuten steigen wir symbolisch in die innere Welt des Menschen hinein. Hier begegnen wir den zwölf Bereichen – den Häusern. Am Aszendenten beginnend, folgen sie gegen den Uhrzeigersinn, so wie sich auch die Planeten im Tierkreis bewegen.

Die Beschreibung der einzelnen Häuser

Wie die Zeichen im Tierkreis können auch die Häuser im Horoskop analog zum Lebenslauf diesmal eines menschlichen Individuums dargestellt werden. Nach der Geburt wächst der Mensch in eine bestimmte Familie und Umgebung hinein, er sucht sich eine Partnerin oder einen Partner und einen Beruf, lebt sein Leben, bis sich das Leben dem Ende zuneigt, sein Körper stirbt und seine Seele diese Welt verläßt. Die Charakteristik jedes Hauses entspricht einer Lebensetappe des Menschen.

Der Aszendent

In dem Moment, in dem der Mensch zur Welt kommt, wird der Tierkreisgrad, der gerade dann am Osthorizont seines Geburtsortes aufgeht, zu seinem charakteristischen persönlichen Punkt. Der Aszendent geht auf, das neugeborene Kind atmet zum ersten Mal ein.

Bei der Beschreibung des Aszendenten müssen wir folgendes betrachten:

- das Tierkreiszeichen am Aszendenten
- die Position seines Herrschers in Zeichen und Haus
- die Besetzung des mit dem Tierkreiszeichen verwandten Hauses (beispielsweise AC = Löwe, dann 5. Haus)
- den (die) sich eventuell in der Nähe befindlichen Planeten am Aszendenten
- die Aspekte zum Aszendenten
- eventuell die symbolische Bedeutung des Aszendentengrades (siehe Fußnote auf Seite 191). Diese Aussage sollten wir jedoch nicht überbewerten, denn in vielen Fällen wissen wir die genaue Geburtszeit und damit auch den genauen Grad nicht. Andererseits kann sie uns einen Hinweis auf die Richtigkeit oder Unrichtigkeit des Aszendentengrades geben.

Beispiel: Ein Mensch, der den Aszendenten im Schützen hat, wirkt auf seine Umwelt begeisternd und würdevoll. Ist bei ihm zudem das 9. Haus stark besetzt, treten die Schütze-Qualitäten äußerlich noch stärker hervor. Steht dabei Jupiter, der AC-Herrscher, im Widder oder in einem Aspekt mit Mars, ist sein Auftreten feurig und lebendig. Er will vermutlich seine Ansichten, Überzeugungen und Philosophien mit Vehemenz durchsetzen.

Steht dagegen der Mond am Aszendenten, nimmt die Umgebung vermutlich die Mond-Eigenschaften dieses Menschen zuerst wahr. Er strahlt Sensibilität und Empfänglichkeit aus, eine natürliche instinktive Art, Freude und Hoffnung. Empfängt der Mond einen Aspekt von Venus, kann die Person sehr feinfühlig, weich und weiblich wirken, und sie sieht vermutlich anmutig oder gar schön aus.

I Das 1. Haus

Der Mensch ist geboren.

Dieses Haus folgt dem Aszendenten, es steht am Anfang des Horoskops. In diesem Stadium kann das Baby noch nicht zwischen seiner Umwelt und sich selbst unterscheiden; es empfindet nichts anderes als die eigene Existenz. Für das Baby gilt: ICH bin da. Es empfindet sich als Zentrum der Welt – seiner Welt –, und wenn es etwas will, zieht es laut schreiend die Aufmerksamkeit auf sich.

Dementsprechend zeigt das 1. Haus, wie wir uns zur Schau stellen, wie wir die Umwelt beobachten und wie wir unseren Willen zum Ausdruck bringen. Der Bereich des 1. Hauses ist die Fortsetzung der Bedeutung des Aszendenten.

Lebensbereiche:

– Ichbezogenheit
– Persona
– Einstellung zur Umwelt
– Temperament
– Verhaltensweise

- Durchsetzungsfähigkeit
- Grundform der äußeren Erscheinung, des Mienenspiels
- Aussehen und Körperhaltung

II Das 2. Haus

Der Mensch braucht die Materie, um existieren zu können.

Das neugeborene Kind merkt bald, daß es nicht nur existiert, sondern daß es auch etwas besitzt, zuallererst seinen eigenen Körper. Indem es saugt, tastet und Liebkosungen spürt, entdeckt es den Reiz der Sinne. Es beobachtet seine Hände und andere Körperteile, es beginnt, mit Gegenständen zu spielen. Bald entdeckt es, was »mein« ist.

Das 2. Haus sagt symbolisch aus, wie wir uns zum Besitz stellen und wieviel Wichtigkeit wir dem Stofflichen – samt unserem Körper – beimessen. Sind wir uns des eigenen Wertes bewußt, oder brauchen wir materielle Gegenstände, die wir uns aneignen, um ihn zu stärken?

Lebensbereiche:

- Körper und Sinne
- Sicherung der Existenz
- materielle Verankerung
- Nahrungsgrundlage
- Selbstwert
- angeborene Talente
- Haben, materielle Werte
- Umgang mit Geld
- der Besitz

III Das 3. Haus

Der Mensch braucht Kontakte.

Es genügt nicht, daß wir existieren und etwas besitzen. Erst der Kontakt und die Begegnung mit anderen macht uns wirklich zu Menschen. Im 3. Haus entwickeln sich die geistigen Qualiäten. Kaum hat das Kind sich mit seinem eigenen Körper bekannt gemacht, lernt es kriechen, aufstehen, laufen und seine Umgebung erforschen. Gleichzeitig übt es die verbale Kommunikation.

Das Leben ist ein ständiges Lernen. Dieses Haus gibt uns Hinweise, wie wir zum Denken, Sprechen, Lesen und Schreiben stehen. Durch all diese geistigen Tätigkeiten kommen wir mit der nächsten Umgebung in Kontakt; zugleich ist dies das Gebiet der Geschwister, Nachbarn und der Schule.

Lebensbereiche:
- Art des Denkens, Verstand
- Lern- und Bildungstrieb
- Kommunikation, geistiger Austausch
- »Kinderstube«
- Beziehung zu Geschwistern und Nachbarn
- Schule, Bücher, Briefe
- Sprache, Lernen, Schreiben
- kurze Reisen

IV Das 4. Haus

Der Mensch braucht ein Heim.

Hier kommen wir zum Elternhaus, in dem der Mensch aufwächst. Darin sind seine Mutter und sein Vater und durch sie auch alle Ahnen vertreten. Als Mond-Bereich symbolisiert es die Atmosphäre der Kindheit, die auf die kindliche Seele wirkt und die sie formt.

Im Vergleich zum Aszendenten, der unser Antlitz offen der Umwelt zeigt, beschreiben das IC und das 4. Haus, wie wir im Innern sind – unser »inneres Gesicht«. Dort ist unser wahres Heim, das wir ein Leben lang im Versteckten mit uns tragen. Wir lassen nicht jeden herein. Im Einklang mit unserem Innersten erschaffen wir im Erwachsenenalter die häusliche Atmosphäre um uns.

Das 4. Haus wird nicht nur mit dem Lebensbeginn, sondern auch mit seinem Ende in Verbindung gebracht. Am Anfang brauchen wir den Schutz der Eltern, und während des Lebens bauen wir uns selbst ein emotionales Umfeld auf, in das wir uns jederzeit zurückziehen können. Vor dem Ableben zeigt sich oft das Innerste unverhüllt, so wie es wirklich ist.

Lebensbereiche:

- Verwurzelung
- Instinktgrundlage
- Erbe, Tradition, Vergangenheit
- Elternhaus, Mutter, Vater, Vorfahren
- Heim, Heimat
- Rückzugsort, Rückbesinnung
- Atmosphäre im eigenen Heim
- Raum der inneren Bedürfnisse und der Gefühle
- Lebensanfang und -ende
- Land- und Hausbesitz

V Das 5. Haus

Der Mensch genießt seine Individualität.

Indem der Mensch wächst, wird er sich seiner Individualität bewußt. Er möchte sich selbst so ausdrücken, wie er ist, er will nur aus persönlicher Freude agieren, ohne auf Pflichten oder Gefahren Rücksicht zu nehmen. Er möchte experimentieren, spielen und gestalten; das fördert sein gesundes Befinden. Seine Vitalität drückt sich in einer spielerischen Lust an der Sexualität aus*.

In diesem Haus tun wir das, was uns Freude bereitet und unser Ego stärkt. Im Sinne der fixen Qualität dieses Hauses wollen wir uns durch Resultate unserer Kreativität »verewigen«. Kinder und geistige Erzeugnisse sorgen für unsere Unsterblichkeit.

Lebensbereiche:

- Hoffnung
- Freude
- Lieb- und Freundschaften

---

* Nach dem Tao hat die kreative Energie ihren Sitz in den Sexualorganen.

- Kreativität
- Fortbestand der Gattung, Kinder
- schöpferisches Tun
- Spiele, Glücksspiele
- Vergnügungen, Ferien, Hobby
- persönliche Würde

VI Das 6. Haus

Der Mensch begegnet der realen Welt.

Im Gegensatz zum 5. Haus tritt jetzt die zentrale Wichtigkeit des Ich in den Hintergrund. Der Mensch muß sich den Lebensbedingungen anpassen. Durch Pflichten werden ihm von der Welt Grenzen gesetzt.

In diesem Bereich erfahren wir, auf welche Art wir das Materielle verdienen und wie wir praktisch und verantwortungsbewußt unsere Aufgaben erledigen. Im Sinne der Entsprechung zur Jungfrau zeigt das Haus unsere Einstellung zu Arbeit und Dienstleistungen.

Im Alltag müssen wir uns einem Rhythmus unterordnen: aufstehen und schlafen gehen, essen, unseren Körper pflegen und uns um andere alltägliche Angelegenheiten kümmern. Wir haben bestimme Pflichten und müssen uns im Arbeitsumfeld zurechtfinden: mit den Kollegen, Vorgesetzten, Gleichgestellten und Untergebenen.

Um all dies zu meistern, brauchen wir einen gesunden Körper. Dieses Haus steht symbolisch auch für Gesundheit, Ernährung und Kleider, die unseren Körper schützen.

Lebensbereiche:

- notwendige Selbstbegrenzung
- die Alltagsrealität
- das Leben ordnen
- Arbeit
- Handfertigkeiten, Spezialisierung
- Rhythmus des Tagesablaufes
- Gesundheit, Körperpflege

- Sorge um die Ernährung
- Situation am Arbeitsplatz
- Einstellung zu Kollegen
- Dienen im Rahmen der Gesellschaft
- Haustiere

Mit dem materiellen 6. Haus verlassen wir den unteren, instinktgeleiteten Teil, in dem wir unsere Grundbedürfnisse kennengelernt haben. Die Häuser, die bis jetzt besprochen worden sind, haben eine persönliche Bedeutung und behandeln nur den privaten Raum der Person. Doch wir leben in einer Gesellschaft. Die zweite Horoskophälfte hat also mit unserer Eingliederung ins Sozialfeld zu tun und zeigt unsere Einstellung und Reaktionen dazu auf.

VII Das 7. Haus

Der Wunsch der Menschen ist das Leben zu zweit.

Auf dieser Ebene möchte der Mensch nur mit einem kommunizieren: mit seinem Gegenüber.

In uns tragen wir ein Bild unseres Partners oder unserer Partnerin. Die Qualitäten, die wir ihm/ihr zuschreiben, gehören zu unserem unbewußten Ich. Wir suchen sie in den anderen, oder wir projizieren sie in sie hinein. Personen, die wir anziehen, entsprechen unserem inneren Bild. Das, was nicht in uns ist, berührt uns nicht. Projizieren wir Liebe, finden wir Liebe, projizieren wir Haß, finden wir ihn. So gilt in der klassischen Astrologie dieses Haus nicht nur als der Bereich des Partners, sondern auch als derjenige des Feindes; die moderne Psychologie nennt es »der Feind in uns selbst«. Werden wir uns bewußt, daß die hier angezeigte Qualität zu uns selbst gehört, können wir sie akzeptieren und in unseren Charakter integrieren.

Lebensbereiche:

- Auseinandersetzung mit der unbewußten Seite, die wir in den anderen suchen
- Bild des Gegenübers, der innere Wunsch nach einem solchen Partner
- Partnerschaft
- Ehe
- Geschäftspartner
- Feinde

I – VII Begegnungs-Achse: vom ICH zum DU

So, wie der Aszendent und das 1. Haus das Bild von uns selbst darstellen, repräsentieren der Deszendent und das 7. Haus das Bild unseres Gegenübers. Dieses luftige Element ist zwar ein Gegensatz, aber auch eine Ergänzung zum ersten, feurigen. Beide sind kardinal, und ihre Spitzen liegen auf der horizontalen Achse AC – DC. Hier begegnet das ICH dem DU.

I	VII
im Zentrum des Interesses stehe ICH	im Zentrum des Interesses stehst DU, bzw. steht mein Bild von dir
Eigenständigkeit	Abhängigkeit
ich will wirken	ich will mich binden
Ich will mich durchsetzen durch eigene Qualitäten	Ich will mich durchsetzen durch »deine« Qualitäten
mein Urteil über mich	mein Urteil über dich
so sehe ich aus	so siehst du (in meinen Augen) aus
ich	nicht ich
ich handle, wie ich will	ich handle so, wie ich denke, daß du es willst

VIII   Das 8. Haus

Der Mensch setzt sich mit dem Tod auseinander.

Der Mensch nähert sich der Lebensmitte. Er wird sich bewußt, daß er nicht ewig leben wird und sich von vielem verabschieden muß.

Wir trennen uns täglich von etwas, um Kommendem Platz zu machen. Es braucht Einsicht und Verständnis, um zu lernen, daß wir Dinge loslassen müssen, auch wenn es traurig ist und schmerzt. Das Unbekannte erweckt oft Ängste. Doch die Krisen zeigen sich dann, wenn wir am Überlebten – Toten – haftenbleiben. Unter dem natürlichen Herrscher Pluto begegnen wir in diesem Haus der Sexualität, der Transformation und dem Tod.

Lebensbereiche:

– Krisen im Leben
– Umwandlung
– Sexualität
– Tod
– Interesse für das Verborgene und Okkulte
– Einstellung zum Leben nach dem Tod
– der Besitz des anderen (des Partners)
– Erbschaften

II – VIII   Besitzachse: »Haben oder Loslassen?«

Das 8. Haus liegt im Horoskop dem 2. gegenüber. Beide sind fix; das materielle wie das »entmaterialisierende«. Die Substanz, die wir im 2. Haus gewinnen, können wir im 8. verlieren, nicht zuletzt durch den Tod. Fällt uns im 8. Haus dennoch etwas zu, ist es mit Situationen oder Menschen verbunden, die zu existieren aufgehört haben. Mit dem Verständnis für beide Enden der Besitzachse wächst unsere Einsicht, daß allzu viele Versicherungen uns nie wirkliche Sicherheit geben, sondern ganz im Gegenteil schneller zu unserem Ich-Abbau führen (beispielsweise Besitz horten auf Kosten von Lebensfreude oder Gesundheit).

I	VIII
Ich-Aufbau	Ich-Abbau
Substanzgewinn	Substanzverlust
materielle Sicherheit	materielle Unsicherheit
mein Besitz	dein Besitz
das, was ich mit meiner eigenen Kraft gewonnen habe	das, was ich ohne mein Verdienst gewonnen habe
Körper	Seelentiefe
Sinnlichkeit	Sexualität
das Konkrete, das Offene	das Verborgene
das Leben	der Tod

Die Beziehung zwischen diesen zwei Häusern – zwischen Besitz und Tod – beschreibt das folgende Märchen:
Es gab einmal einen Mann, dem ein Gönner etwas Land schenken wollte. Der Umfang dieses Grundstückes sollte der Strecke entsprechen, die er zwischen Sonnenaufgang und -untergang abschreiten konnte. Bedingung war, daß die Strecke geschlossen sein mußte: Der Mann sollte am Abend den Punkt erreichen, an dem er am Morgen aufgebrochen war. Also begab er sich auf die Reise. Er freute sich sehr, endlich eigenen Boden zu besitzen. Mit jeden weiteren hundert Schritten wuchs seine Freude; es wuchs jedoch auch seine Begierde. Als es Zeit wurde, zum Ausgangspunkt zurückzukehren, dachte er: Noch nicht, noch ein Stück weiter, ich kann noch mehr erreichen! Seine Habsucht beschleunigte seinen Gang. Am Nachmittag eilte er immer noch vorwärts. Als sich die Sonne gegen Westen neigte, mußte er doch umkehren. Er lief und lief und seine Kräfte nahmen ab. Kurz bevor er den Anfangs- und zugleich den Endpunkt erreichte, ging die Sonne unter, und er fiel vor Erschöpfung tot zu Boden. Er wurde dort in der Erde begraben. Statt das riesengroße Stück Land zu besitzen, welches er in seiner Gier gewinnen wollte, mußte er sich mit einem kleinen begnügen, das nur von seinem Kopf bis zu den Füßen reichte.

IX Das 9. Haus

Der Mensch will den Lebenssinn erfahren.

Mit dem Bewußtsein, daß seine Zeit bemessen ist, möchte der Mensch wissen, was für einen Sinn das Leben hat. Auf der Suche nach Wahrheit und Weltanschauung helfen ihm Entdeckungsreisen in ferne Länder und das höhere Studium.

Dieser Raum beschreibt unseren Wunsch nach Bildung, unsere Beziehung zu Religion, Glauben und großen Reisen.

Lebensbereiche:

- Weltanschauung
- Studium, höhere Bildung
- Lebensphilosophie
- Glaube, Religion
- Bildungs- und Entdeckungsreisen
- Bezug zum Ausland
- Lehrtätigkeit an höheren Bildungseinrichtungen
- Weltliteratur

III – IX Lernachse: vom Wissen zur Weisheit

Die Achse III – IX beschreibt unseren Weg zur Erkenntnis. Sprache und Kommunikation, die wir als Kinder gelernt haben, erlauben uns später, weitere Zusammenhänge zu verstehen. Ohne das Alphabet zu kennen, können wir nicht lesen. Ohne das Verständnis für einfache Dinge finden wir in der Ganzheit keinen Sinn. Der Erkenntnisprozeß bedeutet zunächst zu trennen (Merkur/Zwillinge/3. Haus), doch das Erkennen heißt, das Getrennte zu vereinen (Jupiter/Schütze/9. Haus).

III	IX
Verstand	Weisheit
lernen	studieren
Kinderstube	Weltanschauung
Schule	Universität
lernen in der Umgebung	lernen in der weiten Welt
kleine Reisen	Bildungs- und Entdeckungsreisen

Beziehungen in der nächsten Umgebung	Beziehungen zu Fremden
Sprache	Fremdsprachen
wissen wollen	glauben

In seiner Trilogie »Les Animaux dénaturés« (Die unnatürlichen Tiere), »Les colères« (Die Zornigen) und »Sylva« sucht der französische Schriftsteller Vercors nach dem Sinn des Lebens und nach einer Definition des Menschseins. Der erste Teil der Trilogie handelt von einem Volksstamm, der in Australien entdeckt worden ist und dessen Mitglieder sich in einem Entwicklungszustand zwischen Affen und Menschen befinden. Als Affen werden sie für schwerste Arbeiten ausgenutzt. Der Journalist Douglas will beweisen, daß diese Wesen Menschen sind. Dies gelingt ihm, als er entdeckt, daß sie Feuer als eine Gottheit verehren. Denn es ist der Glaube, der den Menschen von den Tieren unterscheidet.

X Das 10. Haus

Der Mensch ist auf dem Höhepunkt seines Lebens angelangt.

Durch die Begegnung mit dem Tod und die Suche nach dem Lebenssinn ist der Mensch reifer geworden. In diesem Haus steigt er zum Höhepunkt seines Lebens auf. Seine Erziehung »trägt Früchte«, indem er seine Fähigkeiten in Form eines Berufs der Menschheit zur Verfügung stellt.

Dieses materielle Haus drückt aus, was wir in dieser konkreten Welt erreichen können. Eine bedeutende Stellung zu haben ist eine verantwortungsvolle Aufgabe. Denn wenn wir sie erreicht haben und denken: »Jetzt bin ich so weit, jetzt habe ich es geschafft, und ich kann mich demnächst ausruhen«, kann der Augenblick kommen, in dem wir sie wieder verlieren. Wir dürfen nicht vergessen: Das Gebiet des 10. Hauses gleicht einem Gipfel, auf dem man sich nur halten kann, wenn man ständig etwas leistet.

In den häufig verwendeten Häusersystemen fällt die Spitze des 10. Hauses mit dem **Medium Coeli** zusammen. Das MC drückt die Selbstverwirklichung des Menschen aus: seine Ziele im Rahmen unserer Gesellschaft und die Art seines Wirkens in der Öffentlichkeit. Bei der Beschreibung des MC gehen wir so vor wie bei der Beschreibung des Aszendenten.

<u>Lebensbereiche des 10. Hauses:</u>

- Ehrgeiz
- Repräsentation
- Anerkennung
- Karriere, Beruf, Berufung
- Aufstieg und Fall
- öffentliches Ansehen
- gesellschaftlicher Status, Name, Amt und Würde
- soziale Verantwortung
- Wirkung in der Öffentlichkeit
- Selbstverwirklichung in der Gesellschaft

IV – X Wachstumsachse: vom Heim in die Öffentlichkeit

Die Achse IV – X zeigt unsere Wachstumsmöglichkeiten. Die natürlichen Herrscher sind der Mond, das Symbol unserer Kindheit und unseres Schutzbedürfnisses, und der Saturn, das Symbol der materiellen Welt mit Verantwortung, Konkurrenz und Härte. Diese Achse symbolisiert einerseits unseren Weg vom Heim zum Übernehmen eigener Verantwortung und andererseits den Einfluß des Elternhauses auf unsere Selbstverwirklichung. Wir können sie Wachstums- oder Ablösungsachse nennen.

IV	X
Kind	Erwachsener
Heim	Beruf, Berufung
Wurzeln	Aufstieg in der Gesellschaft
Rückzugsort, Rückbesinnung	Wirkung in der Öffentlichkeit, Ehrgeiz
Instinktgrundlage	Selbstverwirklichung
Erbe	soziale Eingliederung
Tradition und Familiengewohnheiten	gesellschaftlicher Status

Elternhaus	Karriere
Vater / Mutter	Mutter / Vater *
beschützt werden	Verantwortung tragen

An der Begegnungs- und an der Wachstumsachse beginnen unsere wichtigsten Lebensthemen. Die schönste und einfachste Beschreibung diesbezüglich finden wir in vielen Volksmärchen in einem sich wiederholenden Motiv: Es leben ein Vater und eine Mutter (4. Haus), sie haben einen Sohn. Hänschen wird groß, und er beschließt, in die Welt hinauszugehen. (Er muß selbständig werden, sich ablösen.) Die Eltern sind traurig, doch sie verstehen, daß dies notwendig ist. (Die Trauer begleitet den Ablösungsprozeß.) Durch verschiedene Ereignisse, die Hänschen zu Hans heranwachsen lassen, begegnet er (Ich, Hans) einer schönen Prinzessin (Du, Partnerin), um die er kämpfen muß. Zum Schluß gewinnt er die Prinzessin (7. Haus) zur Frau und wird König (10. Haus).

XI Das 11. Haus

Der Mensch fühlt sich mit anderen ideell verbunden.

Wenn sich das Leben dem Ende nähert, beginnt der Mensch zu spüren, daß sein Ego nicht mehr im Vordergrund steht. Während der Reise durch sein Leben hat er vieles erfahren, viele Ideen gewonnen und möchte sie mit anderen teilen. Die Bewußtheit seiner eigenen Individualität, die er erlangt hat, hat ihn andererseits das Gefühl, »getrennt zu sein«, spüren lassen. Als Teil der Menschheit sucht er eine Vereinigung mit anderen.

---

* Einige Astrologen, mitunter auch die klassische Astrologie, ordnen die Mutter in das 4., den Vater in das 10. Haus. Von seiner Natur her entspricht das Mütterliche dem Mond und dem Krebs, die sich beide auf das 4. Haus beziehen; im 10. Haus vertritt der Vater die öffentliche Welt. Die moderne Astrologie geht jedoch davon aus, daß die Mutter einen größeren Einfluß auf die Selbstverwirklichung des Kindes ausübt als der Vater, denn ihre (oft bei ihr selbst nicht realisierten) Wünsche beeinflussen das Kind von seiner Geburt an. Dazu ist es die Mutter, die dem Kind eine gewisse Lebensstruktur vorlebt. Also gehört eher sie ins 10. Haus. Der Vater hingegen ist in der heutigen Gesellschaft nach der Zeugung meistens wenig beteiligt an der Entwicklung des Kindes. Beide Auffassungen haben ihre Berechtigung. Es ist deshalb sinnvoll in den einzelnen Fällen abzuwägen, wo sich Vater und Mutter symbolisch befinden.

Unser Ich verliert das Gefühl der Isoliertheit im Rahmen einer ideologischen Gemeinschaft, die der geistigen Entwicklung der gegenwärtigen Epoche entspricht. Nicht »ich individuell« bin jemand, sondern »ich in der Gruppe«. Verbände, Vereine und Körperschaften, in denen die Menschen durch ein ideologisches oder Interessenziel verbunden sind, stärken die eigene Persönlichkeit.

Lebensbereiche:

- Zeitgeist
- ideologische Gemeinschaften, Umweltschutz
- Ideen
- Zukunftsvisionen
- intellektuelle Betätigung in der Gemeinschaft
- Freundeskreise mit ähnlichen Interessen
- Emanzipation
- Wünsche und Hoffnungen
- Vereine
- Gönner

V – XI Kreativitäts- und Freiheitsachse: von der Individualität zur Brüderlichkeit

Die individuelle Schöpfungsidee wäre unbrauchbar oder unrealisierbar, wenn sie nicht ein Teil der zeitgenössischen Gemeinschaftsidee wäre. Heutzutage wird anderes geschaffen als vor hundert, tausend oder mehreren tausend Jahren. Bevor wir etwas kreieren (5. Haus), muß uns etwas einfallen: Das Bild des Produktes erscheint vor unserem inneren Auge. Wir können jedoch nur das im Geiste sehen, was der Auffassung unserer Epoche entspricht (11. Haus).

V	XI
ICH als Individuum	ICH als Teil der Menschheit
Freundschaften	ideologische Gemeinschaften
Freunde	Ratgeber, Gönner
Kreativität	Idee
individuelle Spiele und Vergnügungen	Spiele im Rahmen der Gemeinschaft

Liebe	Freiheit, Gleichheit, Brüderlichkeit
Herzensbindung	Bindung aufgrund von Toleranz und Anerkennung
Fortpflanzung der Gattung	Weitergabe ideeller Werte
individuelle Hoffnungen und Wünsche	kollektive Hoffnungen und Wünsche

XII Das 12. Haus

Der Mensch fühlt sich mit anderen seelisch verbunden.

Am Ende des Lebens bleibt der Mensch allein. Im 12. Haus befindet er sich an der Schwelle zwischen dieser und jener Welt. Seine Seele sehnt sich nach der Verbindung mit anderen »drüben« und nach Eingliederung in eine große Allgemeinschaft. Auf dieser Stufe erlangt er eine andere Weisheit als die des 9. Hauses: die Bewußtheit der Ganzheit und der ewigen Erneuerung des Lebens.

Hier müssen wir unsere letzten Angelegenheiten selbst erledigen und alleine auf unser Leben zurückblicken. Paradoxerweise sind wir jedoch in diesem »Allein-Sein« alle miteinander verbunden (all-eins). Wir alle gelangen einmal ans Ende unseres Weges.

Das letzte Haus ist der Bereich der weltlichen Abgeschiedenheit. Je mehr Planeten wir hier haben, um so weniger sind unsere Bedürfnisse im täglichen Leben erfüllbar, und um so mehr fühlen wir uns bereits jetzt wie jenseits dieser Welt. Hier, wo der Neptun regiert, können wir das Gespür für unbekannte Dimensionen entwickeln oder uns auf irgendeine Art in diese hineinflüchten.

Lebensbereiche:

- Abgeklärtheit
- Offenheit für das Leid anderer
- Dienst am Nächsten bis zur Selbstaufopferung
- Anonymität
- allein sein
- Einsamkeit
- Entsagung
- Weltabgeschiedenheit
- mystische Versunkenheit

- Realitätsflucht
- Sehnsucht, Sucht
- Schicksalsergebenheit
- einsame und schwer zugängliche Orte

VI – XII Existenz- und Auflösungsachse: vom Körper zur Seele

Mit dem 12., wässrigen Haus schließen wir die obere, seelisch-geistige Raumhälfte ab und kommen ans Ende des Horoskops – und zugleich zu seinem Anfang zurück. Der Körper vergeht, die Seele ist frei.

VI

Körperliche Abgrenzung
Arbeit, Gesundheit
mein Körper
körperliche Bedürfnisse
Leistung
Tagesrhythmus
Wirklichkeit
konkrete Lösung

XII

Verlust der eigenen Grenze
sich opfern für die Menschheit
Anonymität
Entsagung
mystische Versunkenheit
Weltabgeschiedenheit
Traum
Schicksalsergebenheit

In Biographien oder in Romanen, die den Lebensweg eines Menschen von seiner Jugend bis zum Tode beschreiben, spüren wir am Schluß die Atmosphäre des 12. Hauses: Abgeschiedenheit, Verlassensein von geliebten Menschen, die nicht mehr am Leben sind, Abrechnen mit den weltlichen Dingen oder sensibles Erinnern an längst Vergangenes, doch auch – diesem Haus entsprechend – einen Übergang in das Kommende, in ein Leben in einer anderen Dimension, je nach Glauben, Überzeugung und Philosophie des Schriftstellers.

10. Planetenkräfte in den Häusern

Die Anwesenheit eines Planeten in einem Horoskophaus bedeutet, daß seine Kraft in einem bestimmten Lebensbereich wirkt. Um ihr Prinzip auszudrücken, hat sie diejenigen Mittel zur Verfügung, die sich in dem Haus befinden: Manche erleichtern ihren Ausdruck, andere erschweren ihn. Trotzdem – wie in den Zeichen, so auch in den Häusern – jede Kraft lebt ihr Prinzip, egal unter welchen Voraussetzungen. Am einfachsten geschieht dies in den Häusern, in denen der Planet ein natürlicher Herrscher ist. So fühlt sich z. B. der Mond im »Schoß« des 4. Hauses wohler als im »Rampenlicht« des 10. Zudem soll das anwesende Tierkreiszeichen berücksichtigt werden.

Im Vergleich zur Kombination »Planetenkräfte in den Zeichen«, wo es darum ging, vor allem die persönlichen Planeten mit den Zeichen zu kombinieren, sollen diesmal die Stellungen aller Planeten in den Häusern Aufmerksamkeit genießen. In einem Tag wandern nämlich alle Planeten ein Mal durch alle Häuser. Ihre Positionen verändern sich in bezug auf die Häuser kontinuierlich; somit werden sie dort alle zu einem ganz persönlichen Faktor.

Oft steht ein Planet gradmäßig zwar noch am Ende eines Hauses, wird aber energiemäßig mit dem nächsten gedeutet. Generell gilt ein Bereich von 3 bis 5 Grad, je nach Größe des entsprechenden Hauses (siehe die Uranus-Stellung im ersten Deutungsbeispiel, Kapitel 13).

Kombinationsanregung

Die Frage lautet: Welche Äußerungsmöglichkeiten hat eine bestimmte Planetenkraft in einem Haus?
- Welche Prinzipien hat dieser Planet?
- Was für einen Lebensbereich vertritt dieses Haus?
- Wie kann sich die Natur dieser Planetenkraft in diesem Lebensbereich entfalten und welcher Entwicklungsweg wird hier aufgezeigt?

Beispiel: Saturn im 3. Haus

Saturn-Prinzipien: Stabilität, Reife, Selbständigkeit, Beherrschung, Vertiefung, Struktur, Schutz, Kristallisation, Konzentration, Lehre, Erfahrung, Verantwortung, Zeit, Gesetz, Strenge Autorität, gesellschaftlicher Status, Pflichtbewußtsein, Ausdauer Konsequenz, Begrenzung, Hemmung, Blockierung, Angst Kälte, Trennung, Schuld, Verhärtung, Belastung; Erzieher, strenger Lehrer, alter Mensch, Beamter, Streber

Lebensbereiche des 3. Hauses: Art des Denkens, Verstand, Lern- und Bildungstrieb, Kommunikation, geistiger Austausch, Kinderstube, Beziehung zu Geschwistern und Nachbarn, Schule Bücher, Briefe, Sprache, Lernen, Schreiben, kurze Reisen

Mögliche Äußerungen des Saturn in diesem Haus:

Motto: Lernen und Kommunikation (zu) ernst nehmen.

- Für Personen mit Saturn im 3. Haus ist die Kommunikation eine ernste Angelegenheit, denn sie spüren, daß sie dafür Verantwortung tragen.
- Diese Ernsthaftigkeit kann im Umkreis, z.B. in der Beziehung zu Geschwistern, Nachbarn und in der Schule, hemmend wirken, vor allem aus Angst, nicht ernst genommen zu werden.
- Sie möchten alles »richtig« verstehen und »richtige« Aussagen machen. Eventuell sind sie mißtrauisch gegenüber dem, was man sie lehren will; sie wollen überprüfen, ob es stimmt.
- Beim Lesen und Lernen wollen sie systematisch vorgehen und nichts verpassen, also dauert es unter Umständen länger als bei anderen.
- Vor lauter Konzentration und Angst, etwas falsch zu machen, können sie stottern oder andere Sprach- und Schreibschwächen zeigen.
- Die anderen, Lehrer und oft auch Eltern, können an ihrer Intelligenz zweifeln. Möglicherweise übernehmen die Betroffenen diese Meinung, woraus folgen kann, daß sie die Lust am Lernen verlieren oder sogar die Schule abbrechen. Oder sie lernen noch verbissener, um zu beweisen, daß sie die Besten sind. (Saturn regiert im 10. Haus.)

Diese Personen können ihre Ängste überkompensieren und die Ernsthaftigkeit überdecken, indem sie ununterbrochen über oberflächliche Dinge reden und alle, die das Lernen und Kommunizieren ernst nehmen, verspotten. Doch dieses Gebiet bleibt für sie immer ein Thema.

Der Lernweg unter dem Gesichtspunkt dieser Kombination: Die eigenen Fähigkeiten im richtigen Licht sehen und sie nutzen, der persönlichen Meinung über die eigenen Fähigkeiten vertrauen. Das Potential sowohl sich zu konzentrieren als auch klar zu denken und sich deutlich auszudrücken, nutzen. Jede positive Erfahrung stärkt die Selbstsicherheit.

Kombination der Planetenkraft in Zeichen und Haus

Wenn wir Planet und Haus kombinieren, dürfen wir das Zeichen, unter dem dieser Planet steht, nicht vergessen. Das an der Häuserspitze sowie das ihm folgende bestimmen die Atmosphäre in diesem Haus.

In unserem Fall nimmt Saturn in den Erdzeichen die Verantwortung ernster als in den Luftzeichen: In letzteren fällt die Kommunikation leichter, besonders in den Zwillingen oder in der Waage. Ein Feuer-Saturn versucht möglicherweise zu beweisen, daß er mit Ausdauer die Angelegenheiten dieses Hauses durchsetzt. Ein wässriger hingegen resigniert rascher und/oder läßt sich von der Umgebung stärker beeinflussen; steht er im Skorpion, sind Gefühls- oder Trotzreaktionen zu erwarten. Andere Horoskopfaktoren können diese Aussagen noch präzisieren.

Beispiel: Sonne im Löwen und im 6. Haus

☉ Existenz, Sein, Lebenskraft, Lebenswille, schöpferischer Geist, pulsierendes Leben, das Zentrum, Gesundheit, Ich-Bewußtsein, Ausstrahlung, Persönlichkeit, Autorität, Männlichkeit, Stolz, Verschwendung, Übertreibung, Egoismus; Mann, Vater, Herrscher, König, Patriarch

♌ Ich-Zentriertheit, Zielbewußtsein, Tatkraft, kreative Kraft, Begeisterungsfähigkeit, Organisationstalent, Selbstsicherheit, Zukunftsorientiertheit, Großzügigkeit; unternehmerisch, feurig, impulsiv, stolz, vornehm, würdevoll, aufrichtig, gesellig; Einseitigkeit des Geistes, Arroganz, Prahlerei, Machtwille (»teile und herrsche«), Hitzigkeit, Vergnügungssucht, Imponiergehabe triebhaft, übermütig, überheblich, eingebildet

VI Notwendige Selbstbegrenzung, Alltagsrealität, Arbeit, das Leben ordnen, Handfertigkeiten, Spezialisierung, Rhythmus des Tagesablaufes, Gesundheit, Körperpflege, Situation am Arbeitsplatz, Einstellung zu Mitarbeitern, der Gesellschaft dienen

Mögliche Äußerungen der Löwe-Sonne im 6. Haus:

- Ein Mensch mit dieser Stellung will im Arbeitsprozeß eine Autorität sein: Er sucht eine wichtige Stellung und/oder arbeitet so, daß ihn die anderen achten.
- Er will unentbehrlich sein und braucht Anerkennung; möglicherweise reagiert er cholerisch, wenn seine Arbeit nicht geschätzt wird: Dies kann Kreislaufstörungen oder Herzkrankheiten hervorrufen.
- Gelingt es ihm nicht, eine Autorität zu werden, ist er fähig, sich selbst und die anderen unter Leistungsdruck zu setzen. Er kann aber auch seiner Bequemlichkeit nachgeben und lieber den Alltag genießen.

Ein möglicher Lernweg: »Ich bin unterwegs zu lernen, daß die alltägliche Tätigkeit für mich notwendig ist. Mein Ego ist dann befriedigt, wenn ich am Arbeitsprozeß mitwirke und/oder als Helfer geschätzt werde. Dabei muß ich meinem Körper angemessene Aufmerksamkeit schenken und seine Bedürfnisse berücksichtigen.«

Hat ein solcher Mensch bereits eine höhere Entwicklungsstufe erreicht, spürt er die ihm vom 6. Haus auferlegten Aufgaben stärker als seine der Löwe-Qualität entsprechenden Ego-Ansprüche.

Die Häuser im individuellen Horoskop

Nicht alle Lebensbereiche haben in unserem Leben den gleichen Stellenwert. Es gibt zwölf Häuser, aber nur zehn Planeten, die manchmal nah beisammenstehen. Daraus folgt, daß einige Bereiche unbesetzt sind.

Die Thematik der besetzten Häuser zwingt uns zu einer häufigen und intensiven Auseinandersetzung mit ihr. Eine Person, die z. B. das 7. Haus stark besetzt hat, muß sich wohl im Leben immer wieder mit dem Thema Partnerschaft befassen, hingegen deutet eine starke Besetzung des 10. Hauses auf einen Menschen hin, für den die gesellschaftliche Position und der Beruf wichtig sind. Das gilt sowohl im positiven als auch im negativen Sinn, d. h. diesen Menschen mögen auf diesen Gebieten Erfolge oder Schwierigkeiten widerfahren.

Damit ist nicht gemeint, daß die Lebensbereiche der leeren Häuser nicht betroffen sind. Bleibt in einem Horoskop beispielsweise das 7. oder 10. Haus unbesetzt, heißt das nicht, daß diese Person ohne Partner bleibt oder im Beruf ein Mauerblümchen ist. Es bedeutet nur, daß diese Gebiete nicht im Vordergrund ihrer Aufmerksamkeit stehen.

Um zu erfahren, wie wir verschiedene Bereiche leben, können wir jedes Haus in unserem Horoskop beschreiben. Wo uns keine Planeten zur Information zur Verfügung stehen (d. h. wenn das Haus nicht besetzt ist), berücksichtigen wir die Tierkreiszeichen und die Position ihrer Herrscher.

Beispiel: An der Spitze des 10. Hauses befinden sich die Fische mit der Sonne, das darauf folgende Zeichen ist der Widder mit Merkur und Saturn. Der Herrscher des 10. Hauses, Neptun, steht im 11. Haus.

Das feinfühlige (Fische) Ich (Sonne) dieses Menschen sucht in der Gesellschaft nach Selbstverwirklichung (10. Haus). Je nach seiner Entwicklung kann sich bei ihm auf beruflichem Gebiet (10. Haus) intuitives Ahnen, Sensibilität, Phantasie, künstlerisches Gespür oder eventuell Unklarheit (Fische) zu Worte melden. Doch auch die Widder-Kraft ist vorhanden: Das zielbewußte und logische Denken (Merkur, Saturn, Widder) hilft dieser Person, das zu erreichen, was sie sich vorgenommen hat (Saturn, Widder). Sie bemüht sich intuitiv und mit Sensibilität um alles, was – im Einklang mit der Zeitepoche – den Menschen zu Freiheit und Toleranz verhelfen kann (Neptun, Herrscher des 10. Hauses im 11. Haus).
Diese Konstellation steht in Albert Einsteins Horoskop (1880–1952).

Fragen und Anregungen

- *Beschreiben Sie Ihren eigenen Aszendenten. Im Kapitel ? haben Sie erfahren, wie Sie dabei vorgehen können.*
  Falls Sie einen Planeten in Aszendentennähe oder im 1. Haus haben, stellen Sie sich vor, diese Kraft (Prinzip, »Gottheit«, steht »in der Eingangstür des Horoskops«.
  Es bietet sich an, auch bei den Beispielen im letzten Kapitel so vorzugehen. In beiden Radixbildern gibt es im 1. Haus bzw. am AC Planeten, die die Horoskopeigner beträchtlich beeinflussen.
- *Lassen Sie vor Ihrem geistigen Auge alle Häuser nacheinander vorüberziehen. Stellen Sie sich vor, was zu jedem Haus gehört und wie Sie diese Bereiche erleben. – Diese Übung können Sie auch schriftlich machen. Beschreiben Sie, was Ihnen zu jedem Haus spontan einfällt. Zu welchen Häusern ist Ihnen auffällig viel, zu welchen wenig in den Sinn gekommen? Vermutlich nehmen erstere in Ihrem Leben einen besonderen Platz ein. Die, die Sie ausführlich beschrieben haben, melden sich in Ihrem Leben oft, eventuell sind es Ihre Schlüsselstellen. Andere, die Sie wenig beschrieben haben, können Ihre unbekannten Schattenseiten darstellen.*
- *Welcher Themenbereich scheint Ihnen der wichtigste zu sein? Beschreiben Sie ihn anhand Ihres Horoskops. Überlegen Sie sich, was Sie darin erleben.*
  Falls es nicht das am stärksten besetzte Haus ist, beschreiben Sie jetzt dieses.
- *Auf welchem Gebiet geraten Sie am meisten in Schwierigkeiten? Suchen Sie nach Charakteristika des entsprechenden Hauses und setzen Sie markante Beispiele aus Ihrem Leben dazu. Das kann zum Verständnis Ihrer Knackpunkte (Schwachstellen) beitragen.*
- *Reisen Sie in Ihrem Horoskop durch alle Häuser. Beschreiben Sie jedes in bezug auf Zeichen, Herrscher und Planeten. Vergleichen Sie diese Beschreibungen mit der zweiten Übung von oben.*

Persönliche Planeten in den Häusern

	Sonne ICH-Typus:	**Mond** Bedürfnis:	**Merkur** Denk-/Redeart:	**Venus** Harmonie/Genuß:	**Mars** Durchsetzungsart:
I	Ich-Darsteller; Initiator	Anpassung	geschickt; wirkungsvoll	auffallendes, charmantes Auftreten	direkt; aggressiv
II	Besitzer; der Bodenständige	materielle Sicherheit	praktisch; findig	Komfort Bequemlichkeit	mit Hilfe des Besitzes; rechthaberisch; kräftig
III	Schüler; Leseratte; Diskutant	Mitteilung	vielseitig interessiert; intellektuell	Kontakte; kultivierter sprachlicher Ausdruck	verbal; kritisch; scharfzüngig
IV	Stammvater/-mutter; der Schöpfer aus den Tiefen des Unbewußten	Geborgenheit; Mütterlichkeit	phantasievoll; einfühlsam	Häuslichkeit; Frieden; Mütterlichkeit	als Beschützer; als Befehlshaber im Hause
V	der Kreative; Spieler	spielen und kreieren; Kinder	schöpferisch; geschickt	Liebschaften; Kunst; Schönheit	risikofreudig; eigenständig
VI	Helfer; Diener; Assistent	Arbeit; Sorge um die Gesundheit	praktisch; analytisch	taktvolle Mitarbeit; Körper- und Schönheitspflege	einsatzfreudig; als Retter

	Sonne ICH-Typus:	**Mond** Bedürfnis:	**Merkur** Denk-/Redeart:	**Venus** Harmonie/Genuß:	**Mars** Durchsetzungsart:
VII	Partner	Bindung	kontakt-/diskussionsfreudig	feste Partnerschaft	mit oder gegen den Partner
VIII	Entdecker; graue Eminenz; der Leidenschaftliche	Verborgenes; Aufklärung; Enthüllung	tiefgründig; »Detektiv«	Leidenschaft; Reiz des Verbotenen	nach Gefahr suchend; furchtlos; rücksichtslos
IX	Globetrotter; Guru	Reisen und Bildung	großzügig; Sinn für Fremdsprachen	fremde Kulturen; Ausland; «heilige« Liebe	als »Kreuzritter«; mittels eigener Wahrheit
X	der Selbstbewußte; der Erfolgswillige	Anerkennung	scharfsinnig; Alles-Könner	in Berufen, wo Schönheit, Takt, Eleganz oder künstler. Begabung verlangt wird	zielbewußt; ehrgeizig; kampfbereit
XI	der Gruppenbewußte; Sprachrohr des Neuen	geistige Verwandtschaft; Wahlverwandtschaft	originell; klar; kommunikativ	Liebschaft auf Freundschaftsbasis	Gruppen-Engagement; als Störenfried in der Gruppe
XII	der Spirituelle; Eremit	Stille; Meditation	bildhaft; illusionär; medial; hintergründig	selbstlose Liebe; Spiritualität; Rausch; Hingabe	gewagt; opferbereit

Gesellschaftliche und kollektive Planeten in den Häusern

	Jupiter	Saturn	Uranus	Neptun	Pluto
I	Ausstrahlung von Würde und Jovialität	ernsthafte Erscheinung; Durchsetzungshemmung	origineller Auftritt; eigenartige Erscheinung	Einfühlungsvermögen; unklare Erscheinung; Abgrenzungsmangel	willensstarke, magische Wirkung
II	Reichtum; Verschwendung; Geld als Symbol des Eigenwertes	Sorgen um Besitz und Sicherheit	unstabile Sicherheit; ungewöhnliche Art, Geld zu erwerben	keine oder mediale Fähigkeit, Besitz zu erwerben	Besitztum als Machtmittel; leidenschaftliche Bindung an Geld; Spürsinn für Geldquellen
III	Gebildeter; Groß-Redner; Bluffer	Gründlichkeit im Sprachausdruck	intuitive Lern- und Denkart; Einfallsreichtum	feinfühliges Denken; Inspirationen; Unwahrheiten;	in das Tiefgründige sehen; überzeugender Redner
IV	würdevolle Familie; großzügiges Heim	strenges Elternhaus; erarbeitete innere Festigkeit	unkonventionelle Familie; »wurzellos«; Gefühlsunabhängigkeit	Traumhafte Bilder; Familien-Schatten; das Zuhause für alle offen	Familien-Macht; familiäre Pflicht; tiefe Wandlungen
V	Glückspilz; Optimist; sucht nach Liebesabenteuern	durchdachte Kreativität; Spielverderber; Genuß als Pflicht	schöpferische Freiheit und Originalität; Risikobereitschaft; freie Liebe	»göttliche« Romanzen; hilfsbereit für Ich-Aufbau der anderen	Ego-Wachstum durch leidenschaftlichen Einsatz in Spiel, Kreativität und Liebe

	Jupiter	**Saturn**	**Uranus**	**Neptun**	**Pluto**
VI	sein eigener Chef sein; Besserwisser; Heiler	fleißiger Arbeiter; Pedant	Freiheit im Alltag; neuzeitliche Art zu arbeiten	Naturheiler; grenzenloses Dienen; körperliche Sensibilität	Graue Eminenz am Arbeitsplatz; fanatisch, unermüdlich arbeiten
VII	sucht nach Sinn und Ideal in der Partnerschaft oder in Partnerschaften	»Vernunftehe«; Treue; Verantwortung in der Partnerschaft	freie Partnerschaft; Partnerwechsel; Bindungsunfähigkeit	idealisierter/schwacher Partner; Opferbereitschaft; Entsagung	Machtkonflikte; Eifersucht; Wandlung in der Partnerschaft; Einfluß auf Massen
VIII	Wachstum durch Krisen; höherer Sinn in tiefen Abgründen	Hemmung im Geben und Nehmen in der Sexualität; Lebenskrisen	experimentierfreudig in der Sexualität und im verborgenen	Medialität; Heilkräfte; Sex als Ausweg aus der Einsamkeit; Rausch	Erforschung des Verbotenen; Wandlungsfähigkeit
IX	Philosoph; Gebildeter; Weltreisender; Weiser; Moralist	Abgrenzen gegen fremde Kulturen; Glaubensskepsis	»neue« Philosophie; neuer Glaube; Freidenker; Reisefieber	Glaube, Mystizismus; idealisiertes Weltbild	Sektierer; Inquisitor; innere Wandlung durch Auseinandersetzung mit Glauben und Weltbild

	Jupiter	Saturn	Uranus	Neptun	Pluto
X	Streben nach Erfolg und gesellschaftlichem Status	Erfolg aufgrund von Fleiß und Verantwortung; Streber; Versager	Einfälle und Erfindungen als Selbstverwirklichung; neuzeitliche Berufe	Gespür für berufliche Trends; helfende Berufe; von der Gesellschaft idealisiert	beruflich engagiert und mächtig; starkes Mutter-Bild
XI	Gönner; Führer ideologischer Gemeinschaften	vorsichtig gegenüber Gruppen oder deren treues Mitglied	unverbindlicher Kamerad; Interessengemeinschaft; Revolutionär	mystische Gruppen; sensible Wahlverwandtschaft	führt Gruppen; radikaler/zeitgenössischer/ideeller Reformer
XII	Sinnsuchender in der Abgeschiedenheit und Stille; Scheinheiliger	der Vereinsamte; demütiger Diener	Intuition; Gespür für kollektive Stimmungen	Mystiker; Medium; Illusionist Verführter; Süchtiger	aus dem Unbewußten mächtig wirken; sich mit dem kollektiven Schatten auseinandersetzen

11. Mondknoten

*Alles entsteht, verändert sich
und geht ins Gegensätzliche über.*
Tao-Weisheit

Die Mondknoten und ihre Thematik stellen einen speziellen Bereich dar. Manche Astrologen beachten sie gar nicht, andere halten sie für den wichtigsten Faktor im Horoskop. Auch die Interpretation ist nicht immer dieselbe. Je nach persönlicher Auffassung werden die Mondknoten als Punkte gedeutet, die unser Karma* aufzeigen, oder als solche, die unsere zwischenmenschlichen Beziehungen beschreiben.

In diesem Kapitel befassen wir uns mit den beiden Punkten als den unseren Lebensweg bestimmenden: Der eine stellt hier unsere Vergangenheit dar, der andere weist auf unsere potentielle zukünftige Entwicklung hin. Es steht Ihnen frei, was Sie als Vergangenheit verstehen wollen. Diese kann sich auf Jugend und Kindheit, eventuell pränatale Prägung beschränken. Sie kann aber auch frühere Leben umfassen. Wir können uns ebensogut vorstellen, daß unsere Entwicklung nur diese eine Existenz betrifft, wie daß sie eine Erfahrungskette von mehreren Leben umfaßt.

Was sind Mondknoten?

Vielleicht ist Ihnen schon aufgefallen, daß der Mond zeitweise hoch am Himmelszelt, zeitweise knapp über dem Horizont dahinwandert. Das ist so, weil sein Weg um etwa fünf Grad von der scheinbaren Sonnenbahn, der Ekliptik, abweicht. Er zieht die eine Hälfte seiner Spur oberhalb der Ekliptik, die andere unterhalb. Dort, wo sich Sonne- und Mondbahn kreuzen, ergeben

---

* Der Begriff Karma ist mit demjenigen der Reinkarnation verbunden, dem ewigen Kreislauf von Tod und Wiedergeburt: Eine Seele geht durch mehrere Menschenleben und in jedem trägt sie die Auswirkungen von Handlungen der früheren mit sich. Der Karma- und Reinkarnationsglaube ist ein Bestandteil des Buddhismus und des Hinduismus.

ich, von der Erde aus gesehen, Schnittpunkte, das sind die sogenannten **Mondknoten**.

Von einem dieser Punkte aus beginnt der Mond über die Sonnenbahn aufzusteigen, von Süden nach Norden. Dieser Punkt ist der **aufsteigende** oder **nördliche** Mondknoten. Beim anderen taucht der Trabant unter die Sonnenbahn; er bewegt sich von Norden nach Süden. Deshalb heißt dieser Punkt der **absteigende** oder **südliche** Mondknoten.

Die Mondknoten sind keine festen Punkte. Sie verschieben sich im Tierkreis täglich um etwa drei Bogenminuten rückwärts, in entgegengesetzter Richtung der Planetenbewegung. Innerhalb von ungefähr 18 1/2 Jahren durchwandern sie den ganzen Tierkreis.

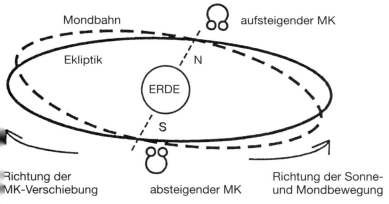

Die Mondknoten sind die Schnittpunkte der Ekliptik und der Mondbahn.

Da sie sich genau gegenüberliegen, nennen wir die Verbindungslinie zwischen ihnen **Mondknotenachse** oder auch **Mondknotenlinie**. In den Ephemeriden (siehe Seite 299) und meistens auch im Horoskop wird nur der nördliche Mondknoten angegeben.

Wenn Sonne und Mond gleichzeitig auf die Mondknotenlinie zu stehen kommen, finden die Finsternisse statt. Dies kann nur bei Neumond (Konjunktion) oder Vollmond (Opposition) geschehen. Bei Neumond kann sich eine Sonnenfinsternis ereignen: Der Mond stellt sich zwischen Sonne und Erde und bedeckt erstere. Bei Vollmond befindet sich die Erde zwischen den beiden Lichtern und beschattet dabei den Mond.

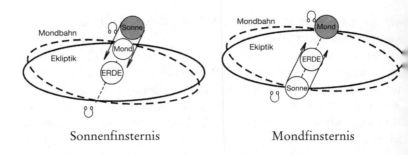

Sonnenfinsternis   Mondfinsternis

In der astrologischen Sprache heißen die Finsternisse **Eklipsen**. Der Begriff stammt vom griechischen *ekleipsis* ab, was *ausbleiben* oder *verschwinden* bedeutet. Von gleichem Ursprung ist auch die »Ekliptik«. Mit anderen Worten, wenn die Sonne dem Mond auf der Ekliptik begegnet, bleibt das Licht eines der beiden aus. In alten Zeiten glaubten die Menschen, die Finsternisse würden von einem riesigen Drachen verursacht, der am Himmel erscheint und eines der Himmelslichter verschluckt.

Die Bedeutung der Mondknoten im Horoskop

Die »Verknüpfung« der Sonnen- und der Mondbahn ist symbolisch zu verstehen. Wir wissen bereits, daß die Kräfte der beiden Planeten gemeinsam unseren Persönlichkeitskern und dessen Entwicklung beschreiben. Deshalb sind auch die Berührungspunkte ihrer Bahnen für uns bedeutsam.

Unser Lebensweg ist von Gegensätzen geprägt. Wir kommen von irgendwoher, und wir gehen irgendwohin. Wir entwachsen dem geschützten Heim und stehen selbständig in der »großen weiten Welt«, unsere jugendliche Naivität wird zu Weisheit, der junge Körper wird alt. Wir schreiten vom Anfang zum Ende, von der Geburt zum Tode, von einem Pol zum anderen.

Die Mondknoten in den einander gegenüberliegenden Tierkreiszeichen sind Sinnbilder für all diese Gegensätze. Ihre Achse stellt in dieser Vorstellung die Richtung unseres Lebensweges dar. Das übrige Horoskop sagt aus, welche Mittel uns dafür zur Verfügung stehen.

Der **absteigende Mondknoten** stellt den Punkt dar, wo wir einst angefangen haben, zeigt uns unsere Vergangenheit auf. Er offenbart uns die Muster, die wir im Laufe unserer frühen Kindheit entwickelt oder aus einem früheren Leben mitgebracht haben. Weil uns diese sosehr vertraut sind, greifen wir im Sturm des Lebens immer wieder gerne auf sie zurück. Nach der überlieferten Astrologie weist dieser Mondknoten Saturn-Charakter auf: Abschied und Trennung sind seine Themen. Er wird auch **Drachenschwanz** genannt: Zu seinem Symbol wird der hinterste Teil des Körpers, derjenige, den der Drache nicht sehen kann. Deshalb ist dieser ein Sinnbild für die Vergangenheit.

Der absteigende Mondknoten will uns also sagen, daß wir nicht zurückschauen, sondern Abschied nehmen sollen von dem, was war. Was uns einst diente, fördert uns nicht unbedingt auch heute oder in Zukunft.

Der **aufsteigende Mondknoten** weist auf das Ziel unserer Entwicklung hin. Allerdings ist ein anderes gemeint als das, welches das MC im Horoskop darstellt. Jenes meint unsere Beziehung zur Öffentlichkeit. Es sagt uns, wie weit wir es im gesellschaftlichen Sinn bringen können und was wir auf dieser Welt bedeuten. Der aufsteigende Mondknoten hingegen zeigt uns die Richtung unserer Entwicklung in einem umfassenden Sinn. Nach der überlieferten Astrologie wird er durch die Jupiter-Symbolik charakterisiert: Vision der Zukunft und Hoffnung sind seine Themen. Er wird auch **Drachenkopf** genannt, denn dieser schaut nach vorne und sucht den Weg.

Eine unserer Lebensaufgaben besteht darin, zuerst den absteigenden Mondknoten zu begreifen, um zu wissen, was uns vertraut ist und uns bindet. Ohne diese Kenntnis schafft es kaum jemand, sich von der Vergangenheit zu lösen. Dann sollen wir unseren aufsteigenden Mondknoten kennenlernen, ihn verstehen und uns ihm zuwenden.

Da die Mondknoten sinnbildlich das Weibliche (Mond) und Männliche (Sonne) miteinander verbinden, werden sie auch zum Symbol für schicksalhafte oder karmische Begegnungen. Oft stehen unsere Mondknoten in bezug zu einer wichtigen Stellung im Horoskop des Partners oder der Partnerin – oder anderer wichtiger Personen in unserem Leben.

Vorgehen bei der Beschreibung der Mondknoten

Es gibt mehrere Möglichkeiten, um zum Verständnis des Weges aus der Vergangenheit in die Gegenwart und Zukunft zu gelangen. Eine wird hier beschrieben.

- Zuerst setzen wir uns mit den Zeichen, in denen sich unsere Mondknoten befinden, und deren Polarität auseinander. Im Kapitel über die Tierkreiszeichen sind sie schematisch aufgeführt. Bei jedem dieser Gegensatzpaare überlegen wir:
  - Was ist das Thema darin? Was wollen die einander entgegengesetzten Zeichen in ihrer Beziehung aussagen?
  - Was bedeutet die eine Seite der Achse, was die andere?

  Durch diese Aussagen erfahren wir, wie sich die Energie am Pol unserer Vergangenheit und an demjenigen der Zukunft äußert. **Die Polarität der Zeichen zeigt uns die Verschiedenheit der Energien, die uns an jedem Ende zur Verfügung stehen.**
- Dann widmen wir uns den Häusern, in denen sich die Mondknoten befinden. Da erfahren wir, **in welchen Lebensbereichen** die oben genannten Energien zum Ausdruck kommen. Die Stellung der Knoten in den Häusern ist viel individueller als diejenige in den Zeichen. Während sie für den Weg durch ein Zeichen etwa anderthalb Jahre brauchen, durchlaufen sie alle Häuser in einem Tag.

  Die Polarität der Häuser symbolisiert diejenige unseres Lebensweges: das Haus des absteigenden Knotens die Thematik aus der Vergangenheit, dasjenige des aufsteigenden das Thema der Zukunft. Wiederum überlegen wir, welcher Art diese Polarität ist, was uns die beiden beteiligten Häuser zu sagen haben und in welchem Bezug sie zueinander stehen.
- Zur Ergänzung der Interpretation befassen wir uns mit den Herrschern der Zeichen, in denen die Mondknoten stehen. In welchem Haus befinden sie sich? Die Bedeutung dieser Häuser kann uns zu weiteren Aussagen über die Mondknoten verhelfen.
- Oftmals stehen Planeten in Konjunktion oder in einem anderen Aspekt zu den Knoten. Sie sind für die Deutung mitbestim-

mend. Ein Planet im Quadrat zur Mondknotenachse beispielsweise versucht unsere Entwicklung zu verhindern, indem er die Aufmerksamkeit vom Blick auf das Ziel ablenkt. Andere Aspekte wirken schwächer, wir können sie jedoch aus ihrer Grundsymbolik heraus ebenfalls deuten.

Hier noch besondere Fälle:

Ein Planet, der in Konjunktion zu einem Mondknoten steht, ist zugleich der Herrscher des Zeichens auf der gegenüberliegenden Seite, z.B. Venus auf dem aufsteigenden Mondknoten im Widder (Bild a). Für Menschen mit einer solchen Konstellation ist es besonders wichtig, den absteigenden Knoten zu verstehen, denn wahrscheinlich wollen sie ein Thema aus der Vergangenheit in die Gegenwart und Zukunft übertragen. Umgekehrt gilt: Wenn der Herrscher des aufsteigenden Mondknotens auf dem absteigenden steht, blickt der betreffende Mensch wahrscheinlich angestrengt in die Vergangenheit zurück und kann sich nur schwer von ihr lösen (Bild b).

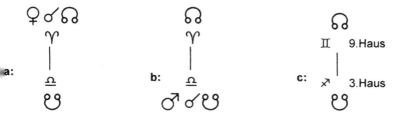

Eine ähnliche Situation entsteht, wenn die Zeichen, in denen die Mondknoten stehen, in Häusern einander entgegengesetzter Bedeutung plaziert sind (Bild c). – Als Erläuterung diene ein bildhaftes Beispiel: Der absteigende Mondknoten steht im Schützen im 3. Haus, der aufsteigende in den Zwillingen im 9. Haus. In der Vergangenheit mußte sich vielleicht ein Philosoph mit Problemen der Volksschule auseinandersetzen; wenn er diese Problematik begriffen hat und bereit ist, sich anzupassen, muß er im neuen Leben als Schüler verstehen, wie es auf dem Katheder der Gelehrten vor sich geht. Es kommt auf andere Konstellationen im Horoskop an, ob sein Widerstand dagegen überwiegt oder sein Verständnis.

Fassen wir zusammen, was zur Mondknotenthematik gehört:
- Die Charakteristik des absteigenden Mondknotens beschreibt welche Muster in uns noch bestehen, jedoch der Vergangenheit angehören. Diese sollten wir kennenlernen und verstehen, um uns von ihnen zu verabschieden.
- Die Charakteristik des aufsteigenden Mondknotens beschreibt was wir auf unserem Lebensweg lernen sollen.

Ein Beispiel:

Betrachten wir den Lebensweg einer Frau, in deren Horoskop die Mondknotenachse den Schützen im 4. Haus und die Zwillinge im 10. Haus verbindet, wie im folgenden Bild ersichtlich ist.

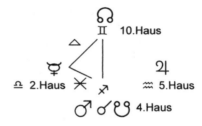

- Ihr Dasein läßt sich beschreiben als Weg von einer Ganzheit zu Einzelheiten, von der Synthese zur Analyse. Ihre Ideale müssen dem praktischen Denken weichen, das Geistige dem Intellektuellen, die Begeisterungsfähigkeit der Wißbegierde, die Betrachtung und Wahrnehmung des Ganzen dem Sinn für Details. Aktivität, geistige Beweglichkeit, Neugierde und Freude daran, sich mitzuteilen, zu erzählen oder etwas niederzuschreiben, kommen hinzu.
- Sie schreitet vom Zuhause zur Selbstrealisation und zum Erreichen einer gesellschaftlichen Position. Das, was sie von den Eltern und Vorfahren (oder im letzten Leben) bekommen hat, lernt sie zu gebrauchen. Da der aufsteigende Mondknoten im 10. Haus liegt, verbindet sich wohl ihr individuelles Lebensziel mit der Selbstverwirklichung in der Gesellschaft. Möglicherweise hat sie beruflich mit Dingen zu tun, die in den Bereich der Zwillingssymbolik fallen: sich für vieles interessieren, sprechen, schreiben, lehren, eventuell Neues ausdenken.

Jupiter, der Herrscher des absteigenden Mondknotens, befindet sich im 5. Haus im Wassermann. Vermutlich wurde der Frau zu Hause oder in einem früheren Leben ermöglicht, großzügig ihre eigene Persönlichkeit und Kreativität zu entwickeln, und zwar auf ganz originelle Art.

Den Herrscher des aufsteigenden Mondknotens, Merkur, finden wir im 2. Haus, in der Waage und im Trigon zu diesem. Das 2. Haus ist materiell: Es steht in Beziehung zu unserem Körper, zu Besitztum und zum Gefühl des Eigenwertes. Außerdem liefert es uns Anhaltspunkte, auf welche Art wir materielle Güter erwerben. Merkur und Waage gehören zum Luftelement. Im harmonischen Aspekt zum nördlichen Knoten in den Zwillingen und im 10. Haus unterstützen sie dessen Vorhaben (beide Häuser materiell, beide Zeichen Luft): Sie geben dieser Frau die Möglichkeit, mit intellektueller Tätigkeit, verbunden mit der Fähigkeit gut zu sprechen oder zu schreiben, ihren Lebensunterhalt zu verdienen und so an ihrer Selbstverwirklichung zu arbeiten. Wie es dazu kommt, zeigen andere Teile des Horoskops.

Mars auf dem absteigenden Mondknoten deutet an, daß die Frau früher gewöhnt war, ihr Ich durchzusetzen und sich vermutlich auch vehement zu verteidigen. Vielleicht bedient sie sich weiterhin dieser Direktheit, doch die Entwicklung ihrer Persönlichkeit weckt in ihr weitere Möglichkeiten.

Die aufgeführte Konstellation gehört ins Horoskop der berühmten Schriftstellerin **Agatha Christie** (15.9.1890–12.1.1976). Als drittes Kind in der Familie wächst sie unter dem Einfluß ihrer extravaganten Mutter auf, die ihr eine ungewöhnliche Art von Bildung vermittelt. Sie besucht eine Schule in Paris, lebt mit ihrer Mutter in Ägypten, später unternimmt sie mit ihrem zweiten Ehemann, einem Archäologen, weite Reisen. Als junge Frau beginnt sie zu schreiben, weil sie es einfach probieren will. Auf Anregung ihrer Schwester versucht sie es mit einem Kriminalroman. Sie lernt Kriminalistik und beschäftigt sich mit Gerichtsfächern. Ihre Kenntnisse in Chemie, die sie als Apothekerin gewonnen hat, kommen ihr zugute. Das Schreiben geht ihr leicht von der Hand; der Aufbau ihrer Romane erinnert ans Schachspiel oder an

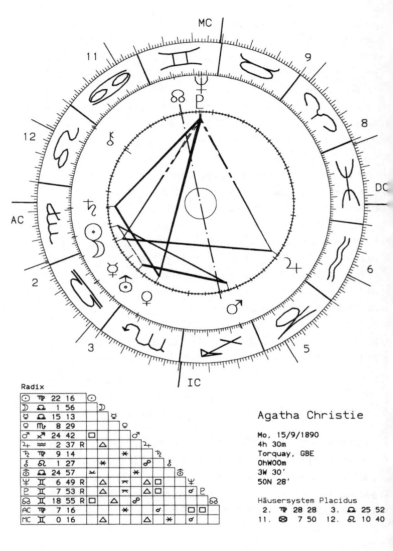

mathematische Muster. So wird aus ihrem Hobby ein Beruf, der sie zu Ruhm und Besitz führt. Ihre Bücher sind nach der Bibel und Shakespeare die meistgelesenen weltweit.

Warum schreibt diese Frau ausgerechnet Krimis? Könnte der Mars an ihrem Mondknoten der Vergangenheit mehr darüber erzählen?

12. Die Horoskopberechnung

Alle astrologischen Aussagen, sei es eine Radixdeutung, eine Prognose oder eine Rückschau, beruhen auf dem jeweiligen Stand der Planeten und des Horizontes an der Himmelskugel. Dieser muß berechnet werden.

In früheren Zeiten waren der Astronom und der Astrologe ein und dieselbe Person. Wollte er ein Horoskop deuten, mußte er zuerst die Planeten beobachten und ihre Positionen bestimmen. Heutzutage gibt es astrologische Tabellen, mit deren Hilfe wir unser Horoskop berechnen können. In den letzten zwei Jahrzehnten hat der Computer diese mühsame Arbeit übernommen. Diese Tatsache hat bestimmt zur Popularität der Astrologie beigetragen.

Ein Computerprogramm kann das Horoskop ganz genau erstellen. Deshalb ist es empfehlenswert, diese Aufgabe der Maschine anzuvertrauen. Doch mag es interessant sein zu wissen, wie es »manuell« gemacht wird.

Die Hilfsmittel

Für die Berechnung des Horoskops brauchen wir:
1. Ephemeriden
2. Häusertabellen
3. Geographische Positionen, Zeitzonen und andere Zeitverhältnisse (z.B. Sommerzeit)

1. Die Ephemeriden

Die Ephemeriden sind Tabellen, welche die täglichen Bewegungen der Planeten und der Mondknoten aufzeigen; deren astronomische Positionen sind auf die Ekliptik projiziert. Außer diesen finden wir darin die Sternzeit (engl. *Sidereal Time*, S.T.), die wir für die Berechnung der Horoskopachsen brauchen.

Unser Zeitmaß ist der Sonnentag, der durch eine Umdrehung der Erde um die eigene Achse gegeben ist. Als Zeitmaß der Himmelskugel gilt jedoch der Sterntag: dieser ist als zwei aufeinander folgende gleiche Positionen der Erde in bezug auf einen unendlich weit entfernten Fixstern definiert. Die Differenz zwischen dem Stern- und dem Sonnentag beträgt 3 Minuten und 56,6 Sekunden.

Auszug aus den Nullephemeriden für August 1931:

Day (Tag)	S.T. (St.Zeit)	☉	☾	☿	♀	♂	♃	♄	☊	♆	♇
	h m s	° ' "	° ' "	° '	° '	° '	° '	° '	° '	° '	° '
Th 20	21 49 28	26♌01 09	19♏49 27	19♍26	20♌47	11♎27	07♌26	17♑30R	19♈08R	05♍09	21♋22
F 21	21 53 25	26♌58 55	03♐30 48	19♍36	22♌01	12♎05	07♌39	17♑27	19♈07	05♍12	21♋23

Es gibt zwei Arten von Ephemeriden: *Mittagsephemeriden*, in denen die Sternzeit für den Mittag (12h GMT) aufgeführt wird, und die neuzeitlicheren *Nullephemeriden*, wo sich die Sternzeit auf Mitternacht (0h GMT) bezieht.

Die Rechnung in diesem Buch wird mit den letzteren durchgeführt.

2. Die Häusertabellen

Die Häusertabellen brauchen wir, um den Aszendenten, Medium Coeli und die Häuserspitzen zu finden, deren Angaben dort den jeweiligen geographischen Breiten entsprechend aufgelistet sind.

Auszug aus den Häusertabellen nach Placidus für geographische Breite 47°29'N:

Sidereal Time	10	11	12	AC	2	3
h m s	♐	♑	♒	♓	♉	♊
17 25 09	22°	11°	04°	12°14'	03°	01°
17 29 30	23	12	05	14 24	04	03
17 33 51	24	13	06	16 35	06	04

3. Geographische Positionen und Zeitzonen

Für den Ort der Berechnung müssen wir seine geographische Länge und Breite sowie die entsprechenden Zeitverhältnisse kennen: die Zeitzone, die eventuelle Sommer- oder Winterzeit oder andere ortsbedingte zeitliche Anpassungen.

Auf der Erde gibt es 24 Zeitzonen. Diese werden ab dem Meridian, der durch Greenwich bei London verläuft, gezählt. Die Zeit, auf dem Greenwichmeridian gemessen, heißt *Greenwich Mean Time*, GMT, auch Weltzeit, WZ, oder *Universal Time*, UT.

Die Berechnung

Die Berechnung des Raumes: AC und MC

Wir berechnen die Position der Himmelskugel im jeweiligen Augenblick. Zu diesem Schritt gehört die Berechnung der Horoskopachsen, also des **AC** und **MC** und der Häuserspitzen.

Als Beispiel berechnen wir das Horoskop von Jan aus dem Kapitel 2 und verwenden dazu die Tabellenmuster von Seite 300.

Geburtsangaben: 20.8.1931, 20h 04m, Bern
L: 7° 26' ö; B: 46°57' n;
MEZ (keine Sommerzeit)

1)	Geburtszeit (Std, Min)		20h 04m
2)	Zonendifferenz	(-,+)	- 1h
3)	GMT	=	19h 04m
4)	Sternzeitkorrektur: GMT x 0,0027379	=	+ 0h 03m 08s
5)	Geographische Länge der Zeit	(+, -)	+ 0h 29m 44s
6)	Ortszeit	=	19h 36m 52s
7)	Sternzeit aus den Ephemeriden	=	+ 21h 49m 28s
8)	Kulminierender Punkt	=	41h 26m 20s
9)	wenn größer als 24 Std:	(-)	- 24h
10)	Kulminierender Punkt	=	17h 26m 20s
11)	Gemäß Häusertabellen:		AC = 13° ♓, MC = 22° 20' ♐

Erklärungen zu den einzelnen Schritten

1) Die Geburtszeit = Zonenzeit, hier Mitteleuropäische Zeit = MEZ

2) Die Zonendifferenz ist der Unterschied zwischen der Zonenzeit des Geburtsortes und der GMT. Bei den Ortschaften, die *östlich* des Greenwichmeridians liegen, wird die Zonendifferenz von der Geburtszeit *subtrahiert*, bei den *westlich* gelegenen *addiert*. Im Falle der Sommerzeit müssen wir noch um eine Stunde korrigieren (von der östlichen Seite subtrahieren, zur westlichen addieren).

In unserem Fall beträgt die Differenz 1 Stunde (MEZ, keine Sommerzeit); diese wird von der Geburtszeit subtrahiert.

3) Zwischenergebnis = GMT

4) Sternzeitkorrektur. Weil wir weiterhin mit der Sternzeit rechnen, müssen wir die Differenz zwischen ihr und der Sonnenzeit ausgleichen. Ihr Verhältnis wird durch den Koeffizient 0,0027379 für jede Stunde ausgedrückt, errechnet aus der oben erwähnten Zeitdifferenz von 3 Minuten 56,6 Sekunden.

19h 04m x 0,0027379 = 0h 03m 08s

5) Die Länge der Zeit ist die geographische Länge in Zeit umgerechnet. Die Sonne braucht ca. 4 Minuten um einen Längengrad zurückzulegen:

Länge der Zeit = geographische Länge x 4 = 7°26' x 4

```
        7 x 4               =        28 m
      + 26 x 4 = 104s       =       1 m 44s
                                    29 m 44s
```

Um zum Geburtsort zurückzukommen, *addieren* wir diese Länge bei *östlichen* Geburtsorten und *subtrahieren* sie bei *westlichen*.

6) **Zwischenergebnis = Ortszeit**

7) **Die Sternzeit** für 0 h des Geburtstages lesen wir in den Ephemeriden beim Geburtsdatum ab. In unserem Fall beträgt sie 21h 49m 28s.

8) 9) 10) Der gesuchte **kulminierende Punkt** (Kp) oder die **Sternzeit der Geburt**. Da in unserem Fall der Kp größer als 24 Stunden ist, müssen wir noch 24 Stunden subtrahieren.
Die Sternzeit der Geburt (Kp) dient als Ausgangswert für weitere astrologische Berechnungen in der Prognostik.

11) In den Häusertabellen, unter der geographischen Breite, die dem Geburtsort am nächsten liegt, suchen wir den berechneten Kp (oder den ihm nächsten Wert) um das gesuchte AC, MC und weitere Häuserspitzen abzulesen. Der Aszendent ist gleichzeitig die Spitze des ersten, des MC des 10. Hauses. Häuserspitzen, die in der Tabelle nicht aufgeführt sind, befinden sich im gegenüberliegenden Zeichen und betragen gleich viele Grade.
Wie in diesem Fall finden wir meistens den genauen Wert des berechneten Kp nicht, und so müssen wir entweder interpolieren (einen Zwischenwert feststellen) oder uns mit einem geschätzten Wert begnügen.
In unserem Beispiel kommen wir zu folgenden Ergebnissen:
Kp = 17h 26m 20s
AC = 13° ♓, MC = 22° 20' ♐

Die Berechnung der Planetenpositionen

In der Regel berechnen wir nur die Schnelläufer. Die anderen Planeten können wir aus den Ephemeriden ersehen oder abschätzen.
In den Ephemeriden sind die täglichen Planetenpositionen für 0 Uhr GMT angegeben. Wir müssen sie für die *GMT der Geburt* umrechnen (siehe Punkt 3 der obigen Berechnung).

Als Beispiel berechnen wir die Position der Venus von Jans Horoskop. In den Ephemeriden finden wir ihre Position am Geburtstag um 0 Uhr und um 24 Uhr (= 0 Uhr des nächsten Tages).

> ♀ in 0h GMT ...... 20°47' ♌
>
> ♀ in 24h GMT ...... 22°01' ♌
> Differenz = Tagesfortschritt der Venus
>
> ♀ in 19h 04m GMT ...... ?
> Gesucht: Venus-Fortschritt bis 19h 04m

Tagesfortschritt eines Planeten
= Planetenstand am nächsten Tag *minus* Planetenstand am Geburtstag
= 22° 01' – 20°47' = 1° 14' = 74'

1 Tag = 24 Stunden = 1440 Minuten
GMT der Geburt = 19 Std 04 Min = 1144 Minuten

Wir lösen die Aufgabe mit Hilfe des Dreisatzes. Wenn wir den gesuchten Planetenfortschritt als X bezeichnen, bekommen wir folgende Formel:

$$X = \frac{\text{GMT der Geburt} \times \text{Tagesfortschritt}}{24 \text{ Std.}}$$

$$= \frac{1144 \text{ Min.} \times 74'}{1440 \text{ Min.}} = 58{,}79' = \text{ca. } 58'47''$$

Es bleibt nur noch, den errechneten Planetenfortschritt zum Planetenstand um 0 Uhr des Tages zu addieren.

Die gesuchte Venus-Position um 19 Uhr 04 Minuten =

20°47' ♌ + 58'47" = 20° 105'47" ♌ = 21° 45'47" ♌

= 21° 46' ♌

Die Ergebnisse in den Abschnitten A und B können wir mit der Computerberechnung in Kapitel 2 vergleichen.

Was noch zu bemerken ist

- Bei der Berechnung des Tagesfortschritts bei den **rückläufigen Planeten** gilt:
Planetenstand um 0 Std. am Geburtstag *minus* Planetenstand um 0 Stunden am folgenden Tag.
Der berechnete Rückschritt wird vom Planetenstand um 0 Uhr subtrahiert.
(In den Ephemeriden erkennen wir den rückläufigen Planeten, wenn hinter einer Angabe ein R steht; siehe Saturn und Uranus in unserem Ephemeridenmuster.)
- Bei den **stationären Planeten** ist der Wert aus den Ephemeriden zu übernehmen. Der Planet gilt als stationär, wenn er stehengeblieben ist, um seine Bewegungsrichtung zu ändern. In der Ephemeride ist er mit R (er wird rückläufig) oder mit D (er wird direktläufig) bezeichnet.
- Falls in den Ephemeriden am nächsten Tag ein neues Tierkreiszeichensymbol erscheint, heißt dies, daß am Geburtstag ein Zeichenwechsel stattgefunden hat. (Siehe Mond in unserem Ephemeridenmuster.) In dem Fall sind zur Angabe für den Tag danach 30° zu addieren. Beim Resultat müssen wir aufpassen, daß wir den Planeten mit dem richtigen Tierkreiszeichen bezeichnen.

13. Horoskopdeutung

*Meine Seele ist ein verborgenes Orchester; ich weiß nicht,
welche Instrumente, Geigen und Harfen, Pauken und Trommeln
es in mir spielen und dröhnen läßt.
Ich kenne mich nur als Sinfonie.*
Fernando Pessoa

Möglichkeiten

Das Horoskop kann für einen Menschen, ein Tier, ein Ereignis oder einen Gegenstand angefertigt werden. In der Astrologie gebrauchen wir für alle Horoskopeigner den Begriff **Nativität**. Wir erstellen das Horoskop für den Augenblick der Geburt bzw. des Entstehens einer Nativität.

Bei der Deutung sollten einige Grundsätze beachtet werden:

- Die Nativitäten bringen ihre eigene körperliche Substanz samt Erbanlagen und Geschlecht mit, die aus dem Horoskop nicht ersichtlich sind.
- Die Nativitäten werden in verschiedenen Kulturen geboren, die sie bereits vorgeburtlich prägen.
- Folglich müssen die Aussagen für gleiche Konstellationen unterschiedlicher Nativitäten verschieden sein. Ihre Entwicklungsmöglichkeiten werden in bezug auf ihre Substanz oder die Kultur, in der sie leben, berücksichtigt. Dieses Buch beschreibt Menschen im westeuropäischen Kulturraum in unserer Zeit. Nach hundert Jahren werden wir anders leben und die Deutungsschwerpunkte werden anderswo liegen, so wie es auch in früheren Zeiten der Fall war.
- Wenn jemand etwas über sein Horoskop wissen will, ist er oder sie offen und sensibel. Manche Interpretationen könnten den Menschen verletzen oder ihm angst machen. Wir sollten uns immer bewußt sein, was wir mitteilen, auf welche Art, und was diese Mitteilung beabsichtigen soll.

- Wir gehen davon aus, daß im Horoskop der Charakter und damit auch der entsprechende Lebensweg der Nativität enthalten sind. Doch dürfen wir auf keinen Fall definitive Aussagen machen. So »festgenagelt« wäre die Person in ihrer Entwicklung nicht unterstützt, sondern behindert. Es gilt immer zu bedenken, daß wir in unserer natürlichen Subjektivität nicht alles entdecken und nicht alles vollständig interpretieren können. Vermutlich ist das die Absicht der höheren Kräfte, denn alles zu wissen, ist nicht die Aufgabe des Menschen.
- Unsere Deutungen sind also Möglichkeiten, Potentiale, die aus dem gegebenen Geburtsbild resultieren, und in diesem Sinn sollten wir sie verstehen. Wir überlassen es dem Horoskopeigner, wie er mit ihnen umgeht.

Verfahrenswege

Die Wege zur Deutung eines Horoskops können unterschiedlich sein. Bestimmt wird jede Leserin und jeder Leser mit der Zeit ein eigenes Verfahren entwickeln. Hier folgen ein paar Vorschläge:

- **Alle Einzelheiten:** Als Übung ist es lehrreich, damit zu beginnen, alle Einzelheiten, d.h. die Planeten in den Zeichen und Häusern sowie die Aspekte, zu beschreiben und dann zu versuchen, die Daten zusammenzufassen. Doch was sich als Übung vortrefflich eignet, ist in der Praxis oft unvorteilhaft, denn die Fülle von Aussagen kann auf Kosten der Übersichtlichkeit gehen.
- **Planetenkräfte:** Eine andere Möglichkeit ist die, das Horoskop den Planetenprinzipien entsprechend zu deuten.

Einzelne Schritte:

- Hintergrunddeutung
- Grundpersönlichkeit
　　AC:　　　Wirkung der Person
　　Sonne:　　Das Ego
　　Mond:　　Instinktive Grundstimmung
- Merkur:　　Denken, Verstand

- Mars: Durchsetzungskraft
- Venus: Liebe, Partnerschaft, Kontaktfähigkeit
- Saturn: Hemmung, Ängste, Ernsthaftigkeit

Wir beschreiben die Planeten in Zeichen, Haus und Aspekten. So werden auch die restlichen Planeten mit einbezogen.

- **Lebensgebiete:** Das Horoskop kann auch gedeutet werden indem wir alle Häuser, vom 1. bis zum 12., nacheinander beschreiben, samt Planeten, die in diesen Häusern stehen. Dabei berücksichtigen wir auch die Positionen der Häuserherrscher besonders bei den Häusern, wo sich keine Planeten befinden.

- **Die markanteste Konstellation** als Hauptgewichtung im Horoskop: Mit diesem Verfahren erfassen wir das Wichtigste, jedoch oft nicht alles. Wenn es nötig ist, können wir Nichtberücksichtigtes noch zusätzlich beschreiben. Zu erwägen ist, ob diese Deutungsart zum zu besprechenden Horoskop paßt – doch wenn ja, kann sie vorteilhaft sein.

Einzelne Schritte:

- Hintergrunddeutung
- Aussehen und Wirken der Persönlichkeit: Aszendent
- Grundpersönlichkeit: Sonne, Mond
- Die markanteste Konstellation

Welche Konstellation ist die markanteste? In den meisten Horoskopen gibt es eine solche, die wir als Hauptthema bezeichnen können. Meistens stellt sie das Lebensthema der Nativität oder das Problem dar, nach dessen Lösung sie sucht.

Eine bedeutende Konstellation im Horoskop erkennen wir vor allem durch die dynamischen Aspekte, besonders wenn sie die Horoskopachsen berühren. Sehr oft ist es ein T-Quadrat (d.h. eine Opposition mit einem dritten Planeten, der zu denjenigen an ihren Enden je ein Quadrat bildet). Falls im Horoskop ein Kreuz erscheint, wird es immer zum Hauptthema. Doch es kann auch ein großes Trigon oder eine Konjunktion von mehreren Planeten (sog. Stellium) sein.

Es ist nicht ausgeschlossen, daß eines der Lichter, die Sonne oder der Mond oder sogar beide, in dieser Konstellation auch zu finden sind. In dem Fall ist abzuwägen, ob sie separat oder zusammen mit anderen Planeten gedeutet werden sollen: Dies entscheidet sich an den Besonderheiten jedes Horoskops.

Bei allen Deutungen werden sich Aussagen wiederholen und andere sich widersprechen. Einzelheiten, die mehrmals auftreten, bestätigen sich, doch die gegensätzlichen brauchen deswegen nicht unrichtig zu sein. Der Mensch ist vielseitig und damit auch widersprüchlich.

Nach der Deutung ...

Was wir aus dem Horoskop über uns erfahren haben, lassen wir am besten erst einmal ruhen und in uns wirken. Aus etwas Distanz läßt sich besser darüber nachdenken. Sicher werden Sie mehrmals zur Deutung Ihres Horoskopes zurückkehren, denn der Weg zur Selbsterkenntnis ist lang.

Ein Horoskop für eine andere Person sollten wir mit dieser besprechen, damit sie selbst aus den Möglichkeiten, die unsere Analyse aufzeigt, die Realität herauskristallisieren kann. So wird ihr bewußt, wie sie ihr Horoskop lebt und welche Alternativen sie hat. Wir als Horoskopinterpreten können unsere Beschreibung mit der lebendigen Person vergleichen und ihr unsere Beobachtungen in bezug auf die Analyse mitteilen.

Beim Erstellen und Deuten von Horoskopen ist es wichtig, sich nicht von problematischen Konstellationen erschrecken zu lassen. »Gut« und »schlecht« ist großenteils relativ. Ich habe erkannt, daß gerade Schwierigkeiten und Krisen mir Impulse zur Lösung drückender Probleme gegeben haben. Wie Licht und Schatten, die zusammen eine Ganzheit bilden und die wir nicht voneinander trennen können, besteht unser Leben aus Freude und Leid; wir sind aufgefordert, beides zu akzeptieren und das Beste daraus zu machen. Gerade darin ist die Chance enthalten, die Richtung unseres Lebensweges selbst zu bestimmen. Gelingt uns dies, haben wir das Prinzip des jupiterhaften Glücks, das Optimum, erreicht.

Beispiel 1 – Evita Perón

Ihr Leben

»*Ich stand immer an vorderster Front, ich kämpfte während der kurzen Tage und der langen Nächte meines Strebens, das unersättlich war wie das Dursten meines Herzens, und ich habe zwei Aufgaben vollendet – ich weiß nicht, welche eines einfacher Lebens wie dem meinen würdiger war, aber immerhin, es war mein Leben! –: die erste war, für die Rechte meines Volkes zu kämpfen, die zweite, Perón den Rücken freizuhalten.*«

Diese Worte aus Evita Peróns Manuskript »Mein Vermächtnis« beschreiben kurz und eindrücklich ihre Persönlichkeit: eine entschlossene, kämpferische Person, die nicht so schnell aufgibt ihren Einsatz für »ihr« Volk und den sozialen Ausgleich, ihre kritiklose Loyalität für ihren Mann, seine Lehre und Philosophie und schließlich auch ihre schönrednerische Ausdrucksweise. Wer war diese Frau?

Es gibt nur eine kleine Minderheit von Menschen auf der Welt, die aus ärmsten Verhältnissen emporsteigen und sich in die Geschichte einschreiben. Zu ihnen gehört Eva María Duarte de Perón.

Geboren am 7. Mai 1919 in einer argentinischen Provinz als fünftes uneheliches Kind ihrer Mutter, erlebt sie seit ihren jüngsten Jahren die soziale Ungerechtigkeit der untersten Volksschicht gegenüber. Doch sie neigt nicht dazu, ihr Schicksal protestlos hinzunehmen. Entschlossen, »jemand« zu werden, verläßt sie mit 15 Jahren die Provinz und geht nach Buenos Aires.

Sie versucht ihr Glück beim Theater, beim Film und schließlich auch beim Radio, wo ihr mit ihrer expressiven Stimme der Durchbruch gelingt. Später bekommt sie auch im Film größere Rollen. Evas Talent ist eher durchschnittlich, doch sie besitzt einen enormen Ehrgeiz und einen grenzenlosen Willen.

Als Mittellose und Frau in einer Gesellschaft, in der die Frauen nicht einmal das Wahlrecht haben, spürt sie, daß sie nur durch Männer emporsteigen kann. Den richtigen will sie sich selbst aussuchen, denn, wie sie beteuert, eine Frau soll nicht warten, bis sie gewählt wird, sondern sie soll selber wählen.

Im Juni 1943, nach der Machtübernahme der Armeeoffiziere in Argentinien, zeigt sich ein neuer starker Mann, der dem Volk bessere Zeiten verspricht: Juan Perón. Eva Duarte lernt den eleganten, immer sanft lächelnden Offizier auf einer Benefizveranstaltung kennen. Und sie »wählt« ihn tatsächlich, denn als neben ihm ein Platz frei wird, setzt sie sich unvermittelt zu ihm und spricht ihn mit folgenden Worten an: »Danke, daß es Sie gibt.«* Die beiden verlassen den Saal zusammen und bleiben fortan unzertrennlich. Ende 1945, ein paar Monate vor der Wahl Peróns zum Präsidenten, heiraten sie. Der Weg zu Evas Karriere ist geebnet. Wie sie es sich vorgenommen hat, geht sie als »Evita«** in die Geschichte ein.

Bereits während der ersten Kampagne für die Präsidentschaftswahl Peróns nimmt sie den Platz neben ihm ein und begleitet ihn überallhin. Bald vertritt sie ihren Mann bei offiziellen Anlässen und verliest die für sie geschriebenen Ansprachen, die sie nach und nach spontan durch ihre eigenen ersetzt. Ihre Reden sind feurig, militant und explosiv, sie spricht leidenschaftlich und gebraucht oft kernige Metaphern. Wie früher im Radio wirkt ihre Stimme schrill und spannungsgeladen. Sie präsentiert sich als Frau aus dem Volk, die sich mit ihrem Publikum gegen die Patrizier stellt.

Obwohl sie sich mit der Ideologie ihres Mannes völlig identifiziert, wird sie nicht bloß zum Instrument seiner Politik. Perón ist für sie eher ein Vater, Freund und politischer Partner als der Ehemann und Geliebte. Am meisten jedoch gilt er für sie als allwissender und übermächtiger Erlöser des Volkes. Sie übernimmt seine politischen Ansichten und stellt sie niemals in Frage. Doch während sie ihn unterstützt, schafft sie sich auch eigene Aufgaben, die sie mit Kraft und Leidenschaft erfüllt.

Evita steht an vorderster Front der Bewegung für das Wahlrecht der Frauen und setzt es schließlich durch. Neben den Gewerkschaftsangelegenheiten widmet sie sich vor allem der Wohltätigkeit. Sie gründet einen enormen Sozialhilfefond, Wai-

---

* Peróns Erinnerung an Evita; aus A.D. Ortíz: »Evita Perón«.
** In Argentinien werden Frauen oft mit der Verkleinerungsform ihres Vornamens angesprochen, sei es privat oder im öffentlichen Leben. Der Nachname wird dann meistens weggelassen.

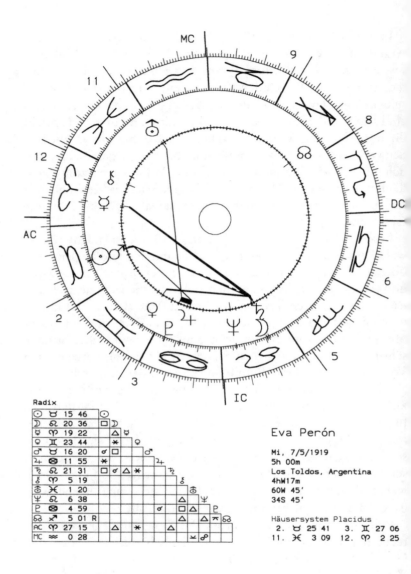

Eva Perón

Mi, 7/5/1919
5h 00m
Los Toldos, Argentina
4hW17m
60W 45'
34S 45'

Häusersystem Placidus
2. ♉ 25 41   3. ♊ 27 06
11. ♓ 3 09   12. ♈ 2 25

enhäuser, Heime für ledige Mütter und alte Menschen, Herbergen, Krankenhäuser, Erholungsstätten für die arbeitende Bevölkerung, Schulen, Sozialwohnungen, sogar eine Stiftung für Hilfsaktionen im Ausland. In ihrem Büro für Bedürftige arbeitet sie von morgens bis abends wie besessen; täglich kommen an die 2000 Bittbriefe, Menschenschlangen stehen vor der Tür. Sie will niemanden ablehnen, und im Vergleich zu Perón, der lieber von der Kanzel herunter redet statt sich unter »sein« Volk zu mischen, behandelt sie die Bedürftigen immer persönlich und liebevoll. Zeit für die Buchhaltung hat sie nicht, oder sie hat keine Geduld dazu. Sie betont, daß sie soziale Gerechtigkeit anstrebt, die Grundlage des Peronismus (d.h. die von Perón initiierte politisch-soziale Bewegung) sei. Es ist klar, daß sie dadurch Bewunderung und grenzenlose Liebe im Volk erweckt. Sie ist »die gütige Evita«, »Evita, die Heilige«, »ein Engel der Armen«. Auf der anderen Seite steht die Oberschicht als ihr erklärter Feind, immer bereit, Perón zu stürzen.

Doch diese Evita, deren Gesundheit nie besonders stark war, erkrankt an Unterleibskrebs. Im Jahre 1950 lehnt sie eine Operation ab, weil sie Zeit kosten würde. Bei einem späteren Eingriff kann ihr nicht mehr geholfen werden. Fanatisch beweint von den Massen stirbt Evita, 33 Jahre alt, am 26. Juli 1952.

Evitas Horoskop

Bei der ersten Betrachtung von Evitas Radix zieht das Quadrat vom 1. zum 4. Haus zwischen den beiden Lichtern mit deren Konjunktionen unsere Aufmerksamkeit auf sich. Dieses prägt vermutlich ihre Person am meisten. Deshalb wähle ich für die Auseinandersetzung mit diesem Horoskop das Verfahren nach Schema 4: »Die markanteste Horoskop-Konstellation«. Zugunsten einer klaren Strukturierung und der Transparenz des Vorgehens werden Mond und Sonne in den ersten Schritten separat behandelt: So eignet sich diese Deutung als Beispiel für all die Fälle, wo die Lichter – oder eines davon – außerhalb der markantesten Konstellation stehen.

1. Erster Überblick – Die Hintergrunddeutung

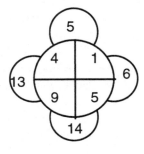

	K	F	V	
F	6	5	1	12
L	-	3	2	5
E	-	5	-	5
W	2	-	1	3
	8	13	4	25

Feststellung:

Verteilung der Planeten im Horoskop: Die untere Halbkugel ist wesentlich stärker besetzt als die obere. Wir sehen, daß die Ich Seite mehr betont ist als die Du-Seite. Von den Elementen über wiegt das Feuer, von den Wirkungsformen die fixe.

Analyse:

- *Tendenz, mehr aufgrund angeborener Regungen zu handeln als aufgrund angeeigneten Wissens und Könnens (Nachthälfte).*
- *Das eigene Leben selbst in die Hand nehmen, sich nicht fremd bestimmen lassen (Ich-Seite).*
- *Eigene Ideale und Ziele und deren Verwirklichung anstreben Offenheit, Direktheit, Heiterkeit, Optimismus, Begeisterung starke Ich-Bezogenheit; ungeduldig, kämpferisch, risikobereit willensstark (Feuer).*
- *Beim Anstreben der von der Feuer-Natur auferlegten Ziele großes Durchhaltevermögen und Ausdauer (fixe Modalität).*
- *Erregung beim Denken und der »feurige« Auftritt beim Sprechen können Inhalt und Logik überschatten (wenig Luft).*
- *Hochgespielte Auftritte könnten für Emotionen gehalten werden. Möglicherweise spielt die Hier-und-jetzt-Präsentation eine größere Rolle als ein beständiges Gefühl (wenig Wasser).*
- *Andeutung eines unausgewogenen Bezuges zur Realität. Aus dem materiellen Bestand (auch Körper) sofort schöpfen wollen, den Körper nicht schonen sondern eher ausbeuten (wenig Erde).*

Wie aus Evitas Lebenslauf ersichtlich ist, charakterisiert bereits die Hintergrunddeutung ihre Persönlichkeit. Sie weiß, was sie will, und sie arbeitet unermüdlich und fortwährend darauf hin. Ihre Erscheinung, verbunden mit ihren formell dramatischen, doch inhaltlich einfachen Reden zum Volk und ihr enorm kräftiger Einsatz im Aufbau der sozialen Strukturen weisen auf die willensstarke Charakterfigur hin. Es besteht die Möglichkeit, den Körper dabei zu überstrapazieren, wie es bei ihr der Fall ist.

2) Aszendent im Widder: **Durchsetzungswillige Persönlichkeit**

Feststellung:

Mars, der Aszendenten-Herrscher, befindet sich im 1. Haus im Stier. Da sich die Sonne, die Grundpersönlichkeit, in Konjunktion mit dem Aszendenten-Herrscher ebenfalls in diesem Haus befindet, zeigt die Person vieles von ihrem wahren Ich.

Analyse:

- *Der Wunsch, nicht übersehen zu werden, an alle die Botschaft zu richten: »Hier bin ich!« Aktivität, Mut, Elan, Selbstvertrauen und Durchsetzung der eigenen Persönlichkeit, dazu auch Taktlosigkeit und Aggressivität (Widder).*
- *Die nötige Ausdauer (Stier-SO in I) und Kraft (SO Konj. Mars) dazu besitzen.*
- *Sich sinnlich und schön zeigen und dadurch aktiv die Aufmerksamkeit auf sich ziehen (SO, MA im Stier, I, Herrscherin VE in II).*
- *Unbewußter Wunsch nach einem Gegenpol: nach einem harmonisch wirkenden, kultivierten Partner (DC Waage), eventuell durch ihn Hab und Gut erwerben (Herrscherin VE in II).*

Evitas ganze Persönlichkeit können wir durchaus als einen vom Element Feuer beeinflußten Charakter mit dem stierhaften Nichtaufgeben beschreiben.

Gegenüber dem Widder-Aszendenten befindet sich das DC in der Waage: Es scheint, daß Juan Perón mit seiner Sonne in diesem Zeichen für sie – besonders am Anfang ihrer Beziehung – einen ruhigen Pol darstellte.

3. Persönlichkeitskern: Sonne und Mond

a) Mond *Konjunktion* Saturn, im Löwen, 4. Haus: **Traum und Wirklichkeit**

Thema:

Die begeisterungsfähige, egozentrische (Löwe), instinktive Grundstimmung (MO) *verschmilzt* mit der notwendigen Beschränkung (SA) und formt sich primär im Heim (IV).

Analyse:

- *Die instinktive Veranlagung ist lebensfreudig, fröhlich, enthusiastisch, bewunderungsbedürftig, prahlerisch; emotional besteht das Bedürfnis, etwas Besonderes zu sein, beachtet zu werden und spontan reagieren zu dürfen (MO, Löwe).*
- *In der Kindheit (IV) sich aneignen, mit Beschränkungen und Pflichten (SA) umgehen zu können.*
- *Verantwortungsbewußter, strenger, kühler (SA), eventuell ehrgeiziger (SA, Löwe) Elternteil (oder Eltern). Sich nicht geborgen fühlen.*
- *Traum (MO) und Phantasie (NE, IV), »jemand« zu sein (Löwe). Träume (MO) verwirklichen wollen (SA).*
- *Rationelle (SA) aber auch ehrgeizige (SA, Löwe) Grundstimmung (MO).*

Die Position des Mondes und das 4. Haus reflektieren ihr Heim. Von Natur enthusiastisch, offen und ehrgeizig träumt sie davon, groß und mächtig zu sein. Doch der Saturn läßt die nüchterne Realität nicht vergessen. Er stellt Eva vor Schranken ihrer familiären Herkunft und der sozialen Umwelt. Sie hat die Wahl, daraus zu lernen und stark zu werden oder sich zu unterwerfen. Sie wählt das Erstere. Durch den unmittelbaren Kontakt mit dem täglichen Kampf um die notwendigsten Mittel zum Leben wird sie früh reif und es ist ihr klar, daß sie unbedingt gegen diese Armut ankämpfen will.

Ihr Fall zeigt deutlich, wie sich die Kindheitsprägung des instinktiv-emotionellen Teils auf die Charakter- und dabei Schicksalsbildung auswirkt. Evita ist ihr ganzes Leben bestrebt, die erlebten Entbehrungen und Ungerechtigkeiten, auszugleichen: Ihre Angst vor Armut kompensiert sie durch den Rausch des Besitzens; ihre Sehnsucht nach Beschenkt werden durch die Macht des Gebens; ihre Ohnmachtsgefühle während der Kindheit durch das Emporsteigen zur mächtigen Persönlichkeit im Staat.

) Sonne *Konjunktion* Mars, im Stier, 1. Haus: **Entschlossenheit, Selbstbehauptung und Ausdauer**

Thema:

Das Ich (SO), *mit* dem Selbstbehauptungswillen (MA) *verschmolzen*, tritt beharrlich (Stier) in Erscheinung (I).

Analyse:

- *Das Sein / das Ich ist realistisch, pragmatisch, genußfreudig, sinnlich und beständig, aber auch störrisch und eigenwillig. Langsam, aber wenn endlich in Bewegung gebracht, besteht es auf dem In-Angriff-Genommenen. Sinn für Wirklichkeit und Dauerhaftigkeit der Dinge und der Situationen (SO, Stier).*
- *Entschlossenheit und Wille zur Durchsetzung der eigenen Persönlichkeit und der eigenen Ziele, große Unternehmungslust, spontane und schnelle Entscheidungen, Rücksichtslosigkeit, Gefühl des Rechtes auf die erwünschte Handlung, Eigensinn, Voreiligkeit und Streitsucht (SO Konj. MA).*
- *»Der Kampf (MA) ist mein Ich (SO). Ich provoziere.«*
- *»Ich« (SO) wirkt entschlossen, aktiv (MA) und sinnlich (Stier) und will die Aufmerksamkeit auf sich lenken (I).*
- *Raubbau (MA) am Körper (Stier-SO). Das Bedürfnis nach Ruhe und Sinnlichkeit (Stier-SO) kann wegen dem aggressiven Eifer (MA) nur schwer gestillt werden.*

Es ist erkennbar, daß sich die Horoskopthematik wiederholt.

Evita ist eine unerbittliche Kämpferin. Als Frau, die wegen ihrer Herkunft und ihres Lebens als Schauspielerin von der Bourgeoisie und einem Teil der Offiziere verachtet wird, lebt im Haß gegenüber diesen Schichten und zeigt stets deutlich ihre Zugehörigkeit zur Arbeiterklasse. Sie provoziert mit ihrem Benehmen und mit ihrer Erscheinung. Darin ist ihr Kampf gegen die reiche Schicht angezeigt und sie signalisiert, daß auch eine Frau aus dem Volk sich solche Handlungen erlauben kann. Durch den ganzen Pomp, der sie stets begleitet, ist immer wieder der Mangel zu spüren, den sie als Kind erduldet und der ihre kindliche Seele nachhaltig verletzt hat.

Es ist verständlich, daß sie durch die dauernde Anspannung ernstlich erkrankte, denn körperlich war sie nie stark. Ihr enormes Engagement und ihr unbeugsamer Glauben an sich selbst hinderten sie daran, die Diagnose ihrer schweren Krankheit zu akzeptieren, geschweige denn darauf zu reagieren – nach dem Motto: »Was ich nicht will, kann es nicht geben.«

c) Sonne *Quadrat* Mond: **Auseinandersetzung des bewußten Willens mit dem Gefühl**

Feststellungen:

Sonne und Mond bilden zusammen ein zunehmendes Quadrat in den fixen Zeichen aus zwei kardinalen Häusern. Der Mond steht in der 3. Phase (Erstviertel-Typ, 90°). Beim zunehmenden Quadrat handelt es sich um die Entwicklungskrisen des Willens. Das Quadrat zeigt eine Konfliktsituation auf: Die instinktive Grundstimmung, die von Begeisterung, Aufmerksamkeit, Respekt und Anerkennung (MO, Löwe) geprägt ist, wird durch realistische Weltbetrachtung, Geduld, Beständigkeit, Bequemlichkeit und Besitzwunsch des Seins (SO, Stier) gehemmt. Auch die zugehörigen Häuser wecken Bedürfnisse unterschiedlicher Art: Das Sich-zur-Schau-Stellen des 1. Hauses verlangt eine völlig andere Handlungsebene als die innere Schau im 4. Haus.

Thema:

Die aktive und egozentrische (Löwe), instinktive Grundstimmung (MO) *steht quer* zum sinnlichen, bedächtigen und schönheitsliebenden (Stier) Ich (SO).

Analyse:

- *In der Kindheit hat sie möglicherweise Uneinigkeit der Eltern erlebt: Ein erfüllter Wunsch des Vaters (SO) brachte keine Erfüllung der Mutter (MO) und/oder umgekehrt. Daraus ist in der Seele ein analoges Muster entstanden: Die Wünsche des männlichen und des weiblichen Teils können nicht gleichzeitig befriedigt werden.*
- *Dementsprechend können das instinkthafte Verhalten (Frau, Mond) und der bewußte Wille (Mann, Sonne) nicht als eine Einheit gelebt werden. Gleichzeitig beiden gerecht zu werden, ist schwierig. Der Wille verlangt etwas anderes als das innere Gespür: Wann soll ich auf den Kopf, wann soll ich auf »den Bauch« hören? Daraus resultieren Stimmungsschwankungen und innere Unsicherheit in bezug auf das andere Geschlecht.*

Die Biographen beschreiben Evitas Mutter als eine gutaussehende, entschlossene, sauberkeitsliebende Person, die im Rahmen der Möglichkeiten schlau durchzusetzen vermochte, was sie wollte. Sie lebte und arbeitete auf der Ranch ihres Arbeitgebers und gleichzeitig des Vaters ihrer fünf Kinder. Dieser, mit einer anderen Frau verheiratet, unterhielt entgegen der den Moralvorstellungen der damaligen Zeit zwei Familien. Illegitim geborene Kinder waren in der argentinischen Gesellschaft zu Evitas Jugendzeit von Anfang an Bürger einer niedrigeren Klasse. Deshalb beanspruchte die Mutter kompromißlos den Vaternamen für ihre Kinder. Mit dem Makel der unehelich Geborenen muß Eva die Ächtung der Gesellschaft ertragen: Nur wenige Kinder dürfen mit ihr Kontakt pflegen, zur Beerdigung ihres Vaters wird ihr und ihrer Familie der Zutritt verwehrt.

Die Abwesenheit des Vaters kompensiert Evita in der Ehe, indem sie einen älteren Mann heiratet, der für sie den Stellenwert eines »himmlischen« Vaters hat und den sie umsorgt. Sie lernt von ihm wie ein Kind vom Vater und übernimmt dabei seine Ansichten und seine Lehre. Doch sie idealisiert ihn. In ihrer Phantasie erträumt sie sich einen Mann, den sie in ihren Ansprachen als einen Heiligen preist, wobei sie sich gleichzeitig vom realen Partner immer weiter entfernt.

4. Die Hauptfigur des Horoskops

Sonne Konjunktion Mars *Quadrat* Mond Konjunktion Saturn:
Die beste Verteidigung ist der Kampf

Feststellungen:

Stier und Löwe ergeben eine Erde-Feuer-Kombination; beide Elemente wollen von ihrem Tun etwas hinterlassen: Das Feurige ist »der Initiator«, die Erde »die Macherin«. Doch die Langsamkeit und die Härte der Erde stehen dem Feuer oft im Wege und zwingen es zu Gewaltlösungen, besonders in einer Quadratverbindung wie dieser. Durch die Sonne- und Mond-Konjunktionen wird das Feuerhafte zudem von Mars, das Erdhafte von Saturn unterstützt.

Thema:

Das beharrliche (Stier) und durchsetzungswillige (MA) Ich (SO) *muß sich* mit der egozentrierten (Löwe) und rationellen (SA) Grundstimmung (MO) *auseinandersetzen*. Das Sich-zur-Schau-Stellen (I) *steht quer* zum instinkthaften Sich-zurück-Ziehen (IV).

Analyse:

- *»In meinem Bedürfnis nach Anerkennung (MO, Löwe) bin ich sensibel (MO, IV), und da ich mich gedemütigt fühle (SA), ziehe ich mich emotionell zurück (SA), dorthin, wo ich entweder von der Erfüllung meiner Wünsche oder von Vergeltung (MA) träume (MO).«*
- *Erregte / erregbare, cholerische (MA) Person (SO, MO).*
- *Mißtrauen (SA) in der Sexualität (MA).*

- *In der Aktivität (MA) Hindernisse überwinden lernen (SA), dadurch an Stärke gewinnen. Trotz Widerständen (SA) sich behaupten wollen (MA).*
- *Unerbittlicher (SA) Kampf (MA) gegen Feinde (SA).*
- *Möglicherweise dem notwendigen Bedürfnis des Sich-zurück-Ziehens (MO, IV) zu wenig Raum geben (Quadrat SO, MA), dadurch die Gesundheit schwächen.*
- *Die Fürsorglichkeit (MO, IV) als Aufgabe (SA) empfinden und durch die eigene Person verkörpern (SO, I). Diese Aufgabe mit der notwendigen Leistung (SO, MA) erfüllen.*
- *Sensibilität / Unklarheit (NE) in Familienbelangen (IV).*

Der Mond mit Saturn im 4. Haus repräsentiert in ihrem Horoskop auch ihre Beziehung zum unterdrückten Volk. Dem Quadrat von Sonne und Mars entsprechend beschränkt sie sich nicht aufs Träumen oder Planen, sondern sie gestaltet ihre Hilfe sehr dynamisch und großzügig. »*Sie hatte eine übermenschliche Energie*,« erfahren wir aus ihrem Lebenslauf. Ihr Geltungsdrang spielt dabei eine wichtige Rolle, denn sie will nicht nur helfen, sondern dabei auch ihre Persönlichkeit in den Vordergrund stellen.

A. D. Ortíz schreibt, daß Evita wie in der Liebe so auch im Haß kein Maß kannte. Ihre Freunde wie ihre Feinde standen immer im Banne ihrer Zu- oder Abneigung. Ihre Sympathien für das Volk und das Bemühen, die sozialen Mißstände zu beseitigen, kosteten sie ebensoviel Kraft wie die Feindschaft gegen die Oligarchie. Beides wurde mit Gleichem erwidert. Im negativen Sinne steht der Mars für Aggression, der Saturn für Gefühlskälte, Härte und Angst. Zusammen tragen sie zu Haß, Kampf, Engagiertheit und »Action«, aber nie zu Gleichgültigkeit bei.

Neptun im 4. Haus kann das »Einswerden« mit Familienmitgliedern, die Sensibilität der Heimat gegenüber oder Unklarheiten auf diesem Gebiet symbolisieren. Aus den Biographien ist zu entnehmen, daß Evita immer an den Familienclan gebunden blieb. Als sie die Macht ergriffen hatte, verhalf sie z.B. ihren Geschwistern und der Mutter zu guten beruflichen und gesellschaftlichen Positionen. Unklarheiten zeigen sich im Namen Duarte, unter dem sie eigentlich nicht geboren worden war, und den verschiedenen Unregelmäßigkeiten in ihren Dokumenten, die ihre Angehörigen bewirkten.

5. Venus, Merkur und die kollektiven Planeten: Evita, die Heilige

Feststellungen:

Ein paar wichtige Themen gibt es zusätzlich zu betrachten, die in der Hauptfigur nicht enthalten sind. Es fällt auf, daß Jupiter und die kollektiven Planeten Uranus, Neptun und Pluto quasi abgetrennt von den persönlichen stehen. Erst diese ermöglichen es, ihre Person in die geschichtlichen Ereignisse einzubetten.

1) Merkur *Trigon* Mond/Saturn
2) Venus *Sextil* Mond/Saturn
3) Jupiter *Sextil* Sonne/Mars
4) Jupiter/Pluto *Trigon* Uranus
5) Chiron *Trigon* Neptun

Analyse:

zu 1)

- *Konstruktives, Denken, spontane und aggressive Wortwahl (ME, Widder) beruhen auf unbewußten, gefühlsorientierten (XII) und kindheitsgeprägten Mustern (IV).*
- *Aktive (Widder) geistige Tätigkeit (ME) »hinter den Kulissen« und/oder in großen Institutionen, Anstalten, Krankenhäusern (XII). Diese stellt sich in den Dienst der Anonymität (XII).*
- *Einseitiges, doch ernsthaftes Denken und Ausdauer in der Realisation (ME, SA) einer erträumten Welt, in der es allen gutgeht (XII). Dabei aktives und enthusiastisches (Löwe, Widder), doch vielleicht auch konfuses und unklares (ME in XII) Vorgehen.*
- *Die eigene Stimmung (MO) wörtlich ausdrücken wollen (ME).*

zu 2)

- *Die erlebte Armut, Ungerechtigkeit und der Mangel an Geborgenheit (MO, SA, IV) suchen einen Ausgleich in Besitztum, Reichtum und der dazugehörenden Verschönerung des Äußeren (VE, II).*

- *Fürsorglichkeit und Beständigkeit in der Partnerschaft, Bindung zu einem älteren Partner (VE, Herrscherin des DC, Sextil MO, SA).*

zu 3)
- *Das kampflustige und durchsetzungswillige Ich (SO, MA, I) wird durch die richtige Handlung im richtigen Zeitpunkt und zur richtigen Zeit (JU) begünstigt.*
- *Durchsetzung (MA) der eigenen Philosophie (SO, JU).*

zu 4)
- *Gottgleicher Einfluß (JU) auf die Massen (PL), vor allem über Medien und Kommunikation (III).*
- *Geistige Führerschaft (JU, PL), verbunden mit dem Sinn für soziale Reformen (UR, XI). Diese können auf die Gefühle des Publikums zielen, denn das Trigon befindet sich im Wasserelement (Krebs und Fische).*
- *Streben nach Macht(PL)-Entfaltung(JU) kooperiert mit dem originellen, revolutionären Geist (UR). Möglicherweise wird eine Hilfe von Gönnern (XI) begünstigt.*

Evita bekam eine Menge von Schwierigkeiten mit in die Wiege gelegt, doch dazu auch die Willenskraft, diese zu überwinden. Sie hat tatsächlich eine große Leistung vollbracht. Inwiefern haben sich die Trigone und Sextile daran beteiligt?

Betrachten wir zuerst die Venus: Das 2. Haus sagt etwas über den Selbstwert aus, und es ist unschwer zu erkennen, daß Evita nach eigener Aufwertung sucht. Die wesentliche Umwandlung ihrer Persönlichkeit geschieht synchron mit ihrer äußerlichen Wandlung, als sie die Haare blondiert. Es ist symbolhaft deutbar: Als Aufstieg aus dem »Dunklen« in das ersehnte »Helle«. *»Endlich entstieg sie dem Morgennebel … Jetzt besaß sie eine Aureole, als sie an die unterschwelligen Sehnsüchte eines kolonisierten Volkes appellierte, für das Heilige und Feen nur blond sein können«* (A.D. Ortíz).

Evita scheint diese Konstellation als eine schöne, reiche Frau zu leben, die sich gerne sehen läßt (Venus als Herrscherin der Stier-Sonne im 1. Haus) und teure Gegenstände liebt. Das kostbare Geschmeide und die schmeichelnden Pelzmäntel stellen ihre

Sehnsucht nach Liebe und Geborgenheit geradezu metaphorisch dar: »...*der Schmuck bedeutete für Evita eine Art Beruhigung. Die Juwelen zeigten ihr, daß sie geliebt wurde. Sie beruhigte damit ihre Nerven wie andere mit Essen. Da sie aus Angst, dick zu werden, nichts essen konnte, befriedigte sie ihre Bulimie mit diesen funkelnden Pralinen: Pfefferminz-Smaragde, Erdbeer-Rubine...*« (A.D. Ortíz).

Das Sextil der Zwillings-Venus zur Konjunkion Mond/Saturn im 4. Haus ergibt in ihrem Fall das Bild einer fürsorglichen Frau, welche sich auf pragmatische Art mit dem Besitztum beschäftigt und die Güter (die in irgendeiner Verbindung zum Partner stehen – Herrscherin vom 7. Haus) unter das bedürftige Volk bringt.

Merkur befindet sich im 12. Haus, weit von der Sonne entfernt, doch mehr als die physische Entfernung prägt seine inhaltliche Verschiedenheit: Abgesehen von unterschiedlicher Qualität der Zeichen steht die Sonne im persönlichsten Haus, Merkur im »kollektivsten«. Evitas Denken geht andere Wege als es ihrer bedächtigen, stierhaften Grundpersönlichkeit entspräche.

Die Zeichen- und Häuserqualitäten der Merkur-Konstellation zeichnen den Charakter ihrer wirkungsvollen Reden aus. »*Sie sprach hastig, sehr hastig, wie von der Meute der offiziellen und autorisierten Wortergreifer gehetzt. ... Doch was sie sagte, war weniger wichtig. Während sie sprach, hatte sie die Funktion einer solchen »Rede« erkannt ... Ein extrem armes Wortarsenal, kitschig wie selten, mit dem sie die Menge verhexte. Ihr Geheimnis war die Wiederholung ... Eine Art Rede-Litanei. Aus ihrem Mund wurde dieses leidenschaftliche Einpeitschen zum Faszinosum, hämmernd wie ein primitiver Rhythmus*«... (A.D. Ortíz).

Interessant ist die Stellung des Chiron. Im 12. Haus im Trigon mit dem Neptun aus dem 4. ist er »doppelt neptunhaft«. Die Tatsache, daß sich Evita von den kollektiven Geschehnissen nicht distanzieren wollte, kann auch auf diese Stellung zurückgeführt werden. Sie »witterte« geradezu die allgemeine Gefühlsstimmung in der Luft, vor allem durch die Verbindung zum 4. Haus im Zusammenhang mit den in ihrer Kindheit und Jugend erfahrenen Verletzungen. Melanie Reinhart schreibt über Chi-

...on im Aspekt zum Neptun: »*Hier ist das, was wir denken, fühlen oder wollen, so real und faßbar wie alles andere, und es personifiziert sich mitunter in dramatischer Form in unserer Phantasie. ... Wer einen Chiron/Neptun-Aspekt im Horoskop hat, neigt dazu, sich hysterisch zu verteidigen, indem er die Rolle des Opfers und Verletzten spielt, sobald eine Konfrontation droht. Diese Menschen setzen sich durch, indem sie im richtigen Augenblick Emotionen, Verletzlichkeit oder körperliche Schwäche ausspielen.*«

Wie bei allen Persönlichkeiten, die geschichtlich etwas vollbracht haben, trat Evita zu der Zeit und an dem Ort auf, wo sie gerade gebraucht wurde. Der Stellung der kollektiven Planeten entsprechend scheint es, daß sich ihr Lebensweg genau so gestalten mußte, wie er war.

Ihre berühmten Ansprachen verhalfen ihr zu Macht, mit der sie auf ihre Art die sozialen Mißstände beseitigen wollte: den Reichen nehmen und den Armen geben. Während sie sprach, vermittelte sie den Eindruck, als wäre sie nicht sie selbst, sondern stünde im Dienste »höherer Mächte«. Beim Betrachten ihrer kollektiven Planeten, die mit den persönlichen keine Aspekte bilden, können wir auf eine gewisse Gespaltenheit zwischen ihrem privaten und dem öffentlichen – noch besser »kollektiven« – Leben schließen.

Der Uranus steht an der höchsten Stelle des Horoskops: Mit seiner Position an der Spitze des 11. Hauses befindet er sich in seinem eigenen Gebiet, und in Verbindung mit Pluto und Jupiter begünstigt er das Erreichen der Ziele: Doch diese waren vermutlich in Evitas Fall weniger persönlich, als sie sich anscheinend selbst wünschte, denn diese Konstellationen spiegeln das soziale Programm und die gesellschaftlichen Ereignisse ihres Landes in ihrer Zeit wider. So wurde Evita zum Sprachrohr des kollektiven Geschehens.

Beispiel 2 – George Gershwin

Sein Leben

Gleich einer seltenen Blume, die nur eine kurze Zeit blüht, wa Gershwin eine einzigartige Erscheinung und ein unvergleichliche Phänomen.
Serge Kussewitzky, Dirigent (W. Schwinger: »Gershwin«)

George Gershwin war ein amerikanischer Komponist, desse Songs, Orchester- und Bühnenwerke, auf dem Jazz begründet eine neue Art der Musik darstellen. Er kam am 26.9.1898 ii Brooklyn (New York) als zweites von vier Kindern eines jüdisch russischen Immigranten-Ehepaars zur Welt. Ähnliche Geschich ten wie die seiner Eltern erlebten damals Tausende von Einwan derern, die auf dem neuen Kontinent ein neues Leben anfingen So wurde auch George zum echten Amerikaner.

Die New Yorker East Side, wo er aufwächst, ist ein arme Stadtteil: übervölkert, laut und staubig. Hier leben Massen vor Menschen, die aus der ganzen Welt eingewandert sind. Mehr al: in die Schule zu gehen, interessiert es George, mit anderen Junger auf der Straße zu spielen. Da hat er die ersten musikalischer Erlebnisse. Er ist zehnjährig, als ihn ein Junge für das Klavier spiel begeistert; seitdem läßt ihn die Faszination für Musik nich mehr los. Und da sein Talent markant ist, findet sich bald ein guter Lehrer für ihn: Charles Hambitzer.

Georges' Enthusiasmus beim Lernen beschreibt Hambitzer in einem seiner Briefe:

Ich habe einen neuen Schüler, der mit unerbittlicher Willenskraft sein Ziel in der Musik erreichen will. Der Bursche ist ein Genie, ohne Zweifel; er ist ganz verrückt nach Musik und kann die Zeit kaum abwarten, bis die Stunde jedesmal beginnt. Niemals guckt der Junge auf die Uhr! Er möchte sich gern mit diesem modernen Zeug befassen, Jazz und allem möglichen anderen. Aber für eine Weile lasse ich ihn da noch nicht ran. Ich will zuerst sehen, daß er ein solides Fundament durch die klassische Musik bekommt.
(W. Schwinger: »Gershwin«)

George bricht die kaufmännische Ausbildung ab und beginnt seine Karriere als Pianist bei einem Musikverlag. In der Zeit der unvollkommenen Grammophone als einziges Medium für Musik, stellen die Verleger Musiker ein, die für Reklamezwecke die neuen Stücke spielen. Hier wird die amerikanische Musik seiner Zeit geboren: Ragtime, Blues, Sweet Music. Gershwin macht Bekanntschaft mit vielen populären Personen in dieser Welt wie z.B. Irving Berlin oder Paul Whitemann. Er beginnt selbst zu komponieren.

So erscheint sein Name auf einem Plakat der neuesten Broadway Revue »La-La-Lucille«, als George noch nicht 21 Jahre alt ist. Für die Revue hat er das Lied »Swanee« komponiert, das zum Schlager wird.

Er arbeitet jetzt mit seinem älteren Bruder Ira, der nicht nur als Dichter begabt ist und Texte für seine Lieder schreibt, sondern George auch hilft und ihn persönlich unterstützt. Ira bleibt allerdings stets im Hintergrund. Zusammen erschaffen die beiden populäre Musik und Komödien auf dem Broadway, darunter »Lady be Good« (1924) »Strike up the band« (1927) und »Of Thee I sing« (1931). Die letzte wird als politische Satire mit einem Preis ausgezeichnet.

Eine Wende in seiner Laufbahn bringt das Werk »Rhapsody in Blue«. Darin entsteht eine Art sinfonischer Jazz, in dem populäre amerikanische Rhythmen und Melodien das thematische Material für ein Werk in der klassischen Form liefern. Die Rhapsodie ist eigentlich ein Konzert für Klavier, begründet auf der rhapsodischen Form von Liszt, hier aber thematisch von Blues und Jazz abgeleitet. Wie bei allen Erstaufführungen seiner Werke, spielt Gershwin selbst den Solopart in New York im Februar 1924. Ein Jahr danach folgt »Concerto in F« für Klavier und Orchester, wieder in der Form des traditionellen Klavierkonzertes. Nun ist der junge Mann ein berühmter und begehrter Komponist.

1928 unternimmt Gershwin mit seiner Schwester, seinem Bruder Ira und dessen Frau eine große Reise nach Europa, wo er sich vor allem in Paris und Wien aufhält. In Wien macht er Bekanntschaft u.a. mit Franz Lehár und Emmerich Kalmán. Unterwegs entsteht seine Komposition »An American in Paris«, die sich durch Fragmente aus der populären französischen Musik im Wechsel mit neuzeitlichen Tanzmelodien auszeichnet, ergänzt durch das Hupen der Pariser Taxis. Die zwei folgenden größeren Konzerte »Second Rhapsody« und »Cuban Ouverture«, die er im Jahre 1932 schreibt, sind weniger erfolgreich und heute kaum bekannt.

Gershwins bestes Werk ist die Oper »Porgy and Bess«, deren Libretto auf einem Roman von DuBose Heyward gründet. Es handelt sich um eine Geschichte aus dem Milieu der schwarzen Bevölkerung in einem kleinen Fischerdorf. In dem Sinne wird die Oper für »Negro Singers« geschrieben. Dieses Werk, in nur 20 Monaten geschaffen, liebt Gershwin grenzenlos, und mit Recht hält er es für etwas Besonderes. Die Erstaufführung findet am 30. September 1935 in Boston statt, bald folgen Vorstellungen in New York, Europa und in der UdSSR. Obwohl der Beifall anfänglich eher bescheiden ausfällt, wächst die Popularität der Oper sehr rasch und sie erreicht große Anerkennung, besonders wegen den schönen Songs, wie z.B. »Summertime«.

In seinen letzten Lebensjahren komponiert Gershwin vor allem für Hollywood und lebt auch dort. Doch die Arbeit enttäuscht ihn. In seiner musikalischen Entwicklung steht er bereits höher als es dem dort herrschenden Geschmack entspricht. Er fühlt sich einsam und bedrückt. Nicht einmal die Psychoanalyse hilft ihm, seine Melancholie zu überwinden. Im Frühjahr 1937 zeichnet sich eine Krankheit ab, ein Hirntumor wird festgestellt. George Gershwin stirbt während der Operation am 11. Juli 1937.

George Gershwins Horoskop

Auch mit diesem Horoskop wäre es möglich, das Verfahren nach der markantesten Konstellation auszuwählen: Nach dem großen Trigon in den Luftzeichen. Doch um ein anderes Deutungsbeispiel zu geben, wähle ich das Schema 2: das Vorgehen gemäß Planetenkräften. Anders als bei Evitas Horoskop unterteile ich hier die einzelnen Schritte nicht weiter.

) Erster Überblick: **Die Hintergrunddeutung**

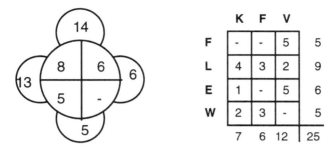

Wir sehen auf den ersten Blick, daß in George Gershwins Geburtsbild die Luft überwiegt.* Die geistige Beweglichkeit ist vorhanden, von vielseitigen Interessen und einer raschen Auffassungsgabe geprägt. Diesem Element entsprechend betrachtet er das Leben von der leichten, fröhlichen Seite her, ist einfallsreich, pflegt Gesellschaft, geistigen Kontakt und Kommunikation. Er liebt die Freiheit, Ungebundenheit und Unbefangenheit eines Lebenskünstlers. Die überwiegende Vertretung der unpersönlichen Elemente – Luft und Erde – lassen auf eine gewisse Distanziertheit in bezug auf menschliche Kontakte schließen; die Gefühle werden relativiert oder weganalysiert. Die veränderliche Modalität fördert Anpassungs- und Aufnahmefähigkeit, was bei Gershwin beides ausgeprägt ist. Die Besetzung der oberen Horoskophälfte präsentiert ihn als »Träger seiner Kultur«. Die stark besetzte Ich-Hälfte zeigt die selbstbestimmende Tendenz, die dem Künstler eigen ist.

2) Der Aszendent und Saturn: **Der joviale Auftritt mit Schatten**

Gershwin war äußerst gesellig; es brauchte nicht viel, ihn bei Parties zum Klavierspielen zu überreden. Ein Abend mit Gershwin war immer ein Gershwin-Abend. ... Er wollte und mußte

---

* Eine starke Luftbesetzung kann Sinn für Musik und Harmonielehre anzeigen. Bei vielen bedeutenden Komponisten überwiegt sie im Horoskop: bei Mozart, Chopin, Smetana, Verdi, Vivaldi, Mendelssohn – oder Luft zusammen mit Wasser wie bei Händel, Paganini, Schubert, Ravel und Puccini. Bei Wagner treffen wir auf die Luft-Erde-Verbindung, bei Haydn und Mussorgski auf Luft mit Feuer.

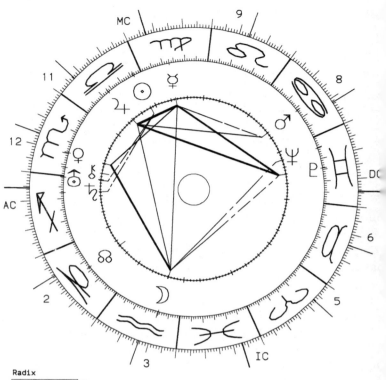

George Gershwin

Mo, 26/9/1898
11h 09m
New York, *
5hW00m
74W 01'
40N 43'

Häusersystem Placidus
2. ♉ 8 33   3. ♒ 16 32
11. ♎ 22 51   12. ♏ 16 13

mmer spielen; er haßte es, allein zu sein; sogar beim Komponieren waren immer ein paar Leute dabei.«

(Peter Adam: »Erinnerungen an George Gershwin«)

Dem Aszendenten im Schützen entsprechend macht George Gershwin den Eindruck eines Feuermenschen. Da aber sein Horoskop außer Saturn und Uranus, die in der Nähe des AC stehen, kein Feuer mehr aufweist, können wir annehmen, daß sein Auftritt mit der inneren Persönlichkeit nicht übereinstimmt. Der Künstler erscheint auf der Weltbühne als jovialer, weltoffener Mensch, er zeigt sich »in der Gestalt des Jupiters«, seines Aszendentenherrschers, als großzügig, offen, gesellig und etwas »stärker begünstigt« als die anderen, und er scheint das Leben in vollen Zügen zu genießen.

Der Jupiter selbst steht im 10. Haus. Dementsprechend wird Gershwin als eine würdevolle Persönlichkeit erlebt, für den seine Karriere bedeutungsvoll ist. Der Aszendent im Sextil zur Sonne in der Waage bestätigt den Charmeur und allgemein sympatischen und beliebten Menschen.

Eine andere Stimmung zeigt der Saturn, der am Aszendenten steht. Der Joviale präsentiert sich in vornehmer Distanz mit einem ernsten Unterton. Die Konstellation läßt uns ahnen, daß er innerlich zwischen zwei Polen steht: Ist er kontaktfreudig oder zurückhaltend, sich verausgebend oder vorsichtig, leichtsinnig oder pflichtbewußt, spontan oder formell? Aus seinen Biographien erfahren wir, daß er beim Zusammensein mit anderen sich zurückziehen kann, um Klavier zu spielen, andererseits erledigt er seine Pflichten zwar selbst, aber inmitten von Freunden. Offenbar findet er darin eine Möglichkeit, mit seinem Dilemma umzugehen. In den letzten Jahren seines Lebens leidet er jedoch unter einer tiefen Melancholie. Er zeigt sich nach wie vor offen und ist für alle »da«, doch er selbst fühlt sich einsam und unzufrieden. Seinen deprimierten Zustand schildert er mit folgenden Worten: *»Ich bin achtunddreißig, berühmt und reich, aber zutiefst unglücklich. Warum?«* (H.P. Krellmann: »George Gershwin«)

3) Die Waage-Sonne: **Das harmonische Ego**

Gershwins Grundpersönlichkeit verlangt nach Ausgeglichenheit, Ruhe und Verbindung mit Menschen, die er mag und die ihn bewundern. Er hat Sinn für Schönheit, Anmut und Kunst, ist aufgeschlossen, fröhlich, lebendig in der Kommunikation, genußfreudig – und er weicht Konflikten gerne aus. Im 10. Haus, wo die Sonne steht, weisen diese Eigenschaften auf den Beruf hin. Gershwin verwirklicht sich durch seine Karriere und erwirbt sich eine bedeutsame gesellschaftliche Position. Dem Zeichen der Sonne entsprechend, verschafft er sich öffentliche Würdigung auf dem Gebiet seiner künstlerischen Tätigkeit wie auch durch seinen friedlichen, unkomplizierten Umgang mit Menschen.

Die Sextile von Saturn und Uranus scheint er als Begünstigung der Entwicklung seines Egos zu leben. Diese zwei unterschiedlichen Kräfte – doch beide Regenten im Wassermann, wo Gershwins Mond steht – verbinden sein »Lebensmotiv« (Sonne) mit Originalität, Extravaganz (Uranus) sowie Gründlichkeit und Ausdauer (Saturn). Uranus hilft vom 12. Haus aus mit Intuition, aus den unbekannten, feinfühligen Sphären die künstlerische Inspiration anzuregen. Die saturnische Kraft ist dann nötig, um die kreative Phantasie in die Tat umzusetzen und über einen Arbeitsprozeß zu einem realen Ergebnis umzugestalten, d. h. die Musik, die Gershwin in sich hört, in Lieder, Konzerte und Musicals zu fassen.

4) Der Mond im Trigon zu Jupiter, Neptun und Pluto: **Der sphärische Klang**

» ... George Gershwin ist ein instinktiver Künstler, der das Talent für die richtige Verarbeitung des von ihm einmal gewählten Rohmaterials hat – ein Talent, das man sich selbst durch ein lebenslanges Studium ... nicht erwerben kann, wenn es nicht angeboren ist.« Musikkritiker Samuel Chotzinoff,

(W. Schwinger: »Gershwin«).

Gershwins Instinktwelt (Mond, Wassermann) zeichnet sich vor allem durch das Bedürfnis nach freier Bewegung und Originalität aus. Wie die Sonne, die durch das Sextil zu Uranus mit dem geheimnisvollen neptunischen 12. Haus verbunden ist, zeigt der Mond eine analoge Qualität an: Auf dem originellen, einfallsreichen Boden des Wassermann stehend, reicht er Neptun die Hand im Luftzeichen Zwillinge, und in seiner empfindsamen Offenheit empfängt er den sphärischen Klang (Mond Trigon Neptun).

George Gershwins Seele widerspiegelt die Stimmungsvibrationen seiner nächsten menschlichen Umgebung und transformiert sie in Musik. Hier schöpft er aus dem Unbewußten, und, der Mond-Stellung im 3. Haus entsprechend, steht er dabei im Kontakt mit seinen Geschwistern, Cousins und anderen Nahestehenden seiner Generation. Mit seinem Bruder Ira verbindet ihn das gemeinsame Interesse am künstlerischen Schaffen. Dieser ist sein engster Arbeitspartner, der ihn, in seinem Schatten stehend, menschlich, künstlerisch und auch konkret unterstützt, indem er die Texte zu seinen Liedern schreibt. Seine jüngere Schwester Frances singt seine Lieder, sein Cousin Henry Botkin fördert ihn beim Malen. Das optimale Glücksempfinden findet er in gemeinsamer Tätigkeit, Geselligkeit und Ausübung der Kunst.

Trigone deuten auf Gaben hin. Der Mond bildet mit Jupiter und Pluto ein großes Trigon, eine Hauptfigur des Horoskops. Das Angeborene (Mond) wird vom Jupiter befruchtet und das »geistige Kind« entfaltet sich in vollem Umfang.

Der Mond stellt die Natur in uns dar und verbindet uns in dieser Hinsicht mit anderen. Im übertragenen Sinn ist er ein Vertreter des Volkes. In seinem Trigon zum Pluto, der die höhere Fügung und auch die Massen symbolisiert, deutet der Mond Popularität an, besonders wenn – wie bei Gershwin – das 7. und das 10. Haus daran beteiligt sind.

Pluto im 7. Haus steht im Bereich des DU, des Partners: Für einen Künstler ist vor allem das Publikum seine Partnerin, für ihn ist unabdingbar, daß es ihn reflektiert: zuhört und applaudiert – oder ihn auspfeift. In der Privatsphäre kann sich jedoch der Pluto anders zeigen: Er kann Angst vor der Macht anderer spiegeln, die der Betroffene vielleicht einmal in früher Kindheit oder Jugend erfahren hat und die ein Vertrauen in echte Partnerschaft verhindert. So bevorzugt Gershwin – bewußt oder unbewußt – die Beziehung auf einer sublimierten (d.h. verfeinerten) Ebene: mit seinem Publikum.

5) Die Venus im 12. Haus und im Quadrat zum Mond: **Die grenzenlose, schmerzhafte Leidenschaft**

»Bei Gershwins Verhalten gegenüber den Frauen fällt auf, daß er stets die begehrte, die gebunden waren, hingegen er die übersah, die auf seinen Antrag warteten. Die Wahrheit dürfte sein, daß er eine Ungebundenheit – trotz gegenteiliger Beteuerung – bevorzugte, daß seine gelegentlich geäußerten Heiratswünsche rhetorisch waren. Er wollte vielmehr die Möglichkeiten einer freien Auswahl nutzen, was er weidlich getan hat.«

(H.P. Krellmann: »George Gershwin«)

Mit Venus im 12. Haus neigt der Mensch dazu, nach einer »göttlichen« Liebe zu suchen, in der er ganz und gar aufgehen kann und die ihn mit etwas Zartfühlendem, Geheimnisvollen bis Schmerzhaften erfüllt. Schönheit und Hingabe sollen so vollkommen sein, daß eine Beziehung zu einem »normalen« Erdenbürger diesen Ansprüchen unmöglich gerecht werden kann. Das Erotische verlangt bei einer Skorpion-Venus nach Drama und Leidenschaft, was in dieser Position zu »Leiden« werden kann.

Betrachten wir dazu das Quadrat der Venus zum Mond, können wir ahnen, daß das Gefühlvolle mit dem Lustvollen nicht gerade friedlich Hand in Hand schreitet, sondern daß die beiden in Dissonanz stehen: Der Familiensinn und das Erotische gehen offensichtlich verschiedene Wege. Möglicherweise war die Beziehung Gershwins zur Mutter bedeutungsvoll, vielleicht zu stark, vielleicht gespalten, was ihre Funktion als Frau und Mutter betraf. Seine Biographen berichten Verschiedenes in dieser Hinsicht, z.T. Zwiespältiges, so daß wir auf ihre Behauptungen nicht eingehen können und uns mit der astrologischen Feststellung begnügen müssen.

Doch wir finden manche Notiz über seine kurzen erotischen Episoden und Besuche in den Freudenhäusern, die von seiner Freiheit – und zugleich Einsamkeit – berichten. Das Leidenschaftliche ist gegeben: Venus im Skorpion und Mars im 8. Haus zu Venus im Trigon (mit einem breiten Orbis), beide befinden sich im Wasserelement und auch in den Wasser-Häusern. Dabei zieht es den Künstler in das undurchsichtige »Verschleiert-Sein« des 12. Hauses.

Obwohl beliebt und begehrt, gründet Gershwin nie eine Familie und lebt auf die Dauer allein, aber in ständigem Kontakt mit seinen Geschwistern und Freunden. Dem Trigon zwischen Mond und Neptun im 7. Haus nach zu urteilen, ist anzunehmen, daß er möglicherweise unbewußt befürchtet, sich im privaten Bereich nicht genügend wehren und an ihn gerichtete eventuelle Wünsche nicht ablehnen zu können, was für ihn eine Beraubung seiner ersehnten Freiheit bedeutete.

6) Der Mars im Quadrat zum Jupiter: **Die Sublimierung der Aggression**

Der Mars im Krebs behauptet sich phantasievoll, schöpferisch und launisch. Ein mit ihm beschenkter Mensch braucht zur Leistung zuerst die seelische Stimulation, dann ist er aber beharrlich in der Durchführung. Die Schöpfung beginnt, wenn die Phantasie einsetzt und der innere Ton sich meldet. Das Energiepotential, die Stimmung (Krebs) und Spannung (Mars Quadrat Jupiter) verlangen nach Ausdruck.

Auf der einen Seite lebt der Künstler diese Energie sublimiert: Die natürliche Angriffskraft wird »kanalisiert« und bekommt eine künstlerische Form. Dies ist der kreative Arbeitsprozeß, der zu den Kompositionen führt. Dabei gelingt Gershwin das anscheinend Unmögliche: die Volksmusik salonfähig zu machen und Lieder der schwarzen Bevölkerung in einer Oper zum Ausdruck zu bringen. Im Sextil des Mars zum Merkur in der Jungfrau wird sein Tun durch die Fähigkeit, durchdacht zu arbeiten, bereichert. Als Sohn russisch-jüdischer Einwanderer schreibt Gershwin die »amerikanischste« Konzertmusik und bewirkt, daß den Schwarzen zum ersten Mal der Eintritt in die Metropolitan Opera erlaubt wird.

Auf der anderen Seite unterstützt dieser Mars körperliche Geschicklichkeit: Wir begegnen Gershwin als Sportler. Bereits in der Jugend ist er der beste Rollschuhläufer, später spielt er begeistert Tennis und beteiligt sich an Pferderennen. Als Straßenjunge draufgängerisch und mutig, verändert sich im späteren Leben diese Aggression und wird auf einer verfeinerten Ebene gelebt – in der Kunst.

In der Biographie von H.P. Krellmann finden wir eine Beschreibung, die den Mars im Krebs im Zusammenhang mit einer überwiegenden Luftbesetzung trefflich charakterisiert:
»*Verhielt sich die Wunschvorstellung nicht kongruent zur Realität, so modifizierte er [Gershwin] nicht seine Wunschvorstellung, sondern die Realität wurde so gedeutet oder umgedreht, daß sie sich unmerklich zu seinen Gunsten zu wandeln schien. Gershwin ist nie ein Kämpfer gewesen, wohl aber ein gewitzter, behender, trickreicher Veränderer. Dies läßt alles, was er betrieb, wie neu erscheinen, ohne daß es in Wirklichkeit neu war.*«

7) Merkur und MC in der Jungfrau: **Die Klarheit des Denkens und Selbstkritik**

»*Wenn Gershwin Klavier spielte, klang und klingt ... alles kontrolliert und gesteuert. Die Musik leuchtet weniger üppig als daß sie glitzert: ungeschwätzig, behende, aufgeräumt-witzig.*«

(H.P. Krellmann: »George Gershwin«)

Den Merkur, einen luftigen Planeten, finden wir in der Jungfrau, in seinem Domizil. Er herrscht über das MC, den Punkt der Selbstverwirklichung. Die Art des Denkens kann pragmatisch, kritisch, analytisch und genau sein, begleitet von rascher Orientierung und Sinn für Details: eine gute Voraussetzung, Ideen und Phantasien, die das Horoskop andeutet, gedanklich zu formen. Die Experimentierfreude wird von genauem Vorgehen begleitet.

So geht Gershwin z.B. bei seinem größten Werk, der Oper »Porgy und Bess«, vor. Lange vor diesem Projekt studiert er den Roman »Porgy« von DuBose Heyward als Grundwerk, und, um das Leben der Schwarzen aus der Nähe kennenzulernen, lebt er einige Zeit in dem im Roman beschriebenen Dorf. Er macht Bekanntschaft mit dortigen Einwohnern, die den typischen Gestalten im Roman entsprechen und lernt sogar ihre Art zu sprechen.

Merkur steht an der höchsten Position in der Nähe des MC. Die Jungfrau-Thematik dieser beiden schließt an den Saturn im »Tor des Horoskops« an. Der Charmeur, der Freiheitsliebende und von Freunden sowie vom Publikum gehätschelte Pianist sucht seine Selbstverwirklichung in genauer, komplizierter Komposition. Gershwin betrachtet seine Werke mit einer strengen

Selbstkritik. »*Für jedes Lied, das ans Licht kam, wanderte ein Dutzend in den Papierkorb.*« (David Ewen: »George Gershwin«)

Er ist fähig, klar und strukturiert zu denken bis in alle Einzelheiten, er kennt seine Stärken und Schwächen, denn er ist sich selbst gegenüber sehr kritisch und zudem ein Zweifler. Äußerlich mag er egoistisch und narzistisch wirken, aber dies kann ebensogut Furcht vor Nicht-Akzeptanz seiner Person und seines Werkes sein. Vermutlich verlangt er nach Lob, um seine Angst vor Unvollkommenheit und Liebesverlust zu kompensieren. Trotz vieler Erfolge zweifelt er dauernd an seinem Stil, der ihm doch gerade sehr eigen ist, und sucht sein Leben lang nach einem »guten Lehrer« (u. a. fragt er Strawinski und Ravel), den er nie findet, weil seine Musik unübertroffen und originell, einfach »die seine« ist.

Die Wirkung des Quincunx vom Jungfrau-Merkur zum Mond im Wassermann ist unauffällig aber langfristig bemerkbar. Das Kritisch-Analytische kann sich nur schwer mit der von Natur freiheitsliebenden, originellen und kritikunabhängigen Grundstimmung verbinden. Da der Mond für Nahrungsaufnahme und Magen steht, ist es kein Wunder, daß Gershwin an Magen-Darm-Störungen leidet und zu einem Befürworter der Diätkost wird.

Das Sextil mit Venus begünstigt das künstlerische Denken. Gershwin war nicht nur ein begabter Musiker, sondern auch ein talentierter Maler und Zeichner.

8) ... und wieder der Saturn: **Der Auftritt des großen Künstlers**

»*Man liebte den gewinnenden jungen Mann, der ebenso höflich wie naiv war und jede Gesellschaft im Handumdrehen auf seine Seite zog, wenn er sich als Unterhaltungspianist betätigte. Zwangsläufig mußte das seine Lieblingsbeschäftigung werden, weil alle anderen Mittel der Kommunikation ihm kaum zu Gebote gestanden haben dürften ... Als sie [seine Mutter] ihm vorgehalten habe, zu extensiv auf Parties Klavier zu spielen, argumentierte er dagegen, wenn er nicht spiele, unterhalte er sich nicht gut.*« (H.P. Krellmann: »George Gershwin«)

Gershwins Heim war für alle offen, er war auf allen Parties willkommen. Obwohl er ständig der Mittelpunkt von Gesellschaften war, fühlte er sich immer allein und hatte nur Freude am Klavierspiel. Als materieller Planet steht der Saturn am Aszendenten eines Luftmenschen als Wächter der vielfältigen Kommunikation, sagen wir, des Sich-Verzettelns. Steht er in Disproportion zum ganzen Horoskop? Vielleicht wehrte sich der Künstler innerlich gegen diese Welt, in die er hineinkatapultiert worden war, in der er als Einzelgänger einherschritt und in die er sich emotional nie eingliedern konnte. Oder stellte diese begrenzende Kraft, dieser Hüter der Schwelle, seinen notwendigen Schutz dar, notwendig damit Gershwin ungestört schaffen konnte? Vielleicht ist es ihm gerade deswegen gelungen, in den Jahren, die ihm bemessen waren, ein unübertroffenes Werk vollbringen zu können.

Musik war für ihn die Luft, die er atmete, die Speise, die ihn nährte, der Trank, der ihn erfrischte. Musik war das, was sein Gefühl erweckte, und Musik war das Gefühl, das er ausdrückte. Unmittelbarkeit dieser Art ist nur großen Männern zu eigen, und es kann kein Zweifel darüber bestehen, daß er ein großer Komponist war. Was er vollbrachte, kam nicht nur der amerikanischen Musik zugute, sondern es war ein Beitrag zur Musik der ganzen Welt.
Arnold Schönberg, Komponist   (W. Schwinger: »Gershwin«)

Zwei Geburtsbilder, zwei Leben von Personen, die vielen bekannt sind, – doch zwei ganz unterschiedliche Lebenswege. Evita, bei der vor allem das 1. Haus und das Feuerelement besetzt sind, behauptete sich durch Ihre Person, ihr Aussehen, ihre Auftritte. George Gershwin mit der starken Luftbesetzung und Sonne und Jupiter im 10. Haus wurde durch sein Werk und seine Berufung als Pianist und Komponist berühmt.

Wir können uns bei allen Horoskopen dieselben Fragen stellen: Warum hat dieser oder jener Mensch sein Horoskop auf diese bestimmte Art gelebt? War sein Leben so vorausbestimmt? Hätte er unter anderen Umständen anders leben können? In Diskussion mit den betreffenden Personen hätte man wohl einiges klären können. Doch das Leben selbst – egal wie intensiv wir es studieren und diskutieren – bleibt ein Geheimnis.

Literatur

Arroyo, Stephen: Astrologie, Karma und Transformation. Hugendubel, München 1978
Arroyo, Stephen: Astrologie, Psychologie und die vier Elemente. Rowohlt, Reinbek 1990
Banzhaf, Hajo: Der Mensch in seinen Elementen. Goldmann, München 1994
Banzhaf, Hajo/Haebler, Anna: Schlüsselworte zur Astrologie. Hugendubel, München 1994
Bonnard, André: Die Götter Griechenlands. Büchergilde Gutenberg, Zürich 1946
Braukmüller, Beatrix: Merkur. Hugendubel, München 1995
Čapek, Karel: Dášenka čili život štěněte (Daschenka oder Das Leben eines jungen Hundes). Československý spisovatel, Prag 1955
Cunningham, Donna: Erkennen und Heilen von Pluto-Problemen. Urania, Berlin 1989
Ebertin, Reinhold: Mensch im All. Ebertin, Aalen 1974
Ebertin, Reinhold: Kombination der Gestirneinflüsse. Ebertin, Freiburg 1979
Fidelsberger, Heinz: Astrologie 2000. Kremayr & Scheriau, Wien 1972
Greene, Liz: Kosmos und Seele. Krüger, Frankfurt 1977
Herrmann, Joachim: Atlas zur Astronomie. dtv, München 1973
Jaffé, Aniela: Erinnerungen, Träume, Gedanken von C. G. Jung. Walter, Olten 1971
Jung, C.G.: Der Mensch und seine Symbole. Walter, Olten 1984
Jung, C.G.: Ein großer Psychologe im Gespräch. Herder, Freiburg 1994
Jones, Marc Edmund: Die Sabischen Symbole in der Astrologie. Astrodata, Wettswil 1994
London, Jack: Wolfsblut. List, München 1963
Lowen, Alexander: Bioenergetik. Ex-Libris, Zürich 1987
Lundsted, Betty: Astrologische Aspekte. Knaur, München 1980
Marks, Tracy: Astrologie der Selbst-Entdeckung. Hugendubel, München 1997
Reinhart, Melanie: Chiron – Heiler und Botschafter des Kosmos. Astrodata, Wettswil 1993
Riemann, Fritz: Lebenshilfe Astrologie. Pfeiffer, München 1976
Ring, Thomas: Astrologische Menschenkunde. Band I, II, III, Bauer, Freiburg 1981
Rohr, Wulfing von: Mond, der Gefühlsplanet. Heyne, München 1994
Rudhyar, Dane und Leyla: Astrologische Aspekte. Hier & Jetzt, Hamburg 1992

Rudhyar, Dane und Leyla: Der Sonne/Mond-Zyklus. Astrodata, Zürich 199
Saint-Exupéry, Antoine de: Der kleine Prinz. Karl Rauch, Düsseldorf 1995
Santoni, Francis: The New International Ephemerides 1900-2050. Aurea Editions, Paris 1994
Sasportas, Howard: Astrologische Häuser und Aszendenten. Knaur, München 1987
Tables of Houses. The Aries Press, Chicago 1980
Taeger, Hans-Hinrich: Astroenergetik. Papyrus, Hamburg 1983
Taeger, Hans-Hinrich: Internationales Horoskope-Lexikon. Bauer, Freiburg 1991
Turnovsky, Pavel: Rozloučení s tradiční astrologii, (Abschied von der traditionellen Astrologie). Progrestisk, Prag 1994
Weiss, Jean Claude: Horoskopanalyse. Band I, II, Astrodata, Zürich 1984
Xylander, Ernst von: Lehrgang der Astrologie. Origo, Bern 1977
Zamarovsky, Vojtìch: Bohové a hrdinové antickych bájí (Götter und Helder der antiken Mythen). Mladá Fronta, Prag 1965

Biographien

Christie, Agatha: Meine gute alte Zeit. Scherz, Bern, München 1978
Ortíz, Alicia Dujovne: Evita Perón. Aufbau, Berlin 1995
Perón, Eva: Mein Vermächtnis, mit Einführung von Joseph A. Page. Bastei, Bergisch Gladbach 1997
Adam, Peter: Erinnerungen an George Gershwin. In: DU, Zeitschrift für Kunst und Kultur, Zürich 8/1987
Ewen, David: George Gershwin. Amalthea, Zürich, Leipzig, Wien 1955
Krellmann, Hanspeter: George Gershwin. Rowohlt, Reinbek 1988
Schwinger, Wolfram: Gershwin. Goldmann, München 1983

Register

Abnehmend 180, 195
Achse 29
- Begegnungs- 269
- Besitz- 270
- Existenz- und Auflösungs- 278
- Kreativitäts- und Freiheits- 276
- Lern- 272
- Wachstums- 274
Achsen 258f., 261
Anderthalbquadrat 180, 185, 194
Aphrodite 98, 122, 233
Apollon 78, 90, 108
Archetyp, archetypisch 16
Ares 96, 102, 207, 212
Artemis 78, 83, 108
Aspekt, analytisch, disharmonisch, dynamisch, fließend, harmonisch, hart, synthetisch 43, 173, 176f., 181, 184, 295
Aspekt, applikativ, separativ 184
Aszendent, AC, AS 29f., 39f., 43, 60, 251, 253f., 258, 262f., 265, 269, 301, 303, 307
Athene 102, 108, 212

Bewußtsein 32, 91, 178f.
Biquintil 183, 185

Cheiron 143
Chiron 26, 39, 142
Cholerisch 44, 205
Christie, Agatha 297f.

Demeter 83, 114
Denken
- analog 15
- ganzheitlich 14
- linear 13
- kausal 13, 18

- systemisch 15
Deszendent, DC, DS 29, 31, 60, 251, 254, 260
Devolution 174
Dionysos 79, 108
Domizil 75f., 160
Drachenkopf 293
Drachenschwanz 293
Du-Seite 35f.

Ebertin, Reinhold 44
Einstein, Albert 283
Eklipse 292
Ekliptik 25, 28, 251, 290, 292
Elemente 38ff., 44, 55ff., 63, 70, 147, 258
Energie 43f., 66, 181, 294
Ephemeriden 291, 299, 303
Epimetheus 197f.
Erdachse 24
Erdbahn 24
Erde – Element 44, 49, 55, 57, 62, 68
Eros 97
Evolution 174
Exil 76
Extraversion 34

Feuer 44ff., 55, 57f., 62, 68
Finsternis 291
Fische 38, 40, 62, 157, 283
Fix 66ff., 257
Fixsterne 22
Frühlingspunkt 25, 126, 253

Gaia 113, 122
Geburtsbild 29
Geburtshoroskop 29, 43
Geburtsort 28, 42, 253

Geburtszeit 42
Gefühlsmuster 86
Gegensätze 68
Gershwin, George 326ff.
Gesetze von Zeit und Raum 115
Geozentrisch 25, 27
GMT 42, 301
Grundcharakter 161
Grundexistenz 161f.
Grundstimmung 72, 162f.

Halbsextil 43, 182, 185, 192, 197
Halbquadrat 180, 185, 192
Hälften, auch Horoskophälften 255
Häuser 251, 256f., 279
Häuser, Eck-, folgende, End-, persönliche, psychische, materielle, spirituelle 40, 256ff.
Häuserspitze 254, 262, 303
Häusersystem, äqual, Campanus, Koch, Placidus, Regiomontanus 254f.
Häusertabellen 256, 299f.
Hades 107, 114, 135
Hekate 84
Helios 79
Heliozentrisch 22
Hera 78, 83, 108, 114
Herakles 108, 143
Hermes 90, 108, 197, 207
Herrscher 39, 61, 75, 160, 256, 295
Hesperos 199f.
Himmelsäquator 28f.
Himmelskugel 25f.
Himmelsmeridian 29
Himmelsmitte 29, 31
Himmelsraum 251, 253
Hintergrunddeutung 70, 307f.
Horizont 28, 255, 290
– scheinbarer 28
– wahrer 28
Horizontachse 39f., 251
Horoskop 20, 22, 28, 30, 35
Horoskopberechnung 299

Horoskophälften 35, 71
Horoskopraum 35
Hypnos 129

Ich-Seite 35f.
Imum Coeli, IC 29, 251, 254, 265
Instinkt 162
Introversion 34, 222
Involution 174

Jahresbewegung, Jahresablauf 27, 253
Jung, Carl Gustav 15, 81
Jungfrau 38, 62, 143, 150, 165
Jupiter 39, 107, 201, 206, 208, 211f., 241ff., 287ff.

Kardinal 66ff.
Karma, karmisch 294
Komplementär 69
Konjunktion 43, 174, 177, 185, 191, 197, 291, 295
Konstellation 175, 308
Kosmos 15ff., 19, 76, 174
Krebs 38, 62, 89, 149
Kreuz, fix, kardinal, veränderlich 64, 149, 179
Kronos 113, 122, 135, 245
Kulminationspunkt 29, 303

Länge der Zeit 302
Lebensbereich 279, 282
Lebensgebiet 308
Leto 78
Lichter 81
Löwe 38, 42, 62, 149, 281f.
Luft 44, 47, 55f., 62, 68, 248

Maia 90
Mars 39, 101, 166, 170ff., 189, 200, 204, 207, 209, 212, 235f., 238f., 285f., 308
Meditation 130, 134
Medium Coeli, MC 29, 31, 39, 43, 251, 254, 261, 273, 293, 301, 303

Melancholisch 44
Meridian 28
Meridianachse 29, 40, 251, 255
Merkur 39, 89, 164, 170ff., 197, 202, 207f., 224ff., 227, 283, 285f., 307
Modalität 65
Mond 16, 39, 82, 162, 168, 189, 191, 202ff., 218f., 221f., 285f., 290f., 307
Mondknoten, absteigend, aufsteigend, nördlich, südlich 42f., 63, 290ff., 296
Mondknotenachse 39, 291
Mondknotenlinie 291
Mondphasen 192ff.
Musen 108

Nachthälfte 35
Nativität 306
Neptun 39, 128, 215, 221, 226, 232, 238, 243, 246, 248, 250, 287ff.
Neumond 173, 191, 291

Opposition 43, 175, 178, 185, 194, 291
Orbis 43, 184f.

Perón, Eva 310ff.
Persephone 108, 135
Phaeton 79
Phase, abnehmend, zunehmend, Mond-, Sonne- 192ff.
Phlegmatisch 44
Phosphoros 199
Planeten 22, 25, 39, 42f., 75, 187, 252f., 303, 305
– äußere 24, 101, 107, 134
– gesellschaftliche 25, 188, 287ff.
– innere 24, 28, 197
– kollektive 26, 188, 213, 284, 287ff.
– langsame 62
– neue 23, 120
– persönliche 25, 160, 168, 188, 197, 213, 279, 285f.
– transsaturnische 24, 26, 161
– schwache 76
– starke 76
Planetenbewegung 27
Planetenkraft 160, 279, 281, 307
Planetenordnung 23
Planetoiden 23, 26, 142
Pluto 39, 134, 216, 222, 227, 233, 239, 244, 247, 249, 287ff.
Polarität 68, 145, 178, 294
Poseidon 107, 114, 128, 135
Präzession 126
Projektion 33
Prometheus 122, 197f.
Punktzahl 160

Quadranten 35, 40, 251
Quadrat 43, 66, 179, 185, 193, 295
– großes 66
Quincunx 43, 182, 185, 194
Quintil 183, 185

Radix, Radix-Bild 29, 43
Regent 160
Rheia 107, 114, 135
Rückläufigkeit, rückläufig 27f., 43, 305
Rudhyar, Dane und Leyla 176, 191

Saturn 39, 113, 189, 213, 218, 224, 229, 235, 241, 245ff., 280, 287ff., 308
Saturnjahr 113
Sanguinisch 44
Schütze 38, 40, 42, 62, 143, 153, 296
Selbst 34
Selene 83
Sextil 43, 182, 185, 192, 195
Skorpion 38, 62, 152
Sonne 16, 39, 77, 161, 168, 191, 197, 199ff., 213, 215f., 281f., 285f., 291, 307
Sonnenbahn 290, 292
Sonnensystem 19, 22, 77
Stationär 28

343

Steinbock 38, 62, 155
Stellium 308
Sternbilder 126
Sternzeichen 21
Sternzeit 299, 302f.
Stier 38, 62, 89, 147
Symbol, symbolisieren 15f.
Synchronizität 17

Taghälfte 35
T-Quadrat 308
Tagesbewegung 27
Temperament 44, 47f., 51, 53, 63, 71, 205
Tierkreis 25, 40, 126, 145f., 253, 262
Tierkreisbilder 126
Tierkreiszeichen 25, 38, 70, 75, 126, 145, 160, 256, 293
Titanen 122
Transite 138
Trigon 43, 63, 181, 185, 193
– großes 62

Unbewußtes 32, 85, 91, 222
Unterwelt 135, 233
Uranos 107, 122, 215, 219, 225, 236, 245
Uranus 39, 113, 120, 231, 242, 245, 248f., 287ff.
UT 301

Venus 39, 95, 165, 170ff., 189, 199, 203, 207, 209, 211, 229, 231ff., 285f., 303, 308
Veränderlich 66ff., 257
Vollmond 173, 291

Waage 38, 62, 75, 151, 166
Wahrnehmung 19
Wasser – Element 44, 51, 55f., 58, 62, 68, 248, 250
Wassermann 38, 62, 126, 156
Wassermann-Zeitalter 126
Weltbild 19
Weltraum 251
Weltzeit 42
Wertneutral 20, 76, 189
Wesenskraft 75
Widder 25, 38, 62, 75, 146, 165, 283
Widderpunkt 25
Wirkungsform 38, 64f., 70, 145, 257

Yang 45, 68
Yin 45, 68

Zeitzone 42, 299, 301
Zeus 78, 90, 102, 114, 135, 212
Zodiak 25
Zunehmend 174, 180
Zwillinge 38, 62, 89, 148, 162, 296
Zyklus, Mond-, Sonne- 174, 191, 195